KB139610

동영상과 함께하는
언리얼 엔진 4 블루프린트 게임 만들기

동영상과 함께하는
언리얼 엔진 4 블루프린트 게임 만들기

© 2015. 박승제 All Rights Reserved.

초판 1쇄 발행 2015년 2월 10일

지은이 박승제
펴낸이 장성두
펴낸곳 제이펍

출판신고 2009년 11월 10일 제406-2009-000087호
주소 경기도 파주시 문발로 141 뮤즈빌딩 403호
전화 070-8201-9010 / **팩스** 02-6280-0405
홈페이지 www.jpub.kr / **이메일** jeipub@gmail.com

편집부 이민숙, 이 슬, 이주원 / **소통·기획팀** 현지환
표지디자인 미디어픽스
용지 신승지류유통 / **인쇄** 한길프린테크 / **제본** 광우제책사

ISBN 979-11-85890-13-5 (93000)
값 38,000원

제이펍은 독자 여러분의 아이디어와 원고 투고를 기다리고 있습니다. 책으로 펴내고자 하는 아이디어나 원고가 있으신 분께서는
책의 간단한 개요와 차례, 구성과 저(역)자 약력 등을 메일로 보내주세요.   jeipub@gmail.com

동영상과 함께하는
언리얼 엔진 4 블루프린트 게임 만들기

박승제 지음

Jpub
제이펍

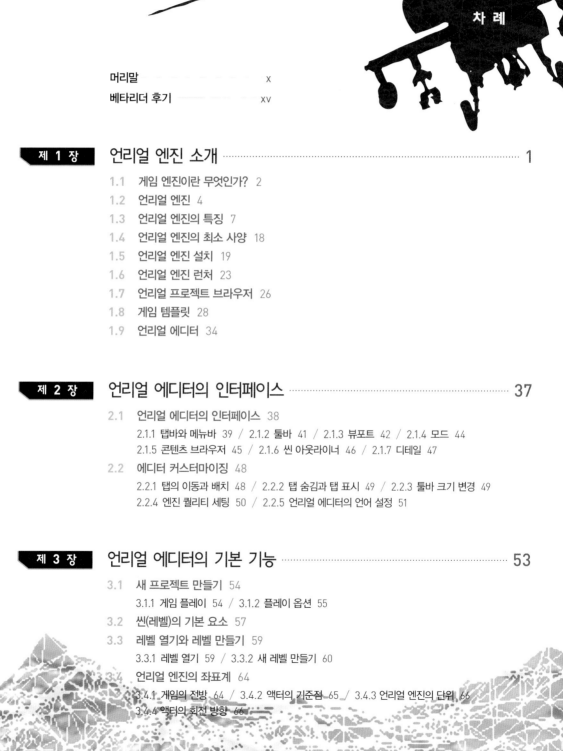

차 례

머리말

언리얼 엔진의 세계에 입문한 여러분을 환영합니다. 언리얼 엔진은 크라이 엔진과 더불어 전 세계적으로 아주 유명한 게임 엔진입니다. 우리가 알고 있는 많은 게임이 언리얼 엔진으로 개발되었으며, 게임의 품질 또한 매우 우수하다고 평가되고 있습니다. 과거의 언리얼 엔진은 높은 성능만큼이나 고가의 가격 정책으로 인해 대작 게임을 만들려는 메이저급 개발사의 특권과도 같아 일반인들이 쉽게 사용할 수 없는 제품이었습니다. 그러나 2014년 3월, GDC 2014에서 공개된 '모두의 언리얼 엔진 4'는 멀티 플랫폼 지원과 함께 아주 저렴한 가격에 엔진의 소스 코드까지 공개하여 행사의 가장 큰 화제가 되었습니다. 이제 언리얼 엔진은 누구나 사용할 수 있는 범용 엔진이 된 것입니다.

언리얼 엔진 4는 블루프린트 비주얼 스크립트를 제공하므로 순서도를 그리는 것과 같은 방식으로 게임을 개발할 수 있습니다. 프로그래밍 언어로 개발할 때는 사용하는 언어의 문법을 알고 있어야 하는데, 언어마다 문법이 달라 새로운 언어를 사용할 경우에는 먼저 그 언어의 문법부터 학습해야 합니다. 특히 게임과 같은 복잡한 시스템을 설계할 때는 사용하는 언어의 세부적인 지식이 필요하므로 언어의 문법과 특성을 배우는 데 많은 시간이 소요됩니다.

블루프린트는 프로그래밍 언어를 사용하지 않으므로 게임의 로직logic만 잘 설계하면 누구나 쉽게 게임을 개발할 수 있습니다. 이것은 블루프린트가 프로그래밍 문외한도 게임을 만들 수 있는 새로운 툴이라는 말이 아니라, 블루프린트를 이용하면 프로그래밍 언어의 문법을 배우는 데 필요한 시간을 절약할 수 있어서 게임의 흐름을 설계하는 데 보다 집중할 수 있다는 의미입니다. 블루프린트를 사용하든 프로그래밍 언어를 사용하든 좋은 개발자가 되기 위해서는 프로그래밍 언어의 기본적인 기능과 프로그래밍의 로직은 알고 있어야 할 것입니다.

이 책은 언리얼 엔진의 블루프린트를 이용해서 게임을 개발하는 전반적인 과정에 대해 다루고 있습니다. 언리얼 엔진이 멀티 플랫폼을 지원하는 만큼 예제로 사용하는 모든 기능이 모바일 플랫폼에서도 작동되도록 하고 있으며, 모바일에서 달라지는 부분은 별도의 설명을 추가했습니다.

블루프린트 스크립트는 노드를 연결해서 게임의 로직을 구성하므로 노드가 복잡해지면 아주 커다란 순서도가 되어 책에 싣기가 곤란한 경우가 많습니다. 이 책에서는 독자들의 가독성을 고려하여 노드가 커지지 않도록 세심하게 배려했으며, 복잡한 노드는 각각의 기능을 갖는 함수로 나누어서 전체적인 흐름을 이해하기 쉽도록 구성했습니다.

게임 엔진은 다양한 게임을 만들 수 있도록 도와주는 툴입니다. 따라서 게임에는 엔진의 모든 기능이 사용되지는 않습니다. 이 책은 언리얼 엔진의 기본적인 기능을 학습하는 데 중점을 두고 있습니다. 그렇지만 엔진의 단편적인 기능에 대한 설명이 아니라, 하나의 게임을 만들어 가면서 게임에 필요한 기능을 구현하는 과정에 초점을 맞추고 있습니다. 따라서 책의 지면상 예제 게임에 불필요한 기능은 다루지 않은 부분이 더러 있음을 알려드립니다.

이 책의 주요 내용

책은 지면이라는 한계가 있으므로 아무래도 책에서 하는 설명은 함축적일 수밖에 없습니다. 이와 같은 한계를 극복하기 위해 이 책은 프로젝트의 모든 과정을 별도의 동영상으로 제공합니다. 따라서 필자가 만든 동영상과 유튜브에 있는 튜토리얼들을 참고해서 학습하면 책의 부족한 부분이 충분히 보완될 수 있을 것으로 생각합니다. 동영상에 대한 안내는 '독자 A/S 안내'를 참고하시기 바랍니다.

제1장 언리얼 엔진의 특징과 설치 방법 등에 대해 알아본다.

제2장 언리얼 에디터의 인터페이스와 기본적인 기능에 대해 알아본다.

제3장 언리얼 에디터의 세부적인 기능과 씬의 기본 요소, 카메라 조작법, 액터의 이동과 회전 등 언리얼 에디터의 전반적인 기능에 대해 알아본다.

제4장 간단한 예제를 활용해서 블루프린트의 노드와 구성 원리 등을 학습하는 과정이다.

제5장 이 장부터는 실제로 게임을 만들어가는 과정에 대한 내용이다. 프로젝트에 오브젝트를 추가하고 움직임을 제어하는 세부적인 과정, 모바일 플랫폼에서 달라진 부분 등을 설명한다.

제6장 블루프린트로 로켓을 만들고 발사해서 목표물을 파괴하는 과정이다.

제7장 게임에서 사용하는 파티클을 수정하고 새로운 파티클을 만든다.

제8장 머티리얼의 기본 개념을 학습하고 게임에서 사용하는 머티리얼을 수정한다.

제9장 적군으로 사용할 대공포를 설치하고, 대공포가 아군을 탐지하고 공격하는 기능에 대한 설명이다.

제10장 HUD^{Heads-Up Display}를 이용해서 게임 화면에 글자와 텍스처 및 머티리얼을 출력하는 방법에 대한 설명이다.

제11장 화면에 스코어와 연료 게이지 등의 UI와 메뉴를 표시하고 게임 오버를 처리하는 과정이다. 메뉴 타이틀과 연료 게이지는 머티리얼로 만들고, UI는 UMG로 만든다.

제12장 Pickup은 게임 중 획득하는 아이템으로, 체력이나 연료, 실탄 등을 보충할 때 사용한다. 이 장은 게임에서 Pickup을 활용하는 과정에 대한 설명이다.

제13장 볼륨^{Volume}은 게임에서 특정한 처리를 하기 위해 씬에 설치한 눈에 보이지 않는 영역이다. 이 장은 볼륨과 액터의 Tag, 게임의 원경을 만드는 방법에 대해 알아본다.

제14장 모바일 플랫폼용 SDK를 설치하고 빌드해서 배포하는 과정에 대한 설명이다.

이 책의 대상 독자

이 책은 언리얼 엔진을 이용해서 게임을 만들어 보려는 생각을 가지고 있는 모든 사람을 대상으로 하고 있지만, 최소한 다음과 같은 사전 지식이 있으면 게임 개발에 많은 도움이 될 것으로 생각합니다.

* 프로그래밍 언어에 대한 기초 지식
* 포토샵에 대한 기초 지식
* 3ds Max나 Maya, Blender 등의 3D 모델링 툴에 대한 기초 지식
* 중학생 정도의 수학과 물리학에 대한 기초 지식

독자 A/S 안내

이 책에서 사용하는 각종 리소스는 다음의 사이트에서 다운로드할 수 있으며, 책 내용에서 궁금한 부분이 있으면 독자 Q&A를 이용하시면 최대한 성의껏 답변해 드리겠습니다.

게임 리소스 다운로드	http://afterglow.co.kr(자료실 ➡ Unlreal Engine Resource)
독자 Q&A	foxmann@naver.com 혹은 jeipub@gmail.com
온라인 강좌(유튜브)	http://goo.gl/VmJDrQ(혹은 유튜브에서 '제이펍 도서'나 '저녁놀 박승제'로 검색)
저자 블로그	http://foxmann.blog.me
저자 이메일	foxmann@naver.com

유튜브 동영상 활용법

책은 정적인 매체이므로 게임을 개발하는 과정과 실행 결과를 실시간으로 보여줄 수 없다는 한계가 있습니다. 그렇기 때문에 책으로 공부하는 사람들은 현재 자신이 하는 방법이 맞는지, 또 실행 결과는 정확한지에 대한 의구심이 생길 수밖에 없습니다. 이와 같은 한계를 극복하기 위해 이 책에서 다루는 예제를 제작 과정과 실행 결과를 책의 순서에 따라 동영상 23편으로 나누어서 유튜브에 올려두었습니다.

유튜브에 있는 동영상은 튜토리얼처럼 보면서 따라하는 용도로 만든 것이 아닙니다.

먼저 책의 설명대로 실습을 해 보고, 자신이 작업한 과정과 실행 결과가 제대로 된 것인지를 점검하고 복습하는 용도로 만든 것이므로 동영상이 매우 빠르게 진행됩니다. 동영상에는 저자의 음성 녹음이 없으며, 중요한 부분은 아이콘과 자막으로 처리하고 있습니다. 따라서 책으로 실습을 해 본 독자들은 쉽게 이해할 수 있지만, 책을 보지 않고 동영상만으로 학습하기는 곤란할 것입니다. 일부 동영상에는 PC에 안드로이드 단말기를 연결하고 언리얼 엔진에서 직접 단말기로 빌드하여 게임을 실행하는 과정도 있으므로 아아폰 사용자에게도 좋은 참고가 될 것으로 생각합니다.

모쪼록 이 책이 여러분의 언리얼 엔진 게임 개발에 많은 도움이 되어서 여러분이 꿈꾸는 게임을 구현하는 데 더할 나위 없이 좋은 지침서가 되기를 바랍니다.

감사의 글

책을 기획할 때의 언리얼 엔진은 최신 버전이 4.2.1이었는데, 책을 집필하는 과정에서 언리얼 엔진이 지속적으로 버전업되고, 버전업될 때마다 인터페이스와 용어, 블루프린트 노드 등이 바뀌어서 원고와 프로젝트를 계속 수정해야 했습니다. 그동안 수차례에 걸친 수정 요구를 묵묵히 수용해 주신 제이펍 출판사의 장성두 사장님을 비롯한 모든 임직원에게 감사의 말씀을 드립니다. 특히 필자의 졸고를 끝까지 책임지고 완성해 주신 편집부 이민숙 과장님의 노고와 편집 및 표지 디자이너, 원고를 꼼꼼하게 점검하면서 교정하고 좋은 의견을 제시해 주신 베타리더들께도 깊은 감사의 말씀을 드립니다.

박승제
(필명: 저녁놀)

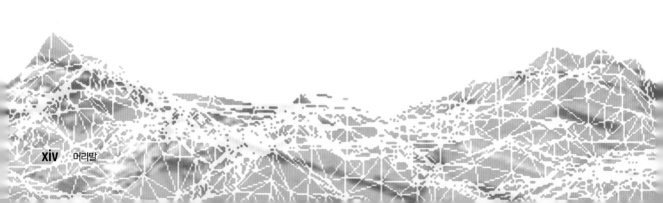

베타리더
후기

김제룡(NHN Entertainment)

게임 시장은 모바일이 압도적으로 점유하고 있는 추세이고, 점점 더 그래픽 품질이 높아지는 상황입니다. 언리얼 엔진은 모바일 버전에 늦게 대응해서 점유율이 높지는 않지만, 화려한 그래픽을 특징으로 점점 더 많이 사용되고 있습니다. 곧 다가올 고품질 모바일 게임 개발에 대비하는 것이 좋은데, 한 단계씩 따라 하면서 쉽게 익힐 수 있는 이 책이 많은 도움이 될 것입니다.

송영준(ZUM internet)

이 책만 잘 따라 한다면 프로그래밍을 몰라도 언리얼 엔진 블루프린트로 간단한 게임을 만들 수 있을 것입니다. 블루프린트로 만드는 작업은 비교적 간단하지만, 게임 프로그래밍/그래픽스에서 다루는 기법들을 잘 녹여 내고 있어서 다른 책에서 배운 이론들이 실제 어떻게 구현되는지 알아보는 용도로도 좋아 보입니다.

송종근(위시컴퍼니)

언리얼 엔진과 유니티를 비롯한 다양한 게임 엔진들로 인해 게임 개발이 더욱 쉬워지고 있는 추세입니다. 그중에서도 단연 돋보이는 언리얼 엔진의 차별화된 개발 방법인 블루프린트 방식을 제대로 배울 수 있어서 개인적으로 고마움을 느낀 시간이었습니다. 이제는 정말 개발이 어려워서 아이디어를 게임화하지 못한다는 말을 하지 못할 것 같습니다.

🦋 원강민(㈜퍼니피플)

핵심적인 요소들을 순차적으로 배울 수 있어서 좋았습니다. 블루프린트를 계속 보다 보니 코드보다 더 직관적인 경우가 많은 것 같습니다. 입문자를 위해 차근차근 안내하고 있어서 재미있게 베타리딩했습니다!

🦋 이준호(NCSOFT)

언리얼 엔진의 훌륭한 기능들은 게임 개발의 난이도를 취미 레벨로 끌어내려 준 것 같습니다. 책은 그냥 따라만 해도 게임을 만들 수 있을 정도로 쉬웠습니다. 물리에 대한 이해가 있다면 더 좋을 것 같습니다. 툴에 대한 설명 이후 실제 게임을 만들어 보는데, 하나하나 단계별로 즉시 실행해 볼 수 있다는 것이 큰 장점이라고 생각됩니다. 그리고 마지막 페이지에서 게임이 완성될 때, 그때의 기쁨을 많은 분이 함께 느꼈으면 좋겠습니다.

🦋 최아연(숭실대학교)

언리얼은 처음이라 막연히 어렵게 느꼈었는데, 막상 책에 나온 과정을 따라 해 보니 정말 쉽고 재미있어서 놀랐습니다. 게임에 필요한 기본적인 알고리즘만 생각할 수 있으면 코딩이 익숙하지 않은 사람이라도 블루프린트를 통해 충분히 원하는 것을 만들어 낼 수 있겠다는 생각이 들었습니다.

🦋 최해성(티켓몬스터)

게임 개발은 전혀 해 보지 않았지만, 이 책을 통해 대략적인 감을 잡을 수 있었습니다. 블루프린트라는 개념으로 마치 iOS의 스토리보드를 사용하는 것처럼 틀을 잡을 수 있다는 것이 상당히 재미있었습니다. 헬기 게임을 통해 한 레벨을 구현해 봄으로써 3D 게임을 만드는 데 필요한 기본적인 요소들을 배울 수 있었습니다. 기능 구현은 결국 프로그래밍을 해야겠지만, 블루프린트를 사용한다면 언리얼 엔진의 진입 장벽을 상당히 낮출 수 있을 것 같습니다.

제이펍은 책에 대한 애정과 기술에 대한 열정이 뜨거운 베타리더들로 하여금
출간되는 모든 서적에 사전 검증을 시행하고 있습니다.

제 1 장

언리얼 엔진 소개

이 장의 개요 – 언리얼 엔진은 크라이 엔진과 더불어 전 세계적으로 유명한 게임 엔진이다. 우리가 알고 있는 많은 게임이 언리얼 엔진으로 개발되었으며, 게임의 품질 또한 매우 우수하다고 평가 되고 있다. 이 장에서는 언리얼 엔진의 특징과 설치 방법 등에 대해 알아본다.

1.1 게임 엔진이란 무엇인가?

영화가 카메라, 조명, 사운드 등 근대 과학 기술의 기계공학적인 도구를 이용하여 작가의 메시지를 대중에게 전달하는 종합 예술인 것처럼, 컴퓨터 게임은 컴퓨터 그래픽스와 사운드, 전문적인 프로그램 등 각종 기술이 집약된 종합적인 컴퓨터 소프트웨어 시스템이다. 따라서 하나의 게임을 만들기 위해서는 해당 분야의 기술력을 갖춘 많은 전문가의 도움이 필수적이다.

게임 엔진^{Game Engine}은 이와 같은 종합적인 컴퓨터 소프트웨어 시스템을 보다 손쉽게 개발할 수 있도록 도와주는 개발 툴^{Software}이다. 컴퓨터를 활용하면 보다 빨리 작업할 수 있는 것처럼, 게임 엔진을 사용하면 개발 기간이 훨씬 단축된다. 게임의 개발비는 개발 기간에 비례하므로 개발 기간을 단축할 수 있는 게임 엔진은 게임 개발의 필수적인 요소라 할 수 있다.

컴퓨터 프로그래밍과 그래픽, 수학과 물리학에 깊은 지식을 가지고 있고, 시간이 아주 많은 개발자라면 게임 엔진을 사용하지 않고도 게임을 만들 수는 있을 것이다. 모든 면에서 부족한 점이 없으므로 게임의 맨 밑바닥부터 차근차근 작업하면 되기 때문이다. 그런 개발자라도 두 번째 게임을 만들 때에는 맨 밑바닥부터 작업하지 않고 앞에서 작업했던 많은 부분을 그대로 가져다가 활용하게 된다. 소프트웨어 개발에는 유사한 작업 과정이 아주 많기 때문이다. 이처럼 유사한 부분을 많이 모아두면 게임을 개발할 때 즉각 활용할 수 있어서 훨씬 편하다. 이렇듯 게임 개발에 필요한 많은 부분을 다루기 쉽도록 만들어서 게임 개발을 도와주도록 만든 소프트웨어가 바로 게임 엔진이다.

게임 엔진은 게임 개발사에서 직접 개발할 수도 있고, 상용화되어 있는 엔진을 구매해서 사용할 수도 있다. 직접 개발한 엔진이든 상용 엔진이든 게임 엔진의 목적은 게임 개발의 시간과 노력을 줄이는 것이다. 많은 자본과 고급 인력을 보유하고 있고 역사가 긴 대규모 개발사들은 대부분 직접 개발한 게임 엔진을 가지고 있다. 그러나 소규모 회사나 이제 스타트업을 하려는 개인 개발자들은 게임 엔진을 개발할 자본과 시간이 부족하므로 상용 엔진을 사용한다.

그림 1-1 언리얼 게임 엔진의 모습

게임 엔진의 개념은 1996년 발매된 FPS 게임인 퀘이크^{Quake} 이후 3D 게임이 보편화되면서부터 정립되기 시작했다. 퀘이크의 개발자인 존 카멕$^{John\ Carmack}$이 퀘이크 시리즈의 소스 코드를 공개하면서 게임 엔진이라는 개념이 자리잡은 것이다. 게임 엔진의 주요 기능은 3D 그래픽의 표현을 위한 렌더링^{Rendering} 시스템, 공간상의 충돌 감지 및 현실적인 물리 효과를 구현하기 위한 물리 시스템, 정해진 절차를 지시하기 위한 스크립트^{Script} 에디터, 게임의 가상공간을 만들기 위한 맵^{Map} 에디터, 기타 각종 개발 도구 등이다.

그림 1-2 게임 엔진의 화려한 그래픽과 현실감 있는 물리 효과

1.2 언리얼 엔진

언리얼 엔진Unreal Engine은 게임 관련 분야에 종사하는 사람들 중에는 이것을 모르는 사람이 없을 정도로 전 세계적으로 아주 유명한 게임 엔진이다. 단지 워낙 고가의 제품인 탓에 일반인이 쉽게 접할 수 없기는 하지만, 직접 보지는 못했더라도 그 막강한 기능만큼은 풍문으로나마 들어서 모두들 잘 알고 있을 것이다.

언리얼 엔진은 미국의 에픽 게임스Epic Games에서 개발한 게임 엔진이다. 에픽 게임스는 1998년에 언리얼이라는 3D FPS 게임을 만들어 발표했는데, 이때 사용한 기술을 언리얼 엔진이라는 이름으로 일반인에게 공개했다. 아직 3D 그래픽 기술이 보편화되지 않은 당시에 언리얼 엔진이 제공하는 3D 그래픽 기술은 순식간에 많은 화제가 되었다.

그때부터 현재에 이르기까지 컴퓨터의 하드웨어(CPU)와 그래픽 카드(GPU)의 발전은 3D 그래픽 기술 수준을 한층 높여주었고, 언리얼 엔진 역시 꾸준히 개선 작업을 거쳐서 현재의 언리얼 엔진으로 발전했다. 우리나라에서는 온라인 게임 시장이 한창이던 시절, 언리얼 엔진을 사용한 리니지2가 크게 성공하자 그 후 많은 제작사가 언리얼 엔진을 도입하기 시작했고, 언리얼 엔진의 명성이 일반 개발자에게까지 알려지게 된 것이다.

비교적 최근까지만 해도 언리얼 엔진은 대규모 개발사 외에는 감히 사용해 볼 엄두도 낼 수 없는 엄청난 고가의 제품이었다. 따라서 기능은 막강하지만 워낙 비쌌으므로 소규모 개발사나 개인 개발자들은 접하기 힘든 엔진이었다. 그럼에도 불구하고 언리얼 엔진은 뛰어난 퀄리티로 인해서 세계에서 가장 유명한 엔진이라는 명성을 그대로 유지하고 있었다.

그런데 게임 엔진 시장에 커다란 변화가 오게 된다. 2010년 무렵부터 게임의 플랫폼이 PC에서 모바일로 이동하기 시작한 것이다. 앵그리버드나 윈드러너처럼 가벼운 2D 게임들이 모바일 플랫폼에서 크게 성공하면서 모바일 게임 시장은 날로 커진 반면, PC 게임 시장은 급속하게 위축되기 시작한다. 따라서 수많은 게임 개발사가 모바일 게임 시장에 진출하게 되었고, 모바일 게임에 적합한 게임 엔진의 필요성이 커진 것이다.

그림 1-3 언리얼 엔진으로 개발된 엔씨소프트의 리니지2

모바일 게임은 화려한 그래픽과 복잡한 인터페이스를 요구하지 않으므로 무겁고 다루기 어려운 3D 엔진보다 가볍고 단순한 2D 엔진이 더 적합하다. cocos2d와 같이 오픈 소스를 채택한 가벼운 엔진들이 무료로 배포되기 시작한 것도 이즈음이다. 이때 Unity 3D라는 게임 엔진이 혜성처럼 등장한다.

Unity 3D를 처음 접한 사람들에게는 혜성처럼 등장한 엔진이었지만, Unity 3D는 2001년에 개발을 시작하여 2005년에 버전 1.0을 출시한 만큼 역사가 꽤 있는 제품이다. 그런데 Unity 3D는 애초에 게임 엔진으로 개발된 제품이 아니라, 웹에서 구동되는 3D 애플리케이션을 개발하는 툴이었으므로 게임 개발자들은 대부분 Unity 3D에 관심을 두고 있지 않았다.

Unity 3D는 발전을 거듭하여 웹에서부터 시작해서 PC는 물론 아이폰과 안드로이드를 포함한 멀티 플랫폼 지원 기능이 추가되었는데, 이 멀티 플랫폼 기능이 크게 부각되면서 순식간에 모바일 게임 분야의 강자로 떠오른 것이다. 당시만 해도 모바일 게임은 아이폰용과 안드로이드용을 별도로 제작해야 했다. 아이폰용 애플리케이션은 오브젝티브-C를 사용해서 제작하고, 안드로이드용은 자바 언어로 작성해야 하므로 소스 코드의 호환성이 없다. 따라서 개발사가 아이폰용 개발팀과 안드로이드용 개발팀을 각각 운영하는 것이 당연하다.

그런데 Unity 3D를 사용하면 하나의 프로젝트로 아이폰과 안드로이드에서 동시에 실행되는 게임을 개발할 수 있으므로 소규모로 프로젝트를 운영하는 신생 업체나 혼자서 모든 것을 개발하는 인디 개발자들 사이에 크게 인기를 끌게 된 것이다. 여기에는 Unity 3D의 가격 정책도 한몫을 했다. Unity 3D는 무료 버전과 유료 버전이 있는데, 유료 버전도 강력한 3D 기능에 비해 크게 부담이 되지 않을 정도의 금액이다. 기존의 언리얼 엔진이 프로젝트당 30억 원에 달한다는 것과 비교해 보면 거의 무료일 만큼 파격적인 가격이다. 따라서 많은 모바일용 게임이 Unity 3D로 제작되었고, 히트작 역시 많이 배출하고 있다. 이러한 결과에 힘입어 Unity 3D는 모바일 게임의 대표 엔진으로 자리잡기에 이른다.

이러한 모바일 게임 시장의 성장과 Unity 3D의 성공은 언리얼 엔진에도 많은 영향을 주었다. Unity 3D의 특징인 사용하기 쉬운 인터페이스와 멀티 플랫폼 기능은 그대로 도입되었고, 여기에 더해서 PC 게임의 화려한 3D 그래픽 기능을 모바일에서도 그대로 재현할 수 있도록 한 것이다. 또한, 매월 19달러만 지불하면 누구나 언리얼 엔진을 사용할 수 있는 파격적인 가격 정책으로 전 세계의 모든 개발자에게 '모두의 언리얼 엔진 4'라는 타이틀로 다가온 것이다.

모바일 기기의 성능이 PC에 근접해 감에 따라 모바일에서도 퀄리티가 높은 게임이 요구되고 있는 이때, 언리얼 엔진은 PC 게임의 화려한 3D 게임을 모바일용으로도 쉽게 만들 수 있는 환경을 모두 제공한다는 사실이 개발자에게는 무엇보다도 반가운 소식일 것이다.

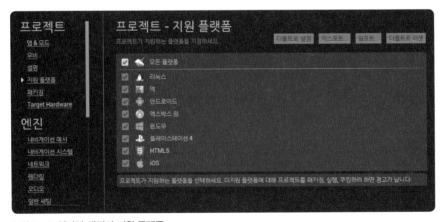

그림 1-4 언리얼 엔진의 지원 플랫폼

1.3 언리얼 엔진의 특징

언리얼 엔진은 워낙 유명한 엔진인 만큼 성능에 대해서는 익히 알려져 있지만, 이번에 새롭게 발표한 언리얼 엔진 4의 특징에 대해 알아보자.

▶ 가격 정책

2014년 3월 20일, 에픽 게임스는 기존의 언리얼 UDK(언리얼 엔진 3)를 대폭 수정한 언리얼 엔진 4(이하 언리얼 엔진)의 새로운 기능과 함께 파격적인 가격 정책을 발표했다. 누구나 회원 등록을 하고 매월 19달러만 내면 언리얼 엔진을 무제한으로 사용할 수 있도록 하겠다는 것이다. 본인이 보유하고 있는 모든 PC에 언리얼 엔진을 설치할 수 있음은 물론이고, 회원을 탈퇴해서 더는 추가 비용을 내지 않더라도 그동안 사용하던 엔진은 계속해서 사용할 수 있다.

매월 19달러를 지불하여 회원 자격을 유지하는 기간에는 모든 업그레이드가 무료이다. 회원을 탈퇴해서 업그레이드를 받을 수 없는 경우에는 그 시점에서 다시 회원 등록을 하면 업그레이드된 제품을 사용할 수 있으므로, 사실 19달러만으로도 언리얼 엔진을 무제한으로 사용할 수 있다는 뜻이다. 게다가, 교육기관과 학생들에게는 지속적인 업그레이드가 가능한 무료 버전을 제공한다.

또한, 개발을 완료해서 출시한 제품에 대한 로열티도 종전의 30%에서 5%로 대폭 낮췄는데, 이것도 분기별 최초 3,000달러까지는 로열티가 무료이며, 독립적으로 판매되는 게임 형태가 아닌 놀이기구 등에 사용되는 제품에 대해서는 로열티를 받지 않겠다고 했다. 따라서 이제 개인이나 소규모 개발사들은 별 부담 없이 언리얼 엔진을 마음껏 사용할 수 있게 되었다.

한글화된 인터페이스

대부분의 소프트웨어는 전문적인 용어가 사용되므로 처음 사용하는 사람이 익숙해지기까지는 어느 정도의 기간이 필요하다. 언리얼 엔진은 대부분의 용어를 한글화해서 언리얼 엔진을 처음 접하는 사용자들도 쉽게 사용할 수 있도록 많은 부분에 공을 들였다.

각각의 메뉴나 버튼에 대해 한글로 된 풍선 도움말을 제공하는데, 재미있는 것은 풍선 도움말에서 [Ctrl]키와 [Alt]키를 동시에 누르면 더 자세한 설명이 나타나는 것이다. 세부적인 설명이 필요한 항목은 곧바로 인터넷 웹페이지로 연결되어 관련된 정보를 확인할 수 있도록 세심한 배려를 해 두었다.

그림 1-5 언리얼 엔진의 자세한 풍선 도움말

블루프린트 시스템

컴퓨터로 어떤 시스템을 개발하는 과정은 여러 단계가 있지만, 결국 프로그래밍 언어로 코딩하는 것이 가장 중요한 절차 중 하나이다. 따라서 프로그래밍 언어의 문법을 알지 못하는 디자이너나 기획자들에게는 프로그램 작성 분야는 속된말로 '넘사벽'과 다름없다.

블루프린트Blueprint는 비주얼한 스크립트 환경으로, 프로그래밍 언어로 코딩하지 않고 순서도를 그리는 개념으로 프로그램을 작성한다. 블루프린트를 사용하면 전체의 흐름을 한눈에 볼 수 있으므로 개발 및 수정이 매우 쉽다. 언리얼 엔진의 블루프린트는 프로그래밍 언어의 문법을 잘 모르는 초급 개발자나 디자이너 및 기획자에게는 아주 좋은 툴이다. 블루프린트를 사용하면 디자이너나 기획자가 직접 게임을 수정할 수 있고, 나아가 직접 개발할 수도 있기 때문이다.

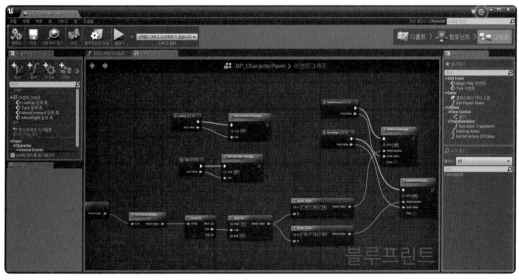

그림 1-6 언리얼 엔진의 블루프린트 에디터. 순서도와 같은 개념으로 스크립트를 만든다

블루프린트는 언리얼 엔진의 API를 잘 모르는 개발자들에게도 아주 유용한 툴이다. 블루프린트를 사용하면 그 상황에 필요한 함수 목록과 입력과 출력 등에 관한 정보를 곧바로 제공해 주기 때문이다. 물론 프로그래밍 언어를 잘 알고 있는 개발자들은 비주얼 스튜디오에서 C++ 코드로 게임을 개발하는 것도 가능하다.

🟫 게임 템플릿

템플릿Template은 기본으로 사용하는 기능을 미리 마련해 둔 것이다. 템플릿을 사용하면 기본적인 기능이 자동으로 완성되므로 그만큼 작업량이 줄어든다. 언리얼 엔진은 개발하려는 게임의 종류에 적합한 게임 템플릿을 마련해 두었는데, 이것을 이용하면 캐릭터 제어와 카메라 이동, 기본 배경, 조명 등 게임의 기본적인 골격이 자동으로 완성된다. 개발자는 필요한 부분만 추가하면 되므로 처음부터 작업하는 것에 비해 개발 기간을 단축할 수 있다. 게임 템플릿은 개발 기간을 단축하는 용도 외에도 언리얼 엔진의 구조와 기능, 작동 원리 등을 이해하는 데 많은 도움을 준다.

그림 1-7 프로젝트 템플릿

📎 마켓플레이스

마켓플레이스^{Marketplace}는 유니티의 애셋 스토어처럼 콘텐츠를 일정 가격에 사고파는 곳이다. 아직은 초창기이므로 유료 프로젝트가 많지는 않지만, 에픽 게임스에서 직접 공개한 각종 예제와 샘플 프로젝트가 다수 수록되어 있다. 여기에 수록된 예제와 샘플 프로젝트만 잘 분석해도 언리얼 엔진의 기능과 프로젝트 제작 방식을 이해할 수 있을 것이다.

그림 1-8 언리얼 엔진의 마켓플레이스

실사와 같은 렌더링 기술

많은 사람이 언리얼 엔진에 매료되는 점은 화려한 게임 화면이다. 언리얼 엔진은 현실 세계와 같은 화면을 구현하기 위해 물리 기반 렌더링$^{Physically\ Based\ Rendering}$ 기술을 사용한다. 물리 기반 렌더링은 어떤 라이팅 환경에서도 현실 세계에 가장 가까운 음영을 보여줄 수 있는 컴퓨터 그래픽 기술이다. 언리얼 엔진은 현실 세계와 유사한 화면을 만들기 위해 다양한 기술을 사용하는데, 그중 몇 가지 예를 들면 다음과 같은 것들이 있다.

■ 블룸 이펙트

블룸^{Bloom}은 어두운 배경에 있는 매우 밝은 물체를 맨눈으로 볼 때, 물체 주변에 빛이 번져 보이는 광학 현상을 재현해서 이미지에 사실감을 주는 기술이다.

■ 렌즈 플레어 이펙트

렌즈 플레어$^{Lens\ Flare}$는 실제의 카메라 렌즈로 밝은 물체를 볼 때 빛이 카메라 렌즈의 내부에서 산란되어 나타나는 결함 현상이지만, 영상 분야에서는 렌즈 플레어를 적절히 사용하여 아름다운 이미지를 만든다. 라이트에 렌즈 플레어 효과를 주면 영화와 같은 장면을 연출할 수 있다.

그림 1-9 블룸 이펙트와 렌즈 플레어 이펙트

■ 뎁스 오브 필드 이펙트

뎁스 오브 필드$^{Depth\ of\ Field}$ 이펙트는 씬의 포커스 지점 앞이나 뒷부분을 거리에 따라 흐리게 만드는 기법으로, 카메라 초점의 앞이나 뒤에 있는 물체가 흐려 보이는, 이른바 아웃 포커싱$^{Out\ of\ Focus}$ 현상을 재현한 것이다. 이 효과는 게임 화면을 좀 더 사진이나 영화처럼 보이도록 만든다.

■ 비네트 이펙트

비네트^{Vignette} 이펙트는 실제의 카메라 렌즈처럼 이미지의 가장자리가 어두워지는 현상을 재현해서 게임 화면을 더욱 더 영화와 같은 영상을 만들어 낸다.

그림 1-10 뎁스 오브 필드 이펙트와 비네트 이펙트

■ 애트머스페릭 포그

애트머스페릭 포그$^{Atmospheric\ Fog}$는 행성의 대기권을 통과하는 빛의 산란 효과를 추정하는 기술로, 이것을 이용하면 현실처럼 깊이 있고 은은한 배경과 하늘을 만들 수 있다.

■ 라이트 셰프트

라이트 셰프트$^{Light\ Shaft}$는 현실에서 구름 사이를 뚫고 나오는 빛줄기에 대한 시뮬레이션으로 창문 너머로 들어오는 빛줄기를 자연스럽게 표현한다.

그림 1-11 애트머스페릭 포그와 라이트 셰프트

캐릭터 애니메이션 시스템

캐릭터를 애니메이션하기 위해서는 먼저 3D 형상의 캐릭터를 모델링한 후 캐릭터의 관절 위치에 맞도록 뼈대^{Bone}를 심고 관절의 움직임을 수치화하는 작업이 필요하다. 언리얼 엔진도 본^{Bone} 애니메이션을 사용하는데, 개발자들이 캐릭터의 움직임에 대한 처리를 쉽게 할 수 있도록 페르소나^{Persona}라는 애니메이션 시스템을 제공한다. 페르소나는 애니메이션이 연속해서 진행될 때 애니메이션의 연결이 자연스럽게 연결되도록 도와준다. 예를 들어, 쉬고 있는 캐릭터가 달리는 경우 처음부터 마구 달리는 것이 아니라 쉬기 ➡ 걷기 ➡ 달리기 동작이 순서에 따라 재생되게 함으로써 자연스러운 움직임을 만들어 낸다. 달리는 캐릭터가 정지할 때에도 달리기 ➡ 걷기 ➡ 쉬기의 동작이 구현된다.

그림 1-12 언리얼 엔진의 페르소나 애니메이션 에디터

언리얼 엔진은 3D 애니메이션은 물론 고전적인 2D 스프라이트^{Sprite} 애니메이션도 지원하므로 카툰과 같은 분위기의 게임도 쉽게 만들 수 있다.

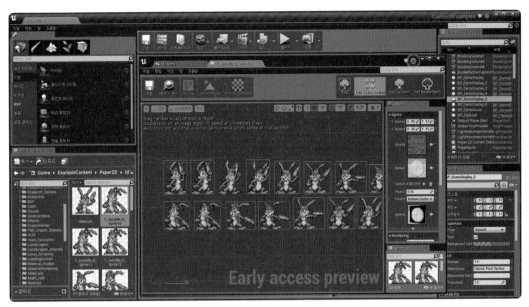

그림 1-13 언리얼 엔진의 스프라이트 에디터

📦 물리 시스템

천체와 미시 세계를 제외한 자연계의 사물은 뉴턴^{Newton}의 운동 법칙에 따라 움직인다. 관성의 법칙, 가속도의 법칙, 작용 반작용 법칙이 그것이다. 물리 시스템은 게임 내의 사물에 운동 법칙을 적용해서 자연계와 흡사한 운동을 구현하는 시스템이다. 언리얼 엔진에는 NVIDIA의 최신 물리 엔진이 내장되어 있어서 개발자가 운동 법칙에 대한 공식이나 중력에 대한 효과 등을 모르고 있더라도 물체의 움직임과 충돌 후의 상태를 자연계와 유사한 상태로 구현해 준다.

언리얼 엔진에 내장된 PhAT라는 피직스 애셋 툴^{Physics Asset Tool}을 사용하면 캐릭터가 자연스럽게 쓰러지는 동작도 쉽게 구현할 수 있다.

그림 1-14 언리얼 엔진의 피직스 애셋 툴(PhAT)과 시뮬레이션 결과

그뿐만 아니라 물리 시스템은 물체가 폭파될 때 발생하는 파편의 비산 효과나 안개
와 같은 입자의 움직임, 천이나 깃발의 펄럭임 등 물체의 움직임에 물리적인 계산을
반영해서 자연스러운 결과물을 만들 수 있게 해 준다.

그림 1-15 파티클을 만드는 캐스케이드(Cascade) 에디터

📦 향상된 기술력

언리얼 엔진의 기술력은 익히 알려져 있어서 새삼스러울 것도 없지만, 그동안 대형 게임을 개발하면서 축적한 기술을 언리얼 엔진에 모두 도입함으로써 전문적인 지식이 없는 사람들도 퀄리티가 높은 게임을 쉽게 개발할 수 있도록 하였다. 또한, NVIDIA에서 개발한 최신 버전의 피직스^{PhysX} 기술을 내장하여 엔진 내부에서 물리적인 현상을 아주 빠르게 표현할 수 있으며, 실시간 3D 렌더링 기술은 게임뿐만 아니라 영상 제작, 가상현실, 시뮬레이션, 놀이기구의 콘텐츠 등의 분야에 폭넓게 활용할 수 있으므로 3D 그래픽 산업에 두루 사용될 전망이다.

📦 진화하는 엔진

에픽 그래픽스는 언리얼 엔진의 소스를 회원에게 모두 공개해 누구나 엔진을 변형해서 사용할 수 있도록 하였다. 이와 같은 정책은 프로그램 개발 능력이 있는 사용자라면 엔진을 커스터마이징하거나 새로운 기능을 추가해서 자신만의 엔진으로 만들수 있다는 의미이다. 언리얼 엔진의 오픈소스화 정책으로 많은 개발자가 언리얼 엔진의 개선에 참여하고 있으므로 현재 언리얼 엔진은 매우 빠르게 버전업되고 있다. 이 외에도 많은 장점이 있지만 이 정도로 끝내도록 하자.

1.4 언리얼 엔진의 최소 사양

언리얼 엔진의 설치와 실행에는 다음과 같은 권장 사양이 필요하다.

Windows

표 1-1 Windows의 최소 사양

엔진 실행 및 개발	추천 하드웨어 사양 및 운영체제
프로세서	쿼드코어 인텔 또는 AMD 2.5GHz 이상
메모리	8GB 이상
비디오 카드	NVIDIA GeForce 470 GTX 또는 AMD Radeon 6870 HD 시리즈 이상
운영체제	Windows 7/8 64bit

Mac OS

표 1-2 Mac OS의 최소 사양

엔진 실행 및 개발	추천 하드웨어 사양 및 운영체제
프로세서	쿼드코어 인텔 또는 AMD 2.5GHz 이상
메모리	8GB 이상
비디오 카드	NVIDIA GeForce 470 GTX 또는 AMD Radeon 6870 HD 시리즈 이상
운영체제	MAC OS X 10.9.2
XCode	5.0

언리얼 엔진은 그래픽 카드(GPU)의 자원을 많이 사용하므로 맥북이나 노트북 환경에서는 상당한 발열과 소음이 발생한다. 노트북 사용자는 이 점을 염두에 두기 바란다.

1.5 언리얼 엔진 설치

언리얼 엔진을 설치하고 사용하려면 언리얼 엔진의 계정이 필요하다. 다음 사이트에서 회원 가입을 한다. 언리얼 엔진은 아주 빠르게 업그레이드되고 있으므로 실제로 여러분이 보는 화면은 책의 그림과 다를 수 있다는 것을 염두에 두고 시작하자.

언리얼 엔진 홈페이지: https://www.unrealengine.com

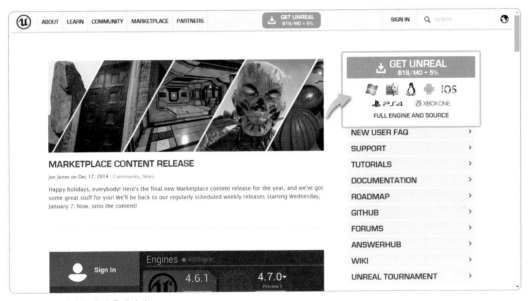

그림 1-16 언리얼 엔진 홈페이지

이어 계정 생성 페이지가 나타나므로 계정 생성에 필요한 기본 정보를 입력한다. 홈 페이지 오른쪽 위에 **[언어 선택]** 버튼이 있으므로 그것을 눌러 한국어를 선택하면 한 글로 표시된다.

그림 1-17 계정 생성 페이지

계정 생성이 끝나면 지불 방법을 입력하는 페이지가 나타나므로 신용카드 정보를 입 력한다.

그림 1-18 신용카드 정보 입력

필요한 정보를 모두 입력하면 언리얼 엔진 인스톨러를 다운로드하는 페이지로 연결된다.

그림 1-19 언리얼 엔진 인스톨러 다운로드

다운로드한 파일을 실행하면 설치 폴더를 물어오므로 필요하면 설치 폴더를 변경하고 [설치] 버튼을 누른다.

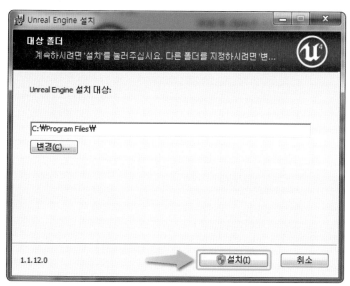

그림 1-20 설치 폴더 지정

바탕화면의 인스톨러 아이콘을 실행하면 로그인 화면이 나타나므로 앞에서 등록한 계정과 비밀번호를 입력한다. 계정 정보 기억 항목을 체크해두면 매번 로그인해야 하는 번거로움이 없다.

그림 1-21 언리얼 엔진 로그인

로그인이 성공하면 언리얼 엔진의 라이선스 페이지가 나타나므로 [수락] 버튼을 누른다.

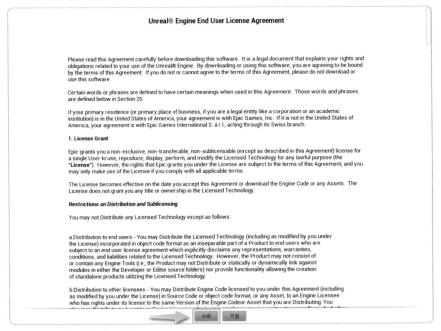

그림 1-22 라이선스에 동의함

이어 언리얼 엔진 런처가 실행된 후 언리얼 엔진의 가장 최신 버전을 다운로드하기 시작한다. 용량이 작지 않으므로 얼마간의 시간이 걸릴 것이다.

1.6 언리얼 엔진 런처

언리얼 엔진 런처는 인터넷과 연동하여 설치된 엔진을 가장 최신의 상태로 유지하
며, 엔진의 버전을 관리하는 등의 기능을 제공한다.

그림 1-23 **언리얼 엔진 런처**

1 **사용자 계정**　사용자 계정 관리와 로그아웃, 프로그램 종료 메뉴가 있다.

2 **실행**　언리얼 엔진 에디터를 실행한다. 현재 설치되어 있는 버전의 엔진을 선택해서 실행할 수 있다.

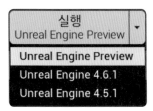

3 **News**　언리얼 엔진 런처가 실행될 때 기본으로 보여주는 화면이다(그림 1-23). 언리얼 엔진에 대한 새로운 소식 등이 링크되어 있다.

4 **Learn**　인터넷으로 제공되는 매뉴얼과 튜토리얼 동영상, 데모 프로젝트에 대한 소개와 링크가 수록되어 있다.

그림 1-24 언리얼 런처의 Learn

5 **마켓플레이스** 무료 및 유료로 제공하는 게임의 리소스와 프로젝트 등이 수록되어 있다.

그림 1-25 마켓플레이스

6 **라이브러리** 엔진의 추가 설치, 현재까지 작성한 프로젝트, 마켓플레이스에서 다운로드한 프로젝트 등을 관리한다.

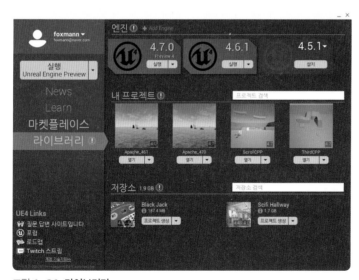

그림 1-26 라이브러리

언리얼 엔진 런처에서 엔진을 선택한 후 [실행] 버튼을 누르면 [언리얼 프로젝트 브라우저]가 나타난다. 여기에서 이미 만들어진 프로젝트를 불러오거나 새로운 프로젝트를 만들 수 있다.

그림 1-27 언리얼 프로젝트 브라우저

■ **프로젝트** 전에 작업한 프로젝트를 선택하거나 새로운 프로젝트를 만든다.

② **새 프로젝트 템플릿** 프로젝트의 종류를 블루프린트나 C++로 선택한 후 템플릿 목록에서 생성하려는 프로젝트 템플릿을 지정한다. C++ 프로젝트를 만드는 경우에는 PC에 비주얼 스튜디오 2013이 설치되어 있어야 한다.

3 **대상 플랫폼** 개발할 프로젝트에 적합한 플랫폼을 지정한다. 데스크탑/콘솔로 시작해도 게임을 테스트할 때 모바일 프리뷰 창을 제공하므로 굳이 모바일 플랫폼으로 시작할 필요는 없다.

4 **프로젝트의 퀄리티** 프로젝트의 기본 퀄리티를 설정한다. 기본적인 설정이므로 프로젝트를 만든 후 세부적인 사항은 별도로 설정할 수 있다.

5 **시작용 콘텐츠 포함 여부** 프로젝트에 기본적인 콘텐츠를 포함할 것인지를 설정한다. 시작용 콘텐츠를 포함하면 게임 제작에 필요한 기본적인 기능을 추가해 주지만, 배포용 패키지도 시작용 콘텐츠 용량만큼 커진다.

6 **대상 폴더** 프로젝트를 저장할 기본 폴더를 설정한다. 기본 폴더는 [내문서]이지만 여기에서 변경할 수 있다. 한글이 포함된 경로를 사용할 수 있지만 되도록 한글 경로는 사용하지 않는 것이 좋다.

7 **프로젝트 이름** 프로젝트 이름은 한글이나 영문으로 시작해야 하며, 공백이나 특수문자는 사용할 수 없다. 한글로 작성한 프로젝트는 빌드할 때 문제를 일으킬 수 있으므로 가능하면 한글은 사용하지 않는 것이 좋다.

1.8 게임 템플릿

이 장에서는 언리얼 엔진이 제공하는 템플릿의 기본 기능에 대해 알아본다. 레벨을
여는 방법은 제3.3절을 참조하기 바란다.

1 공백
모두 세 개의 레벨로 구성되어 있다.

❶ Minimal_Default
공백 레벨 프로젝트를 만들면 기본으로 보이는 레벨이다. 스카이박스, 애트머스페릭
포그Atmospheric Fog, 사운드 큐, 리플렉션 캡처 등을 제공한다.

❷ StarterMap
각종 머티리얼과 중력에 의해 추락하는 공 등 간단한 물리 시뮬레이션을 제공한다.

그림 1-28 Minimal_Default와 StarterMap의 씬 구성

❸ Advanced_Lighting

게임의 배경으로 사용하는 HDRI^{High Dynamic Range Image}로 만든 앰비언트 큐브맵^{Ambient} ^{Cubemap}과 Post Process 이펙트의 효과를 볼 수 있다. 앰비언트 큐브맵은 블루프린트로 만들어져 있으므로 다른 프로젝트에서 이미지를 변경해서 사용하는 것이 가능하다. 이 레벨에서 사용하는 Post Process 이펙트는 다음과 같다.

- **Contrast:** 이미지의 콘트라스트 설정
- **Vignette:** 비네트. 화면의 가장자리를 어둡게 하는 효과
- **Bloom:** 어두운 곳에 있는 밝은 물체의 눈부심 효과
- **Auto Exposure:** 자동 노출. 어두운 곳에서 밝은 곳으로 이동할 때 주변이 서서히 밝아지는 현상의 시뮬레이션으로 눈순응이라고도 한다.
- **Depth Of Field:** 거리에 따라 초점이 흐려지는 카메라의 아웃 포커싱^{Out of Focus} 시뮬레이션
- **Screen Space Reflection:** 매끈한 물체의 표면에 주변의 풍경이나 오브젝트가 비쳐 보이는 현상

그림 1-29 **HDRI로 만든 앰비언트 큐브맵과 원본 이미지**

언리얼 엔진이 제공하는 템플릿은 종류에 상관없이 **[StarterContent]** 폴더에 위의 레벨 세 개가 저장되어 있다.

② 블루프린트 1인칭

1인칭 시점의 카메라와 캐릭터 및 슈팅 예제이다. 캐릭터의 이동과 총알의 발사, 총
알의 충돌 처리 등에 관련된 블루프린트를 제공한다.

③ 블루프린트 비행

간단한 비행 시뮬레이션으로 폰^{Pawn}을 제어하는 블루프린트를 제공한다. 폰은 비행
기, 탱크, 자동차 등 사용자가 탑승해서 조정할 수 있는 액터^{Actor}이다. 폰의 이동과
회전, 충돌의 처리에 관한 기초 사항을 배울 수 있다.

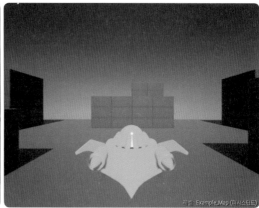

그림 1-30 블루프린트 1인칭과 블루프린트 비행 실행 화면

④ 블루프린트 퍼즐

화면의 블록을 클릭하면 점수가 올라가는 간단한 게임이다. 화면에 마우스 커서를
표시하고, 클릭한 블록을 판정하는 간단한 블루프린트를 제공한다. 블록을 동적으
로 배치하는 방법과 화면에 점수 등을 표시하는 기초 지식을 배울 수 있다.

⑤ 블루프린트 굴리기

물리 기반으로 굴러가는 공의 시뮬레이션이다. 토크^{Torque}로 공을 굴리고 임펄스^{Impulse}
로 점프하는 등 액터에 물리적인 힘을 적용시키는 방법에 대해 배울 수 있다.

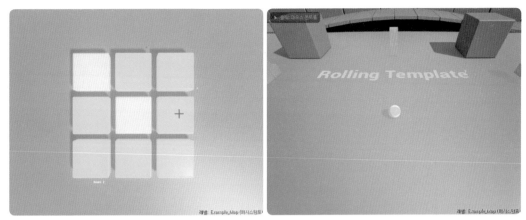

그림 1-31 블루프린트 퍼즐과 블루프린트 굴리기 실행 화면

6 블루프린트 횡스크롤

3D 환경에서 2D로 동작하는 게임이다. 카메라가 캐릭터와 함께 좌우로 이동하므로 캐릭터는 항상 화면의 중앙에 고정된다.

7 블루프린트 2D 횡스크롤

Sprite를 이용한 2D 게임이다. Sprite를 이용해서 배경과 지형을 구성하고, 캐릭터의 애니메이션 만드는 방법을 학습할 수 있다.

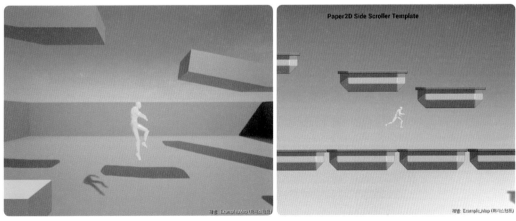

그림 1-32 블루프린트 횡스크롤과 블루프린트 2D 횡스크롤 실행 화면

8 블루프린트 3인칭

카메라가 캐릭터를 따라다니는 전형적인 3인칭 게임이다. 걷기, 달리기, 점프 애니메이션과 이동 속도에 따라 걷기에서 달리기로 이어지는 애니메이션 블렌딩 기능을 볼 수 있다.

9 블루프린트 내려보기

블루프린트 3인칭 게임과 같은 구조이지만, 카메라를 주인공의 머리 위쪽에 배치해서 씬 전체를 내려보는 구도로 구성되어 있다. 캐릭터를 마우스 위치로 이동시키는 방법을 배울 수 있다.

그림 1-33 블루프린트 3인칭과 블루프린트 내려보기의 실행 화면

10 Twin Stick Shooter

상하좌우로 이동하는 폰^{Pawn}을 카메라가 위에서 내려보는 구도로 구성된 게임이다. 폰의 이동과 총알을 발사하는 방법을 배울 수 있다.

11 블루프린트 비히클

물리 기반의 간단한 자동차 경주 게임이다. HUD를 이용해서 자동차의 속도와 기어 상태를 화면에 표시한다.

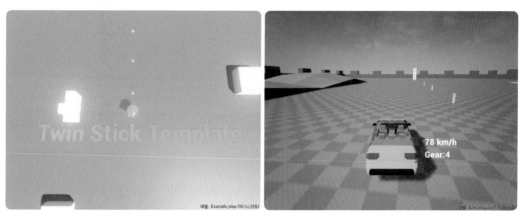

그림 1-34 **Twin Stick Shooter**와 블루프린트 비히클 실행 화면

🔢 **Vehicle Advanced**

경주용 자동차를 이용한 자동차 경주 시뮬레이션 게임이다. 간단한 지형^{Landscape}과
장애물을 제공한다.

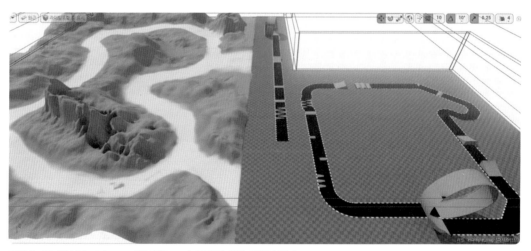

그림 1-35 **Vehicle Advanced**의 씬(Scene). 평지와 산악 지형이 있다

1.9 언리얼 에디터

프로젝트 브라우저에서 템플릿을 선택하고 프로젝트 이름을 입력한 후 [프로젝트 생성] 버튼을 누르면 언리얼 에디터가 나타난다. C++ 템플릿을 사용하려면 자신의 PC에 비주얼 스튜디오 2013이 설치되어 있어야 한다.

1 게임의 실행

언리얼 에디터에서 [플레이] 버튼을 누른 후 게임 창을 마우스로 클릭하면 게임을 실행할 수 있다. 캐릭터의 움직임은 게임에서 일반적으로 사용하는 W S A D 키나 상하좌우 이동키를 사용하며, Space Bar 는 점프이고, 카메라의 방향은 마우스로 조정한다. 게임을 실행할 때에는 마우스 커서가 사라진다.

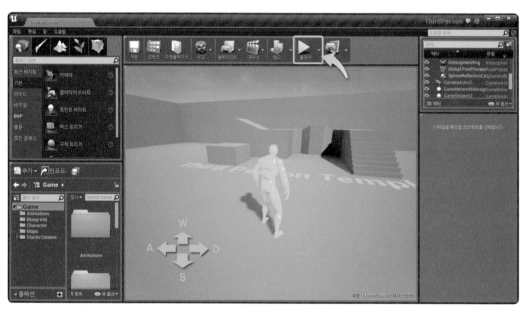

그림 1-36 블루프린트 3인칭 템플릿 실행 화면

2 게임의 중지

게임을 중지할 경우에는 Esc 키를 누르거나, Shift+F1 키로 마우스 커서를 표시한 후 [중지] 버튼을 누른다. 이 기능은 언리얼 에디터에서만 사용할 수 있으며, 실제의 게임이나 게임을 독립된 창으로 실행한 경우에는 이 기능을 사용할 수 없다.

제 2 장

언리얼 에디터의
인터페이스

이 장의 개요 ─ 언리얼 엔진은 편리하고 융통성 있는 인터페이스를 사용하며, 모든 오브젝트에 대해 실시간 미리보기 기능을 제공한다. 이 장에서는 언리얼 에디터의 인터페이스와 기본적인 기능에 대해 알아본다.

2.1 언리얼 에디터의 인터페이스

언리얼 에디터는 사용자가 구성하기에 따라 다르지만, 기본적으로 다음과 같은 7개
의 영역으로 구성되어 있다.

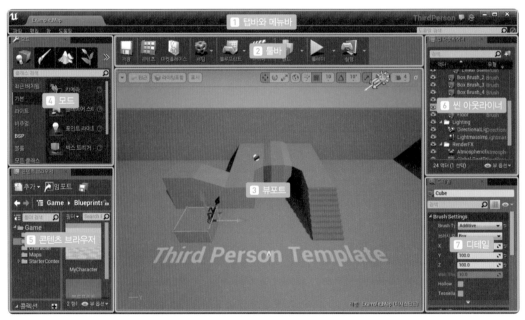

그림 2-1 언리얼 에디터의 구성

2.1.1 탭바와 메뉴바

1 탭바

탭에는 현재 편집 중인 레벨Level 이름이 표시되며, 오른쪽에는 프로젝트 이름이 표시
된다. 탭은 드래그해서 다른 곳으로 옮기거나 독립된 창으로 표시할 수 있다.

그림 2-2 **탭바**

1 편집 중인 레벨 이름. 레벨은 게임의 씬Scene에 해당하는 개념이다.

2 편집 중인 프로젝트 이름

3 간단한 피드백 보내기와 튜토리얼 버튼. [피드백 보내기] 버튼을 누르면 질문이나 개선 사
   항 등을 전송할 수 있으며, [튜토리얼] 버튼을 누르면 현재 사용하는 기능에 대한 튜토리얼
   을 표시한다.

그림 2-3 **피드백 보내기**

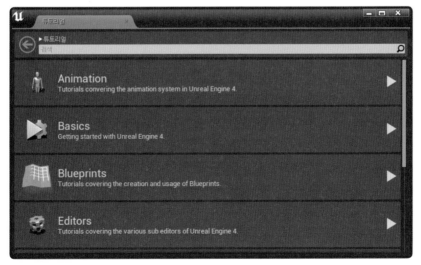

그림 2-4 **언리얼 튜토리얼 창**

2 메뉴바

기본적인 메뉴와 도움말 검색어 입력란 등이 있다.

그림 2-5 메뉴바

1 파일 레벨과 프로젝트의 저장 및 불러오기, 게임에 사용되는 각종 오브젝트의 임포트와 익스포트 등의 항목이 있다.

2 편집 되돌리기, 잘라내기 및 붙이기, 에디터 개인 설정, 프로젝트 세팅 등의 항목이 있다.

3 창 언리얼 에디터가 제공하는 각종 항목과 관련된 창에 대한 기능이 있다.

4 도움말 언리얼 엔진의 도움말 문서와 튜토리얼, API 레퍼런스, 포럼, 위키 등 도움을 받을 수 있는 사이트의 링크가 있다.

5 도움말 검색 검색어를 입력하면 웹 브라우저에 관련 정보를 표시한다.

6 소스 컨트롤 버튼 메뉴바의 맨 오른쪽에 있는 빨간색 아이콘이다. 소스 컨트롤^{Source Control}
은 프로젝트 진행 중 과거의 어느 시점으로 돌아가거나, 팀 단위 프로젝트의 경우 각자가 수정한 부분을 팀원 전체가 동기화하는 것을 자동화하기 위해서 사용하는 버전 관리 툴이다. 언리얼 엔진은 현재 Perforce와 Subversion을 지원한다. 소스 컨트롤 기능을 사용하려면 Perforce나 Subversion의 서비스가 필요하다.

그림 2-6 **콘솔 입력 창**

7 콘솔 입력 창 메뉴에는 나와 있지 않고 ⌜:⌟키를 누르면 뷰포트 아래에 나타난다. 콘솔 창은 게임 실행 중에도 ⌜:⌟키로 호출할 수 있다. 콘솔 명령은 언리얼 엔진에게 내리는 명령으로, 언리얼 엔진은 다양한 콘솔 명령을 내장하고 있다. 예를 들어, 게임 화면의 스크린샷을 저장할 경우에는 이 창에서 다음과 같이 입력한다. 스크린샷은 [**프로젝트/Saved/Screenshots**] 폴더에 저장된다.

HighResShot 1　　　　　(1~4의 수치를 사용하며 값이 클수록 해상도가 높다)
HighResShot 1024x768　(해상도를 직접 지정할 수 있다)

2.1.2 툴바

자주 사용되는 툴과 기능을 버튼으로 모아둔 곳이다.

그림 2-7 **툴바**

① **저장**　현재 작업 중인 레벨^씬을 저장한다. 이 버튼은 현재의 레벨만 저장한다. 프로젝트 전체를 저장할 경우에는 Ctrl + S 키를 누르거나 [**파일 ➡ 모두 저장**] 메뉴를 실행한다.

② **콘텐츠**　콘텐츠 브라우저를 표시한다(제2.1.5절 참조).

③ **마켓플레이스**　언리얼 엔진 런처에 마켓플레이스의 콘텐츠를 표시한다.

④ **세팅**　작업 중인 프로젝트와 레벨의 세부적인 기능을 설정한다(제2.2.4절 참조).

⑤ **블루프린트**　새로운 블루프린트를 만들거나 기존의 블루프린트를 편집한다(제4장 참조).

⑥ **마티네**　마티네 창을 표시한다. 마티네는 타임라인을 이용해서 게임에 사용하는 액터(오브젝트)의 움직임을 제어하는 애니메이션 제작 툴이다.

⑦ **빌드**　프로젝트 전체 또는 라이트나 지오메트리 등의 개별 요소를 빌드한다.

⑧ **플레이**　게임을 실행한다. 왼쪽 마우스 버튼을 누르면 마우스가 게임 모드가 되어서 캐릭터를 조정할 수 있다. 게임 실행 중에 Shift + F1 키를 누르면 게임을 중지하지 않은 상태에서 마우스가 빠져나온다. 버튼 오른쪽에 있는 [▼] 버튼을 누르면 플레이에 관련된 옵션을 설정할 수 있다.

⑨ **실행**　게임을 빌드한 후 독립된 창에서 게임을 실행한다.

2.1.3 뷰포트

뷰포트는 게임의 레벨(씬)을 제작하는 곳이다. [플레이] 버튼을 누르면 기본적으로 뷰포트에서 실행된다.

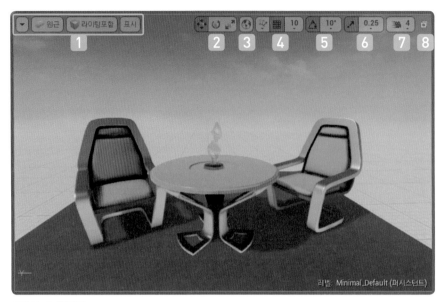

그림 2-8 **뷰포트**

1. **뷰포트 옵션**　뷰포트의 표시 형식 등 세부 사항을 설정한다.
2. **이동/회전/스케일**　씬에 설치한 액터의 이동/회전/스케일을 설정한다.
3. **월드/로컬 좌표계**　액터의 기즈모를 월드/로컬 좌표계로 표시한다.
4. **표면/이동 스냅**　액터의 표면/이동 스냅 여부와 스냅 간격을 설정한다.
5. **회전 스냅**　액터의 회전 스냅 여부와 스냅 각도를 설정한다.
6. **스케일 스냅**　액터의 스케일 스냅 여부와 스냅 비율을 설정한다.
7. **카메라 속도**　레벨(씬)을 비추는 카메라의 이동 속도를 설정한다.
8. **뷰포트 분할**　뷰포트를 4개로 분할하거나 분할된 뷰포트를 확대한다.

▶ 뷰포트 분할

뷰포트 오른쪽 위에 있는 버튼을 클릭하면 뷰포트가 원근, 정면(x축), 측면(y축), 상단 (z축)의 네 개로 분할된다. 분할된 창에서 오른쪽 위에 있는 버튼을 클릭하면 분할된 뷰가 뷰포트 전체로 확대된다.

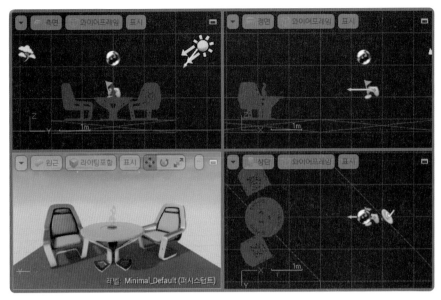

그림 2-9 **뷰포트의 분할**

게임 뷰의 모드

뷰포트에는 조명의 방향, 게임의 실행 위치, 충돌체 등 실제의 게임에는 보이지 않는 여러 요소들이 시각화 도구를 통하여 아이콘 형태로 표시되는데, 이것을 기즈모^{Gizmo}라 한다. 게임 뷰는 화면의 기즈모를 표시하지 않도록 하여 실제의 게임과 같은 상태로 표시한다. G 키를 누르거나 뷰포트 옵션의 [게임 뷰] 메뉴를 실행하면 게임 뷰 모드가 토글된다.

그림 2-10 **씬에 표시된 각종 기즈모(화살표 부분)**

2.1.4 모드

모드는 콘텐츠 제작에 필요한 기본적인 도구와 각종 애셋을 종류별로 모아둔 곳이다. 애셋 오른쪽의 🕐버튼을 클릭하면 애셋에 대한 도움말을 웹 브라우저에 표시한다.

그림 2-11 모드

1️⃣ **배치** 뷰포트에 액터를 배치

2️⃣ **칠하기** 스태틱 메시에 컬러나 텍스처 칠하기

3️⃣ **랜드스케이프** 랜드스케이프(터레인, 지형) 제작 및 편집

4️⃣ **폴리지** 랜드스케이프에 인스턴싱된 폴리지(나무, 풀, 바위 등) 배치

5️⃣ **지오메트리 편집** BSP 브러시 편집

모드에서 기본으로 사용되는 것은 1️⃣의 배치 탭에 수록된 애셋들이다.

6️⃣ **기본** 카메라, 충돌체, 플레이어 스타트, 타겟 포인트 등이 수록되어 있다.

7️⃣ **라이트** 게임에 필요한 여러 종류의 조명이 수록되어 있다.

8️⃣ **비주얼** 먼 원경의 안개, 조명의 반사체, 액체 효과를 위한 데칼 등이 수록되어 있다.

9️⃣ **BSP** 게임의 바닥이나 고정된 물체 등 씬 제작에 필요한 도형(브러시라고 한다)이 수록되어 있다.

🔟 **볼륨** 특정 영역을 설정해서 자원이 집중될 수 있도록 범위를 지정하는 여러 종류의 볼륨이 수록되어 있다.

2.1.5 콘텐츠 브라우저

콘텐츠 브라우저는 프로젝트에 사용되는 모든 애셋과 리소스를 관리한다. 필요한 애셋을 찾고, 새로운 애셋을 만들거나 변경하고, 다른 프로젝트의 애셋을 가져오는 등 종합적인 콘텐츠 관리 툴이다. 콘텐츠 브라우저에 표시된 애셋을 더블클릭하면 애셋을 편집할 수 있는 에디터가 나타난다. 예를 들어, 머티리얼을 더블클릭하면 머티리얼 에디터가 나타난다.

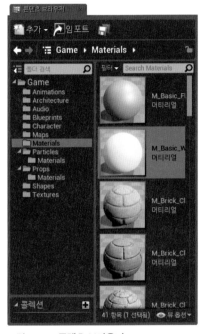

그림 2-12 **콘텐츠 브라우저**

언리얼 엔진은 버전에 따라 폴더 구조가 조금씩 다르므로 책에 표시된 콘텐츠 브라우저의 폴더가 여러분의 화면과 조금 다를 수 있다. 콘텐츠 브라우저는 [**창➡콘텐츠 브라우저**] 메뉴를 이용하면 최대 4개까지 열 수 있으며, 콘텐츠 브라우저에서는 다음과 같은 작업을 할 수 있다.

- 필터와 검색어를 이용해서 애셋을 빠르게 찾을 수 있다.
- 애셋을 체계적으로 관리하고 정리할 수 있다.
- 다른 프로젝트와 애셋을 공유할 수 있다.
- 콜렉션을 만들어 자주 사용하는 애셋을 등록하고 나중에 사용할 수 있다.
- 공유 콜렉션을 만들어 애셋을 등록하고 팀원들과 공유할 수 있다.

2.1.6 씬 아웃라이너

씬에 설치된 모든 액터를 계층적인 구조로 표시한다. 씬 아웃라이너에서는 다음과 같은 일을 할 수 있다.

그림 2-13 **씬 아웃라이너와 부메뉴**

- 액터의 이름을 변경하거나 삭제할 수 있다.
- 다양한 검색 조건을 사용해서 조건에 맞는 액터를 빠르게 찾을 수 있다.
- 폴더를 만들어서 액터를 그룹화할 수 있다.
- 특정한 액터를 다른 액터의 하위 액터로 만들 수 있다.
- 액터를 마우스 오른쪽 버튼으로 클릭하고 [콘텐츠 브라우저에서 찾기] 메뉴를 실행하면 콘텐츠 브라우저에 액터가 저장된 위치를 찾을 수 있다.
- 액터를 더블클릭하거나 액터를 선택하고 F키를 누르면 해당 액터가 씬의 중앙에 표시된다.

2.1.7 디테일

씬 아웃라이너에서 선택한 액터에 대한 속성을 설정할 수 있다. 액터의 종류와 특성에 따라 각각 다른 내용이 표시된다.

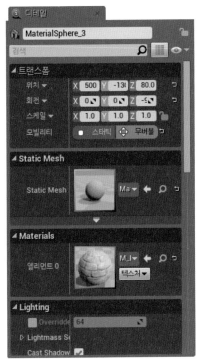

그림 2-14 **디테일 패널**

2.2 에디터 커스터마이징

언리얼 엔진은 작업의 종류에 따라 다양한 형태의 에디터를 제공한다. 언리얼 에디터는 언리얼 엔진을 실행하면 맨 처음 나타나는 작업 공간으로, 씬(레벨이라고 한다)을 디자인하고 애셋을 관리하기 위한 브라우저와 도구들이 수록되어 있다.

2.2.1 탭의 이동과 배치

에디터와 브라우저는 탭을 다른 곳으로 이동하거나 독립된 창으로 표시할 수 있다. 탭의 제목을 마우스 왼쪽 버튼으로 드래그하면 탭이 결합할 영역이 표시된다. 사용자가 설정한 상태는 에디터가 닫힐 때 자동으로 저장되어 다음에 에디터를 실행하면 직전의 상태를 유지한다.

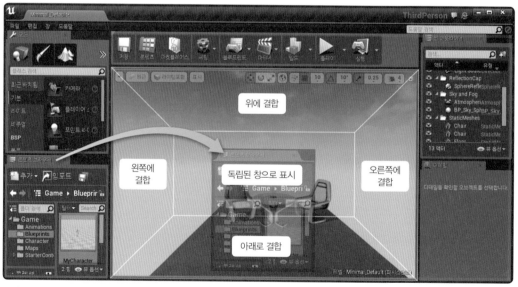

그림 2-15 패널의 이동과 배치

2.2.2 탭 숨김과 탭 표시

탭의 제목을 숨기거나 표시하
는 기능이다. 탭의 제목을 숨기
면 조금이라도 작업 공간을 넓
게 활용할 수 있다. 탭의 제목
을 우클릭하고 [탭 숨김] 메뉴
를 실행하면 탭의 제목이 없어
진다. 제목이 없는 탭은 왼쪽
위에 노란색의 삼각형이 표시되
는데, 이것을 클릭하면 다시 탭
의 제목이 나타난다.

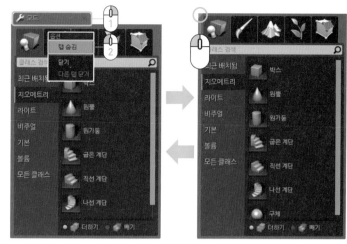

그림 2-16 탭 숨기기와 보이기

2.2.3 툴바 크기 변경

언리얼 에디터의 툴바를 작은 버튼으로 표시하면 작업 공간을 조금 더 확보할 수 있
다. [편집 ➡ 에디터 개인설정] 메뉴를 실행하고 [외형] 항목에서 설정한다.

그림 2-17 에디터 개인설정 창

그림 2-18 **큰 툴바와 작은 툴바**

2.2.4 엔진 퀄리티 세팅

엔진 퀄리티[Scalability] 세팅은 다양한 플랫폼과 하드웨어에서 게임의 최적화된 퍼포먼스를 유지하기 위한 개념이다. 언리얼 엔진은 GPU의 자원을 많이 소모하므로 그래픽카드의 사양이 낮은 컴퓨터에서는 언리얼 에디터의 실행이 잠깐씩 멈출 수 있다. 이런 경우에는 자원을 많이 소모하는 처리의 품질을 조금 낮춰서 GPU의 부담을 덜어줄 필요가 있다. [세팅➡엔진 퀄리티 세팅] 메뉴에 설정할 수 있는 항목이 있다.

그림 2-19 **엔진 퀄리티 세팅**

여기에서 설정한 내용은 완성된 게임에도 반영되므로 게임을 빌드할 때는 게임의 플랫폼에 따라 퀄리티를 다시 조정하는 것이 좋을 것이다.

2.2.5 언리얼 에디터의 언어 설정

언리얼 엔진은 영문으로 되어 있지만, 에디터가 실행될 때 운영체제에 설정된 언어를 사용하므로 국내에서는 한글판으로 실행된다. 초심자에게는 한글판이 편하기는 하지만, 한글화된 용어가 오히려 혼란을 초래하는 점이 없지는 않다. 언리얼 엔진은 버전에 따라 한글 표기가 조금씩 달라지므로 이 점도 참고하기 바란다. **[편집➡ 에디터 개인설정]**에 사용 언어가 있으므로 이것을 이용하면 영문판으로 실행할 수 있다. 변경된 언어 설정은 언리얼 에디터가 다시 실행될 때 적용된다.

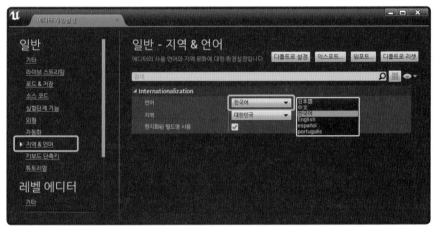

그림 2-20 **언리얼 에디터의 언어 설정**

제 3 장

언리얼 에디터의 기본 기능

이 장의 개요 – 언리얼 에디터의 세부적인 기능과 씬의 기본 요소, 카메라 조작법, 액터의 이동과 회전 등 언리얼 에디터의 전반적인 기능에 대해 알아본다.

3.1 새 프로젝트 만들기

에디터의 기본 기능을 알아보기 위해 먼저 새로운 프로젝트를 만든다. 언리얼 엔진을 실행하고 공백 템플릿을 지정해서 프로젝트를 만든다. 이때 시작 콘텐츠를 포함하도록 한다.

3.1.1 게임 플레이

툴바의 [플레이] 버튼을 누르면 게임이 실행된다. 게임을 실행하면 1인칭 게임처럼 카메라만 이동한다. 게임 실행 중에 Q와 E키는 카메라의 하강과 상승에 사용한다. 게임을 실행하면 씬 아웃라이너에 파란색으로 표시된 항목이 나타나는데, 그것은 게임 실행 중에 추가되는 엔진 콘텐츠로, 프로젝트에 포함된 것이 아니다.

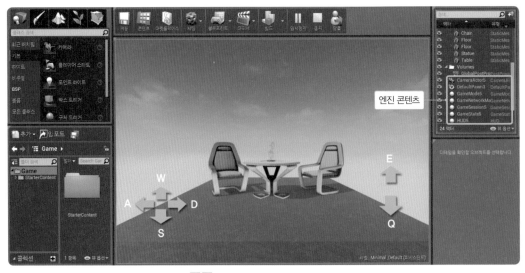

그림 3-1 게임 실행 중의 카메라의 이동 키. Q E키는 카메라의 하강과 상승이다

3.1.2 플레이 옵션

[플레이] 버튼 오른쪽의 [▼]을 누르면 플레이 옵션을 설정할 수 있다. 여기에서 설정한 내용은 다음에 변경할 때까지 계속 유효하다.

그림 3-2 **게임 플레이 옵션**

1️⃣ **선택된 뷰포트** 현재의 뷰포트에서 게임을 실행한다. [Esc]키를 누르면 게임이 종료된다.

2️⃣ **모바일 프리뷰 창에서 플레이** 모바일 디바이스를 에뮬레이트하는 기능이다. 새로운 창을 만들어서 게임을 실행한다. 처음 실행하는 경우에는 셰이더shader를 모바일용으로 컴파일하므로 시간이 조금 걸릴 것이다. 모바일 프리뷰 창에는 터치 입력을 처리하기 위한 가상의 조이스틱이 나타난다.

그림 3-3 **모바일 프리뷰 창에서는 가상의 조이스틱을 사용한다**

③ **새 에디터 창에서 플레이**　새로운 에디터 창을 만들어서 플레이한다. Esc키를 누르면 창이 닫히고 게임이 중지된다.

④ **독립형 게임으로 플레이**　PC의 운영체제에서 실행되는 별개의 게임으로 실행한다. Esc키로 게임을 종료시킬 수 없으므로 Shift+F1키를 눌러 마우스를 나타나게 한 후 창을 닫는다.

⑤ **시뮬레이트(Alt+S)**　게임을 실행하지 않은 상태에서 씬에 설치된 액터의 상태나 동작 등을 확인하는 용도로 사용하며, 캐릭터나 폰^Pawn은 작동하지 않는다. 캐릭터나 폰(여러 가지 탈 것)을 조작할 경우에는 툴바에 나타나는 [빙의] 버튼을 누른다.

그림 3-4　시뮬레이션 상태에서 [빙의] 버튼을 누르면 폰이나 캐릭터를 조작할 수 있다

⑥ **현재 카메라 위치**　현재 뷰포트를 바라보는 카메라 위치에서 게임을 시작한다.

⑦ **디폴트 플레이어 스타트**　뷰포트에 설치되어 있는 플레이어 스타트 위치에서 게임을 시작한다.

⑧ **고급 세팅**　[에디터 개인 설정] 창에서 플레이 옵션을 설정할 수 있다. 여기에서 설정한 내용은 언리얼 엔진에 영구적으로 기록된다.

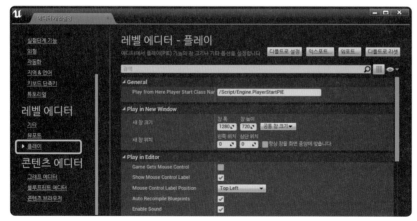

그림 3-5　에디터 개인 설정

3.2 씬(레벨)의 기본 요소

뷰포트에는 게임 실행 중에는 보이지 않는 여러 액터들이 설치되어 있는 것을 볼 수 있다. G 키를 누르면 게임 실행 중에는 보이지 않는 요소들을 숨기거나 다시 보이게 할 수 있다.

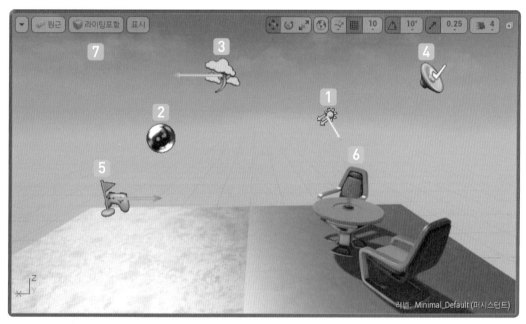

그림 3-6 레벨(씬)의 구성 요소

1️⃣ **디렉셔널 라이트(Directional Light)** 태양 광선과 같이 거리감은 없고(무한대의 거리에서 비치는 것으로 처리된다) 방향성이 있는 조명이다. [모드/라이트]에 수록되어 있다. 디렉셔널 라이트는 레벨의 기본 조명으로 사용하며, 레벨에 하나만 사용한다.

2️⃣ **구체 리플렉션 캡처(Sphere Reflection Capture)** 주변의 사물로부터 발생하는 반사광을 처리하는 액터로, 조명의 빛과 그림자를 부드럽게 만든다. [모드/비주얼]에 수록되어 있다. 조명이나 스태틱 메시 근처에 각각 설치할 수 있다.

3️⃣ **애트머스페릭 포그(Atmospheric Fog)** 행성의 대기권을 통과하는 빛의 산란 효과를 재현해서 하늘을 부드럽게 표현한다. 레벨에 하나만 사용한다. [모드/비주얼]에 수록되어 있다.

4 **오디오 파일 또는 사운드 큐(Sound Cue)** 배경 음악이나 효과음으로 사용할 오디오 파일이다. 언리얼 엔진은 Wav 형식의 파일을 사용한다. 사운드 큐는 오디오 파일에 다양한 효과를 주거나 여러 개의 오디오 파일을 합성 또는 순차 재생 등 다양한 기능이 있다. 사운드 큐나 오디오 파일은 일반적으로 [Audio] 폴더에 저장되어 있다. 필요한 곳에 사용한다.

5 **플레이어 스타트(Player Start)** 게임이 시작하는 위치이다. 일반적으로 레벨마다 하나가 사용되지만, 필요하면 여러 개를 사용할 수 있다. [모드/기본]에 수록되어 있다.

6 **스태틱 메시(Static Mesh)** 게임에 설치된 액터 중 움직이지 않는 요소이다. 액터가 움직이느냐 ^{Movable} 고정 ^{Static} 되어 있느냐는 실시간으로 그림자를 그려야 하느냐 한 번만 그려도 되느냐와 관련된 중요한 문제이다. 3D 그래픽에서 가장 많은 자원을 소모하는 것이 현실 세계와 같이 자연스러운 그림자를 그리는 작업이다. 움직이는 물체는 수시로 그림자가 바뀌므로 실시간으로 그려야 하지만, 고정된 물체는 그림자가 움직이지 않으므로 미리 그림자를 만들어서 저장해 두고 이것을 이용해서 그림자 효과를 낸다. 스태틱 메시는 대부분 [Architecture], [Props], [Shapes] 등의 폴더에 수록되어 있다.

7 **BP_Sky_Sphere** 구름이 흘러가는 하늘을 표현하기 위한 구체 스카이박스 $^{Sky\ Box}$ 이다. 스카이박스는 게임의 배경이 되는 하늘을 표현하기 위한 기술이다. 게임의 공간을 감싸는 커다란 정육면체 박스를 만들고, 각각의 면에 하늘 이미지를 입혀두면 어느 방향에서 보더라도 하늘이 보일 것이다. 스카이박스에 정육면체를 사용하면 모서리 부분이 표가 날 수 있으므로 언리얼 엔진은 구체 ^{Sphere} 를 이용해서 이미지에 균일한 효과를 낸다. 여기에 블루프린트를 이용해서 구름이 흘러가는 것을 구현한다.

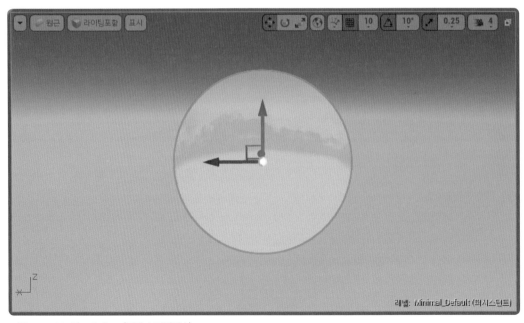

그림 3-7 **BP_Sky_Sphere**(구체 스카이박스)

3.3 레벨 열기와 레벨 만들기

언리얼 엔진의 템플릿에는 기본적 레벨이 세 개 포함되어 있다.

3.3.1 레벨 열기

[파일➡레벨 열기] 메뉴를 실행하거나 Ctrl+O 키를 누른다. 게임 템플릿에 포함된 레벨은 [StarterContent] 폴더에 수록되어 있으며, 각 레벨의 내용은 제2장에서 설명한 바 있다.

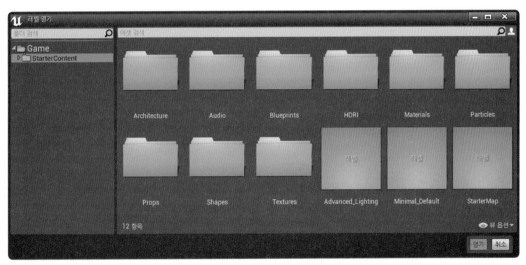

그림 3-8 **레벨 열기 창**

3.3.2 새 레벨 만들기

[파일➡새 레벨] 메뉴를 실행하거나 Ctrl+N 키를
누르면 새로운 레벨을 만들 수 있다. 새 레벨은
Default와 빈 레벨을 선택할 수 있는데, Default를
선택하면 씬에 BP_Sky_Sphere, 애트머스페릭 포
그, 디렉셔널 라이트, 플레이어 스타트가 설치된
상태로 나타난다.

그림 3-9 새 레벨 만들기

1️⃣ 빈 레벨로 시작하기

빈 레벨로 시작하면 씬에 아무것도 없는 상태이므로 필요한 액터를 모두 직접 설치
해야 한다. 액터는 다음 순서대로 설치한다.

❶ 애트머스페릭 포그 설치

[모드/비주얼/애트머스페릭 포그]를 뷰 포트로 드래그 &
드롭하여 설치한다. 씬에 하늘이 나타날 것이다. 애트머
스페릭 포그의 위치는 게임에 영향을 주지 않으므로 씬
의 가장자리로 이동해 둔다.

❷ 디렉셔널 라이트 설치

[모드/라이트/디렉셔널 라이트]를 설치한다. 디렉셔널 라
이트는 태양 광선처럼 방향만 있는 조명이다. 위치는 게
임에 영향을 주지 않으므로 씬의 가장자리로 이동한 후
[디테일/트랜스 폼/회전] 속성을 (30, -30, 120) 정도로 설
정해서 지면을 비스듬하게 비추도록 한다. 아직 조명의
영향을 받는 액터가 없으므로 씬은 아무 변화가 없다.

❸ BP_Sky_Sphere 설치

BP_Sky_Sphere는 언리얼 엔진 폴더에 수록되어 있는 액터이다. 콘텐츠 브라우저의 오른쪽 아래에 있는 [뷰 옵션➡엔진 콘텐츠 표시] 항목을 설정하고 [Engine/EngineSky/BP_Sky_Sphere]를 설치한다. 설치한 액터를 씬의 한쪽으로 이동하고 속성을 다음의 표와 같이 설정한다. [디테일/Default] 속성을 설정하면 하늘에 구름과 태양이 나타나고 구름이 천천히 움직일 것이다(태양을 보려면 카메라를 회전시켜야 한다).

표 3-1 **BP_Sky_Sphere의 속성**

속 성	값	의 미
Directional Light Actor	DirectionalLight	태양 광선으로, ❷에서 설치한 디렉셔널 라이트
Sun Brightness	20.0~70.0	태양의 밝기
Cloud Speed	−2.0~2.0	구름의 이동 속도(음수이면 왼쪽으로 이동)
Cloud Opacity	1.0~2.0	구름의 불투명도

❹ 바닥 설치

[Game/StarterContent/Architecture/Floor_400x400]을 설치하고 위치를 (0, 0, 0)으로 설정한다. 바닥의 x축(빨간색)이 게임의 전방이므로 카메라가 바닥의 x축을 향하도록 조절한다. (Alt+마우스 왼쪽 드래그) 카메라를 회전하면 하늘의 색이 바뀌므로 하늘이 선명하게 보이도록 애트머스페릭 포그의 [디테일/Lighting/Default Light Color]를 적절히 설정한다.

❺ 바닥 매핑

필요하면 [Game/StarterContent/Materials] 폴더의 머티리얼 중에 적당한 것을 골라 바닥으로 끌고 와서 매핑한다.

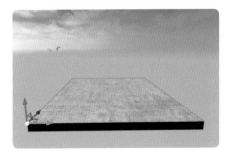

⑥ 플레이어 스타트 설치

[모드/기본/플레이어 스타트]를 설치한 후 적당한 곳에 배
치한다.

⑦ 기타 스태틱 메시 설치

필요한 스태틱 메시를 설치한다.

⑧ 프로젝트 빌드

씬에 조명이나 스태틱 메시를 설치한 후에는 [빌드] 버튼을 눌러서 프로젝트를 빌
드한다. 언리얼 엔진은 프로젝트를 빌드하는 도중에 라이트맵Lightmap을 만들 것이
다. 조명이나 스태틱 메시를 설치한 후 빌드하지 않으면 게임을 실행할 때 화면에
'LIGHTING NEEDS TO BE REBUILD'와 같은 경고 메시지를 표시한다.

2 빈 레벨에 앰비언트 큐브맵 사용하기

[Game/StarterContent/Blueprints] 폴더에 HDR 이미지로 만든 앰비언트 큐브맵
Ambient Cubemap이 수록되어 있으므로 이것을 이용해서 배경을 만들 수 있다. 빈 레벨을
만든 후 콘텐츠 브라우저에서 위의 폴더의 BP_Light Studio를 씬으로 끌고 와서 배
치한다. 디테일 패널의 Use HDRI 옵션을 켜면 게임의 배경과 조명이 설정된다.

그림 3-10 앰비언트 큐브맵을 설치한 레벨

인터넷에서 HDRI로 검색하면 무료로 제공하는 HDR 이미지를 다운로드할 수 있을
것이다. HDR 이미지는 확장자가 hdr인데, 다운로드한 이미지를 설치하고 이미지를
설정하면 배경을 바꿀 수 있다. 이미지 등의 리소스는 탐색기에서 파일을 저장하려
는 콘텐츠 브라우저 폴더에 끌어다 두면 자동으로 설치된다. HDR에 대한 자세한 내
용은 제14장을 참조하라.

그림 3-11 HDR 이미지를 설치하고 앰비언트 큐브맵의 이미지를 바꾼다

3.4 언리얼 엔진의 좌표계

언리얼 엔진은 공간상의 좌표를 표현하기 위해 벡터^{Vector}라는 개념을 사용한다. 벡터는 (x, y, z) 세 축에 대한 좌표이다. 뷰포트에 배치된 모든 액터는 위치, 회전각, 크기에 대한 정보를 가지고 있는데, 이것을 각각 벡터로 표시한다. 이때 액터의 기준점^{Pivot}을 나타내기 위해 빨강, 초록, 파랑으로 된 기즈모^{Gizmo}를 표시하는데, (x, y, z) 세 축은 구별하기 쉽도록 (Red, Green, Bule)로 되어 있다.

3.4.1 게임의 전방

언리얼 엔진은 세 축에 대한 방향을 x축이 전방, y축은 오른쪽, z축은 하늘 방향으로 설정한다. 3ds Max나 Maya, Blender 등 3D 제작 툴은 대부분 y축을 전방으로 설정하므로, 외부에서 제작한 오브젝트를 가져온 후에는 오브젝트가 게임 뷰의 x축을 향하도록 회전시켜야 한다.

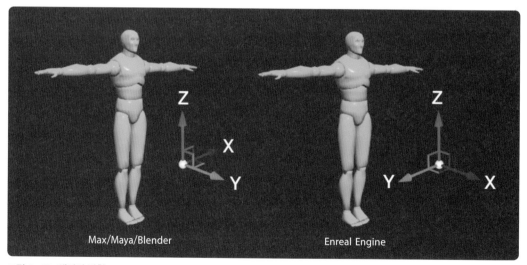

그림 3-12 액터의 방향

3.4.2 액터의 기준점

피벗 포인트^{Pivot Point}는 액터의 이동, 회전, 스케일 조절을 하기 위한 기준점이다. 언리얼 엔진이 제공하는 스태틱 메시는 대부분 바닥에 닿는 면에 피벗 포인트가 있다. 그림 3-12의 캐릭터는 피벗 포인트를 임시로 옮겨 둔 상태이고, 실제로는 캐릭터의 발 중앙에 위치한다. 움직이는 물체(이를테면, 주인공이나 비행기 등)는 액터의 중심에 피벗 포인트가 있으며, 바닥으로 사용하는 스태틱 메시는 왼쪽 아래에 피벗 포인트가 있다.

피벗 포인트 이동

액터를 선택한 후 기즈모의 가운데 부분에서 휠버튼을 드래그하면 피벗 포인트를 이동할 수 있다. 이 기능은 액터를 특정한 위치를 기준으로 이동하거나 회전하는 데 유용하게 사용된다. 피벗 포인트를 이동하는 것은 임시적인 기능이므로 선택을 해제하면 피벗 포인트는 원래의 위치로 돌아간다.

그림 3-13 **피벗 이동**

3.4.3 언리얼 엔진의 단위

뷰포트에서 액터를 선택하면 디테일 탭에 액터의 속성이 여러 가지 나타나는데, 트랜스폼에 벡터 형식으로 표시되는 정보가 있다. 이 값은 각각 위치(거리), 회전(각도), 스케일(비율) 값을 나타낸다.

그림 3-14 **액터의 트랜스폼**

언리얼 엔진은 유닛Unit이라는 가상의 단위를 사용하므로 실제의 거리와 차이가 있지만, 길이는 cm, 각도는 60분법Degree이 적용된다. 포인트 라이트나 스포트 라이트는 루멘Lumen 단위로, 1700루멘은 100W 전구에 해당한다.

3.4.4 액터의 회전 방향

액터의 회전 각도는 벡터로 표시하지만, 회전 방향은 (x, y, z) 축의 회전에 대해 Roll, Pitch, Yaw 라는 개념을 사용한다. 다음 그림에서 회전하는 화살표의 끝이 양(+)의 방향이다.

그림 3-15에서 Yaw는 비행기가 좌우로 선회하는 운동이며, Roll은 날개를 상하로 흔드는 동작, Pitch는 비행기의 상승과 하강에 해당한다. 배경이 우주나 바다 속이 아닌 경우 게임의 무대는 대게 야외나 건물 내부이므로 가장 많은 회전은 좌우로 방향을 바꾸는 Yaw이다.

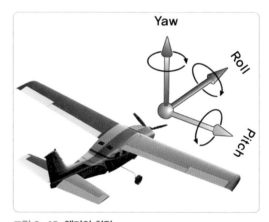

그림 3-15 **액터의 회전**

3.5 뷰포트 컨트롤

뷰포트 작업 도중 씬의 이동, 액터의 선택 및 조작, 표시 옵션을 변경하는 방법은 여러 가지가 있다.

3.5.1 카메라 컨트롤

뷰포트 카메라는 다음과 같은 방법으로 이동 및 회전한다.

표 3-2 **카메라 컨트롤**

컨트롤	동 작
좌클릭+드래그	카메라를 앞뒤로 움직이고 좌우로 회전한다.
우클릭+드래그	카메라를 상하좌우로 회전한다.
휠클릭+드래그	카메라를 상하좌우로 이동한다.
좌클릭+우클릭+드래그	휠클릭+드래그와 같다.
우클릭+(W | ↑)	카메라를 앞으로 이동한다. (위로 휠 굴리기)
우클릭+(S | ↓)	카메라를 뒤로 이동한다. (아래로 휠 굴리기)
우클릭+(A | ←)	카메라를 왼쪽으로 이동한다.
우클릭+(D | →)	카메라를 오른쪽으로 이동한다.
우클릭+(Q | PageDown)	카메라를 아래로 이동한다. (Ctrl+−)
우클릭+(E | PageUp)	카메라를 위로 이동한다. (Ctrl++)
우클릭+Z	카메라를 줌아웃한다(FOV 올리기). 주1
우클릭+C	카메라를 줌인한다(FOV 내리기). 주2
Alt+좌클릭+드래그	뷰포트를 중심으로 카메라를 상하좌우로 선회(회전)한다.
Alt+우클릭+드래그	뷰포트를 중심으로 카메라를 앞뒤로 이동(줌)한다.
Alt+휠클릭+드래그	카메라를 마우스 이동방향으로 이동한다.
F	선택한 오브젝트가 씬의 중앙에 오도록 카메라를 이동한다.

주1. 주2. 우클릭+Z | C는 카메라의 화각(Field Of View)을 조절해서 광각 및 망원 상태로 표시하는 기능으로서 우클릭을 유지하는 동안에만 지속되며, 버튼을 놓으면 원래의 FOV로 돌아간다.

카메라의 이동 및 회전 속도는 뷰포트 오른쪽 위에 있는 **[카메라 속도]** 버튼으로 조절할 수 있다. 기본값은 4이며, 값이 클수록 카메라의 이동 및 회전 속도가 빨라진다.

3.5.2 액터의 선택

뷰포트의 액터는 클릭하여 하나씩 선택하지만, Ctrl 키를 누르고 클릭하면 액터를 추가해서 선택할 수 있다. 또, Ctrl + Alt 키를 누르고 드래그하면 범위를 지정해서 여러 개의 액터를 동시에 선택할 수 있다. 범위를 지정해서 액터를 선택할 때 범위에 걸친 액터도 선택하느냐, 완전히 포함된 액터만 선택하느냐는 **[세팅]** 버튼의 부메뉴에 있는 **[박스에 완전히 속한 것만 선택]** 옵션으로 설정한다.

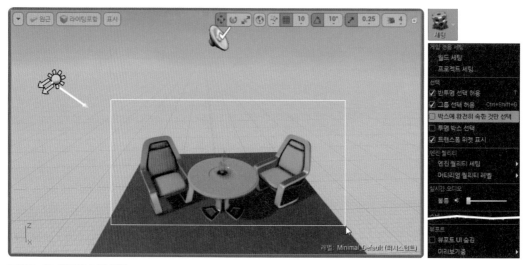

그림 3-16 **액터의 그룹 선택**

3.5.3 트랜스폼 컨트롤

트랜스폼^{Transform}은 액터의 위치, 회전, 크기에 대한 정보이다. 뷰포트 오른쪽 위에 액터의 트랜스폼을 조절하기 위한 버튼이 있다. 왼쪽부터 이동, 회전, 스케일 조절 버튼이며, 오른쪽에 있는 것은 스냅을 설정하기 위한 것이다.

그림 3-17 [트랜스폼 컨트롤] 버튼

[**트랜스폼**] 버튼을 선택하면 액터에 현재 상태의 기즈모가 표시된다.

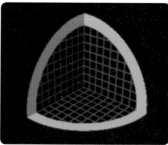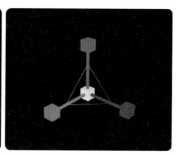

그림 3-18 **이동, 회전, 스케일 기즈모**

[**트랜스폼 컨트롤**] 버튼은 마우스로 직접 클릭하거나 다음의 키로 선택할 수 있다.

표 3-3 **[컨트롤] 버튼 선택 키**

키	동 작
W	이동 버튼 선택
E	회전 버튼 선택
R	스케일 버튼 선택

1 액터의 이동

마우스를 기즈모의 화살표에 가져가면 그 축이 활성화된다. 그 상태로 마우스를 드래그하면 액터가 해당 축의 방향으로 이동한다. 마우스를 기즈모 중심의 큐브로 가져가면 두 개의 축이 동시에 활성화되므로 그 상태에서 드래그하면 액터를 두 축의 방향으로 이동할 수 있다. 또, 마우스를 기즈모 안의 구체에서 드래그하면 임의의 위치로 이동할 수 있다.

| X축 | XY평면 | YZ평면 | XZ평면 | 3차원 공간 |

그림 3-19 **액터 이동 기즈모**

액터가 이동 상태일 때 다음의 키를 사용하면 마우스를 기즈모에 가져가지 않고도 액터를 이동할 수 있다.

표 3-4 **액터의 이동**

컨트롤	동 작
Ctrl + 좌클릭 + 드래그	선택한 액터를 x축으로 이동한다.
Ctrl + 우클릭 + 드래그	선택한 액터를 y축으로 이동한다.
Ctrl + 좌클릭 + 우클릭 + 드래그	선택한 액터를 z축으로 이동한다.

2 액터의 복사

선택한 액터를 복사할 경우에는 Ctrl+W 키를 누른다. 다른 방법으로는 Alt 키를 누른 상태로 액터를 이동하면 복사된 액터가 이동한다.

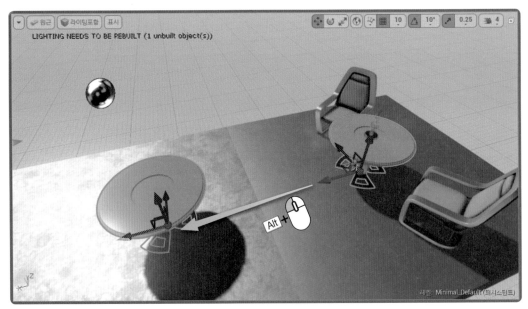

그림 3-20 Alt 키를 누르고 이동하면 액터가 복사된다

3 액터의 회전

액터는 하나의 축으로만 회전할 수 있다. 마우스를 기즈모에 가져가면 해당 축이 활성화되며, 마우스를 드래그하면 회전 각도가 표시된다.

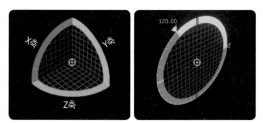

그림 3-21 **액터 회전 기즈모**

액터가 회전 상태일 때 다음의 키를 사용하면 마우스를 기즈모에 가져가지 않고도 액터를 회전할 수 있다. [Alt] 키를 누르고 액터를 회전하면 그 위치에 액터가 복사된다.

표 3-5 **액터의 회전**

컨트롤	동 작
[Ctrl] + 좌클릭 + 드래그	선택한 액터를 x축으로 회전한다.
[Ctrl] + 우클릭 + 드래그	선택한 액터를 y축으로 회전한다.
[Ctrl] + 좌클릭 + 우클릭 + 드래그	선택한 액터를 z축으로 회전한다.

4 액터의 스케일 변경

액터의 스케일은 하나의 축으로 변경하거나 하나의 평면, 또는 3차원 공간 모두 균등한 비율로 변경할 수 있다.

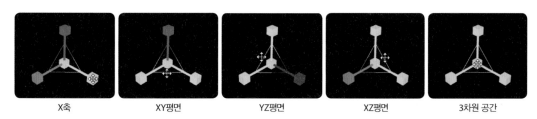

| X축 | XY평면 | YZ평면 | XZ평면 | 3차원 공간 |

그림 3-22 **액터 스케일 기즈모**

3.5.4 스냅 설정

스냅Snap은 액터를 일정한 거리/각도/비율로 이동/회전/스케일을 조절하기 위한 기능
이다.

1️⃣ 이동, 회전, 스케일 스냅

뷰포트 오른쪽 위에 이동, 회전, 스케일 조절에 사용하는 스냅 설정 버튼이 있다. 각
각의 스냅 버튼은 On/Off 기능을 하는 것과 스냅 값을 설정하기 위한 두 개의 버튼
으로 구성되어 있다.

그림 3-23 액터의 스냅 그리드

스냅 설정은 [**편집 ➡ 에디터 개인설정 ➡ 뷰포트**] 메뉴에서 변경할 수 있다. 여기에서 설
정한 내용은 언리얼 엔진 전체에 적용된다.

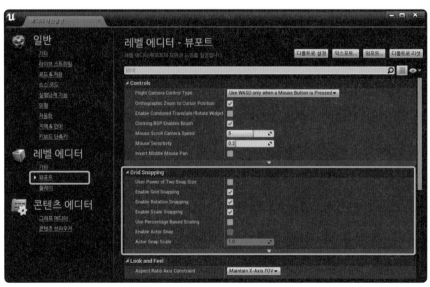

그림 3-24 스냅 설정

2 버텍스 스냅

액터의 버텍스^{Vertex}를 기준으로 정렬하는 기능이다. 이 기능은 피벗 이동(휠버튼 드래그)과 함께 사용한다. 다음 그림은 큐브의 모서리를 서로 맞추는 예이다. 이동할 큐브를 선택한 후 Ⓥ키를 누른 상태에서 기즈모의 중앙을 휠버튼으로 드래그하면, 큐브에 버텍스가 표시되므로 기즈모를 1의 위치에 정확하게 맞출 수 있다. Ⓥ키를 누르고 있는 상태에서 휠버튼을 놓고 왼쪽 버튼으로 큐브를 이동하면 다른 큐브에 버텍스가 표시되므로 기즈모를 2의 위치로 이동하고 Ⓥ키를 놓는다.

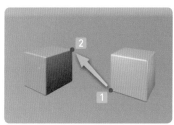 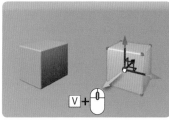 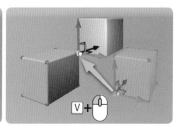

그림 3-25 버텍스 스냅으로 큐브의 모서리를 맞추는 예

버텍스 스냅을 하는 다른 방법으로는 [세팅] 버튼의 부메뉴인 [버텍스 스냅 켜기] 옵션을 이용한다. 이 옵션을 설정하면 Ⓥ키를 누르지 않더라도 액터가 이동할 때 버텍스가 표시되고 스냅된다. 오른쪽 큐브를 선택한 후 휠버튼을 누르고 기즈모의 중앙을 드래그해서 위의 1의 위치로 기즈모를 이동한다. 다음에는 휠버튼을 놓고 큐브를 드래그하면 2의 위치에 스냅할 수 있다. 버텍스 스냅 켜기 옵션이 설정된 상태에서는 액터의 이동이 자유롭지 않으므로 스냅 작업이 끝나면 이 옵션을 끈다.

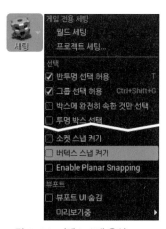

그림 3-26 버텍스 스냅 옵션

3 표면 스냅

표면^{Surface} 스냅은 액터의 바닥을 다른 물체의 표면에 정렬하는 기능이다. 위치 그리드의 맨 왼쪽에 있는 표면 스냅 버튼을 누르면 표면 스냅을 On/Off하거나 바닥으로부터의 거리를 설정할 수 있다. 표면 스냅을 사용하려면 액터를 이동할 때 기즈모의 가운데 부분을 드래그한다.

프로젝트는 [<기본 프로젝트 폴더>/<프로젝트 이름>] 폴더에 저장된다. 그 아래에 있는 [Content] 폴더가 콘텐츠 브라우저의 [Game] 폴더이다. [Content] 폴더가 언리얼 에디터의 [Game] 폴더이기는 하지만, 실시간으로 동기화되지는 않으므로 탐색기에서 직접 파일을 삭제하거나 복사하는 등 프로젝트 전반에 영향을 줄 수 있는 작업은 하지 않는 것이 좋다.

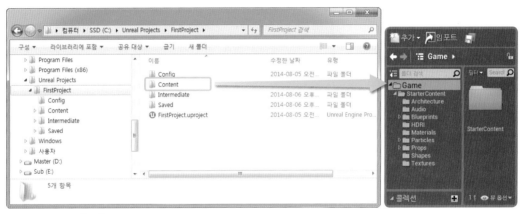

그림 3-27 프로젝트의 구조

프로젝트 폴더에는 다음과 같은 내용이 저장된다.

표 3-6 프로젝트 폴더의 내용

폴더 및 파일	내 용
Config	프로젝트의 각종 설정 값이 저장된다.
Content	콘텐츠 브라우저에 표시되는 내용으로 게임의 각종 애셋을 관리한다.
Intermediate	언리얼 에디터가 사용하는 임시 저장 장소이다.
Saved	프로젝트의 롤백Rollback을 위한 파일이 저장된다.
*.uproject	프로젝트 파일 이름이다.

3.6.1 Game 폴더의 구조

언리얼 엔진의 템플릿을 이용해서 프로젝트를 만들면 [**Game/StarterContent**]에는 표 3-7과 같은 하위 폴더가 생성되어 있을 것이다.

표 3-7 **Game 폴더의 내용**

폴 더	내 용
Architecture	게임의 바닥과 벽 등 간단한 건물 제작에 필요한 스태틱 메시
Audio	예제 사운드 및 배경음악 파일과 사운드 큐
Blueprints	블루프린트로 만들어진 각종 애셋
Assets	블루프린트 보조 애셋
HDRI	HDR로 제작된 텍스처. 앰비언트 큐브맵용 이미지이다.
Materials	기본적인 머티리얼
Particles	특수 효과를 위한 파티클 샘플
Materials	파티클 제작에 필요한 머티리얼
Props	탁자, 의자, 조명, 문틀, 유리문 등 게임에서 사용할 소품
Materials	소품 제작에 사용된 머티리얼
Shapes	큐브, 원뿔, 원기둥, 파이프 등 기본적인 스태틱 메시
Textures	머티리얼의 매핑에 사용되는 이미지 파일

3.6.2 검색과 필터

언리얼 에디터에는 검색과 필터 기능이 있다. 이것은 특정한 유형이나 조건에 맞는 자료만 표시하는 기능이다. 검색은 사용자가 직접 입력한 내용이고, 필터는 검색 범위를 설정하는 기능이다. 찾고 싶은 이름의 일부분을 검색어로 입력하면 입력된 단어를 포함한 모든 자료가 표시된다. 이름이 비슷한 자료가 많은 경우 여기에 필터를 적용하면 원하는 자료를 더 빨리 찾을 수 있다. 필터를 설정하면 콘텐츠 브라우저에 설정된 필터가 표시된다.

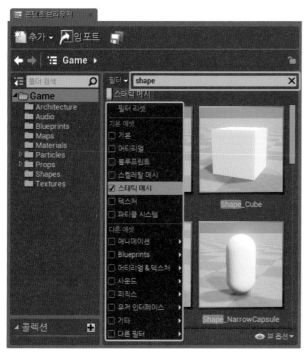

그림 3-28 **필터와 검색어를 적용한 예**

3.6.3 레퍼런스 뷰어

애셋은 여러 단계의 작업을 통해서 만들어지며, 동일한 애셋이 여러 씬에 사용될 수 있다. 애셋의 구성 요소를 변경하면 이와 관련된 것들이 함께 변경된다. 예를 들어, 의자에 사용된 머티리얼의 컬러를 바꾸면 의자의 색상이 바뀌고, 이것은 씬에 설치된 의자에도 영향을 준다는 의미이다.

레퍼런스 뷰어는 애셋의 구성 요소와 애셋이 사용되는 씬을 표시하여 애셋의 구성 요소를 변경하면 어디에 영향을 주는지를 파악할 수 있도록 하는 기능이다. 레퍼런스 뷰어는 콘텐츠 브라우저에서 폴더나 액터를 마우스 오른쪽 버튼으로 클릭하고 단축 메뉴에서 **[레퍼런스 뷰어]** 메뉴를 실행하면 나타난다. 다음은 **[Props]** 폴더의 의자(SM_Chair)의 레퍼런스 뷰어 화면이다.

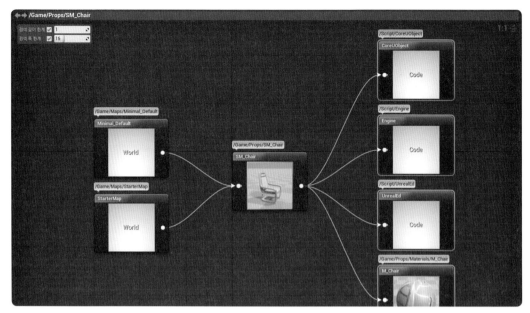

그림 3-29 **레퍼런스 뷰어**

레퍼런스 뷰어의 왼쪽에 있는 것은 그 애셋을 참조하는 요소(부모)이며, 오른쪽에 표시된 것은 애셋을 구성하는 요소(자손)이다. 위의 화면에 표시된 World는 이 애셋이 설치되어 있는 레벨Level이다. 레퍼런스 뷰어에 표시되는 요소들은 서로 링크되어 있으므로 각각의 요소나 월드를 더블클릭하면 해당 요소나 월드를 기준으로 하는 레퍼런스가 표시된다.

레퍼런스 뷰어의 왼쪽 위에 검색 깊이 한계와 검색 폭 한계는 참조하는 요소의 깊이를 설정하는 것으로, 수치를 높이면 하위 항목의 구성 요소까지 표시된다.

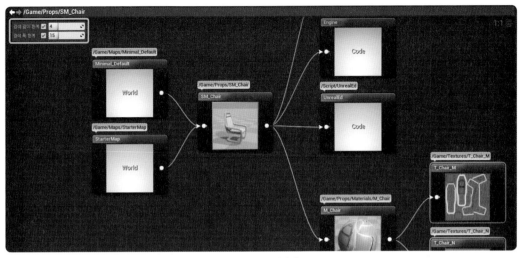

그림 3-30 검색 깊이 한계를 높이면 하위 항목의 구성 요소가 표시된다

3.6.4 액터의 이주

액터의 이주는 현재의 프로젝트에서 작업한 애셋을 다른 프로젝트로 복사하는 기능으로, 복사하려는 액터의 레퍼런스를 조사해서 관련된 모든 리소스를 현재의 프로젝트 구조대로 다른 프로젝트에 저장한다. 콘텐츠 브라우저에서 이주하려는 액터를 선택한 후 단축 메뉴의 [이주]를 실행하면 복사하려는 폴더와 리소스가 모두 표시된다. [OK] 버튼을 누르면 탐색기가 나타나므로 복사받으려는 프로젝트의 [Content] 폴더를 지정한다.

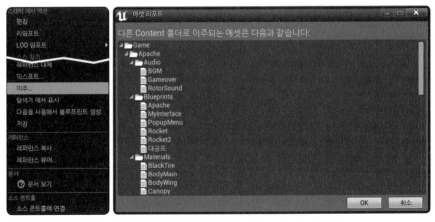

그림 3-31 액터 이주

3.6.5 액터의 속성

액터를 선택하면 디테일 패널에 여러 속성이 나타난다. 여기에 표시되는 속성은 사용자가 직접 변경할 수 있다. 표시되는 속성은 액터의 종류마다 조금씩 다른 항목이 표시된다.

그림 3-32 **액터의 속성**

1 **트랜스폼**

트랜스폼은 액터의 위치, 회전, 스케일에 대한 속성 카테고리이며, 씬에 설치된 액터는 모두 트랜스폼이 있다. 트랜스폼에 표시되는 정보는 부모를 기준으로 하는 상대적인 값이다. 각각의 속성을 클릭하면 표시 형식을 바꿀 수 있다.

그림 3-33 **트랜스폼**

> **상대** 부모 액터를 기준으로 하는 상대좌표를 표시한다.
> **월드** 씬을 기준으로 하는 절대좌표를 표시한다.

트랜스폼의 모빌리티는 액터가 씬에 고정된 물체인지 움직이는 물체인지를 설정하는 것으로 라이트와 그림자에 영향을 준다.

스태틱 씬에 고정된 액터이므로 게임 실행 중에는 움직이지 않는다.

무버블 게임 실행 중에 최소한 한 번은 움직이는 액터이다.

움직일 필요가 없는 액터를 무버블로 설정하면 실시간 그림자를 그리는 등 GPU의 자원을 소모하므로 게임의 퍼포먼스를 떨어뜨린다. 반대로, 한 번이라도 움직이는 액터(문이나 엘리베이터)를 스태틱으로 설정하면 추후 액터를 작동시키는 명령이 듣지 않게 될 것이다.

2 Static Mesh

씬에 설치된 액터의 원본을 표시한다. 이 카테고리에는 다음과 같은 정보가 표시된다.

그림 3-34 스태틱 메시 속성

1 스태틱 메시가 씬에 설치되는 상태를 썸네일 이미지로 표시한다. 이 이미지를 더블클릭하면 스태틱 메시 에디터에서 세부적인 옵션을 설정할 수 있다.

2 스태틱 메시 목록에서 새로운 스태틱 메시를 선택할 수 있다.

3 콘텐츠 브라우저에서 선택한 스태틱 메시로 바꾼다.

4 콘텐츠 브라우저에 스태틱 메시가 수록되어 있는 폴더 목록을 표시한다.

5 속성에 설정된 기본값이 변경된 경우에만 표시된다. 이 버튼을 누르면 속성이 기본값으로 초기화된다. 스태틱 메시의 경우에는 대부분 '없음'으로 초기화될 것이다.

6 스태틱 메시를 중심으로 블로킹 볼륨을 만든다. 볼륨은 씬 아웃라이너에 새로운 액터로 등록된다.

3 Materials

스태틱 메시에 사용된 머티리얼을 표시한다. 머티리얼을 바꾸거나 썸네일을 더블클릭한 후 머티리얼 에디터에서 직접 수정할 수 있다. 수정한 내용은 다른 애셋에 영향을 줄 수 있으므로 레퍼런스 뷰어에서 상호 참조 목록을 확인한 후 수정하는 것이 좋을 것이다.

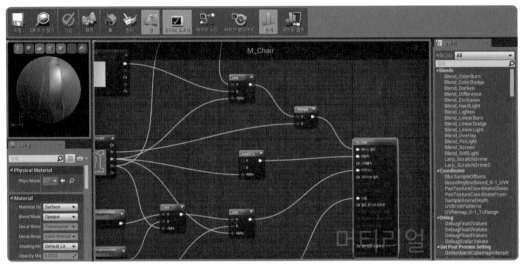

그림 3-35 **머티리얼 에디터**

4 Collision

액터의 충돌Collision과 탐지Trace를 위한 기능이다. 콜리전이 겹치면 충돌 이벤트가 발생하는데, 충돌 시 물리적인 계산을 하느냐(당구공의 충돌) 하지 않느냐(총알의 관통) 등의 세부적인 사항에 대해 설정하는 부분이다.

콜리전의 형태는 스태틱 메시 에디터의 [**콜리전**] 메뉴에서 설정할 수 있다. 스태틱 메시 에디터는 콘텐츠 브라우저에서 스태틱 메시를 더블클릭하면 나타난다.

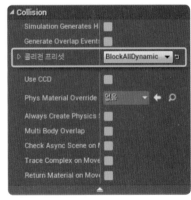

그림 3-36 **Collision**

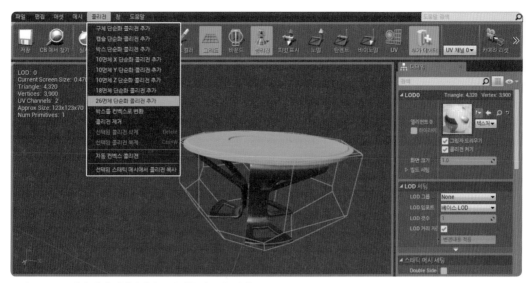

그림 3-37 스태틱 메시 에디터에서 콜리전을 바꿀 수 있다

제 **4** 장

블루프린트 기초

이 장의 개요 — 블루프린트^{Blueprint}는 노드^{Node} 기반의 인터페이스를 이용해서 스크립트를 만드는 프로그래밍 툴이다. 이 장에서는 블루프린트의 구성 요소와 블루프린트를 만드는 과정에 대해 알아본다.

4.1 블루프린트의 개요

블루프린트는 코딩을 하지 않는다는 것만 다를 뿐 스크립트를 만드는 논리는 프로그래밍 언어로 작성하는 것과 똑같다. 언리얼 엔진에서 블루프린트를 사용하는 목적은 '사람이 다가가면 자동으로 열리는 문' 등과 같이 액터에 소스 코드를 연결하는 과정을 편하게 하기 위해서이지 쉬운 코딩을 하기 위한 수단은 아니다. 따라서 개발자는 C/C++나 Java 등의 프로그래밍 언어에 대한 최소한의 기본 문법 정도는 알고 있어야 한다.

4.1.1 블루프린트의 작성 규칙

블루프린트는 다음과 같은 규칙으로 작성한다.

① 블루프린트의 기본 단위는 노드이다.

② 노드와 노드 사이는 제어(명령)와 데이터가 전송되며, 제어와 데이터의 흐름은 선으로 연결한다.

③ 제어는 '▶' 핀을 사용하고, 데이터는 '●' 핀을 사용한다.

④ 제어와 데이터는 왼쪽에서 오른쪽으로 진행된다.

⑤ 입력 및 출력이 있는 노드는 입력핀이 왼쪽에, 출력핀은 오른쪽에 있다.

그림 4-1 블루프린트의 작성 규칙

4.1.2 블루프린트 노드의 종류

블루프린트의 노드는 다음과 같은 것들이 있다.

❶ 이벤트

이벤트^{Event}는 특정한 사건이 발생했음을 알리는 신호이다. 이벤트가 발생하면 그 이벤트를 처리하는 일련의 절차가 필요하다. 예를 들어, 적이 총에 맞았을 때 적과 총알이 충돌하는 것은 이벤트이고, 적이 쓰러지고 득점이 표시되는 것은 이벤트의 처리이다. 블루프린트는 대부분 이벤트로부터 시작하며, 이벤트 노드는 빨간색으로 표시된다. 다음은 이벤트 노드와 이벤트 발생 조건의 예이다.

그림 4-2 이벤트 발생의 예

❷ 변수

사용자가 임의로 만들어 사용하며, 특정한 값을 저장한다. 다음과 같은 종류Type의
변수가 있다.

표 4-1 **변수의 종류와 값의 범위**

Type	값의 범위	설 명
bool	예/아니오	True 또는 False 값을 갖는 유형
byte	0~255	1바이트로 표현할 수 있는 값
int	대략 ±21억 이내의 정수	−214,7483,648 ~ 214,7483,647
float	정밀도 7자리 이내의 실수	$−3.4×10^{-38} ~ 3.4×10^{38}$
name	액터의 이름	
string	문자열	영숫자, 한글, 특수문자로 된 문자열
text	문자열	현지화가 가능한 텍스트
Vector	(x, y, z) 또는 RGB 값	3개의 실수(float)로 이루어진 자료
Rotator	3D 공간의 회전량	Pitch, Yaw, Roll 성분을 갖는 구조체
Transform	위치, 회전, 스케일 정보	액터의 위치, 회전, 스케일 비율
struct	구조체	복합된 자료(Rotator도 구조체이다)
object	액터 등의 오브젝트	카메라, 라이트, 스태틱 메시 등
interface	인터페이스 포인터	
class	클래스 포인터	
Enum	열거형	순서적인 값을 갖는 자료

다음은 변수의 종류와 변수에 할당된 컬러의 예이다. 변수의 유형Type은 언리얼 엔진
의 버전에 따라 한글이나 영문으로 표시된다.

그림 4-3 **변수의 종류와 할당된 컬러**

❸ 연산자

사칙 연산이나 값을 비교하기 위한 노드이다. 연산자는 피연산자를 입력받는 핀과
연산 결과를 반환하는 핀으로 구성되어 있으며, 자료의 유형^{Type}에 따라 사용하는
연산자가 다르다. 연산자의 자료 유형은 핀의 색으로 표시된다. 다음은 수식에 사용
하는 연산자의 예이다.

그림 4-4 각종 연산자의 예

연산은 왼쪽에서 오른쪽으로 진행되며, 왼쪽 연산이 완전히 끝난 후 오른쪽 연산을
하므로 연산자의 우선순위는 적용되지 않는다. 예를 들어, 5+3÷2는 수학의 경우 '÷'
가 '+'보다 우선순위가 높으므로 5+(3÷2)로 계산되지만, 블루프린트의 연산은 왼쪽의
연산자가 오른쪽 연산자보다 우선순위가 높으므로 (5+3)÷2로 계산된다.

그림 4-5 5+3÷2 노드. 왼쪽 연산자를 먼저 계산한다

❹ 함수

데이터를 입력받아 정해진 절차를 수행한 후 결과를 반환하는 노드이다. 대부분의
함수는 하나 이상의 값을 입력받아 하나 이상의 값을 반환하므로 입력과 출력핀이
각각 있다. 언리얼 엔진에는 매우 다양한 함수가 내장되어 있으며, 특정한 처리를
하는 함수를 사용자가 직접 만들 수도 있다. 다음은 블루프린트에서 사용하는 함수
의 예이다.

그림 4-6 블루프린트 함수의 예

❺ 제어 노드

조건(if)에 따라 다른 처리를 하거나 특정한 부분을 반복(for), 또는 각각의 값에 따른
선택(switch) 등 제어의 흐름을 바꾸는 노드이다. 다음은 제어 노드의 예이다.

그림 4-7 제어 노드의 예

❻ 시간 관련 노드

시간의 흐름에 따라 특정한 처리를 하기 위한 노드이다. 다음은 시간 관련 노드의 예이다.

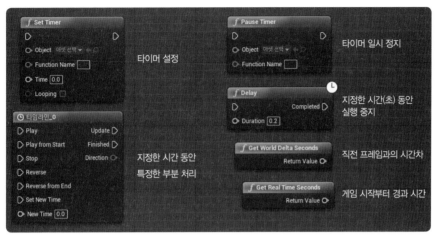

그림 4-8 시간 관련 노드의 예

❼ 형변환 노드

자료의 형Type을 강제로 바꾸기 위한 노드로, 대부분 자동으로 추가된다. 예를 들어, 실수형 변수에 정수를 대입하면 정수가 실수형으로 형변환Type Casting되어 대입된다. 모든 경우에 자료의 형이 바뀌는 것은 아니고, 작은 값이 큰 값으로 변환되는 것만 가능하다. 예를 들어, 실수형 자료는 정수형으로 형변환하는 것이 불가능하므로 Floor(절삭), Round(반올림) 등의 함수를 이용해서 정수로 변환한 후 사용한다. 다음은 형변환 노드의 예이다.

그림 4-9 자료의 형변환 노드

❽ 변수의 Get과 Set

변수 노드는 Get과 Set이 있다. Get은 변수의 값을 읽는 동작이고, Set은 변수에 값을 저장한다.

그림 4-10 변수의 Get과 Set

Get은 값이지만, Set은 명령이다. 따라서 Set 노드의 왼쪽 '▶' 핀에 명령(또는 이벤트)을 연결하지 않으면 동작하지 않는다. 그러므로 위의 그래프는 실제로는 작동하지 않을 것이다. Set 노드의 출력핀은 언리얼 엔진 4.7에서 추가되었다.

4.1.3 블루프린트의 종류

블루프린트는 다음과 같은 종류가 있다.

❶ 레벨 블루프린트

게임의 모든 레벨(씬)에 하나씩 할당되어 있는 블루프린트이다. 레벨에 설치된 각종 액터와 상호 작용을 통해 게임을 진행해 간다. 레벨의 메인 프로그램에 해당하며, 레벨 블루프린트는 다른 레벨의 내용을 참조할 수는 없다.

❷ 게임 모드 블루프린트

게임의 모드와 게임의 초기 설정을 위해 사용한다. 개발자가 게임 모드 블루프린트를 만들지 않으면 언리얼 엔진에 마련되어 있는 GameMode 블루프린트가 사용된다.

❸ 클래스 블루프린트

씬에 설치할 각종 액터, 사운드, 카메라, 파티클 등에서 발생하는 이벤트와 움직이는 액터의 동작 등을 처리하기 위해 사용한다. 클래스 블루프린트는 액터에 하나씩 할당할 수 있다. 블루프린트가 할당된 액터를 블루프린트 액터라고 하며, 블루프린트 액터를 씬에 설치하면 블루프린트에 설정한 절차대로 동작한다. 예를 들어, 사람이 접근하면 자동으로 켜지는 전등, 스위치를 누르면 작동하는 엘리베이터 등을 블루프린트 액터로 만들면 전체적인 구성이 간단해진다. 게임 제작에 필요한 블루프린트의 거의 대부분이 클래스 블루프린트이다.

❹ 블루프린트 인터페이스

다른 블루프린트와 데이터를 공유하기 위해 작성한 블루프린트로 함수 이름만 모아 둔 것이다.

❺ 블루프린트 매크로 라이브러리

매크로는 반복되는 일련의 절차를 별도의 그래프로 만들어 둔 것으로, 매크로 라이브러리는 블루프린트 매크로를 모아둔 것이다. 매크로 라이브러리에 수록된 매크로는 각각의 블루프린트에 추가할 수 있다.

❻ 위젯 블루프린트

게임의 UI를 만들기 위한 블루프린트이다.

4.1.4 블루프린트 에디터의 인터페이스

언리얼 에디터에서 [블루프린트 ➡ 레벨 블루프린트] 메뉴를 실행하면 블루프린트 에디터가 열린다. 블루프린트 에디터는 다음과 같은 5개의 영역으로 구성되어 있다.

그림 4-11 **블루프린트 에디터의 인터페이스**

① **메뉴와 툴바** 기본적인 메뉴와 자주 사용하는 기능을 버튼으로 만들어 둔 곳이다.

② **그래프 패널** 노드를 추가해서 블루프린트 그래프를 작성한다.

③ **내 블루프린트** 블루프린트에 사용하는 변수, 함수, 액터 등의 목록을 표시한다. 새로운 변수나 함수 등을 추가할 수 있다.

④ **디테일** 변수, 함수, 액터 등의 속성을 표시한다. 변수의 타입을 설정하고 값을 할당하거나 함수의 파라미터를 추가/삭제할 수 있다.

⑤ **팔레트** 즐겨찾기와 노드 찾기로 구성되어 있다. 즐겨찾기는 자주 사용하는 노드를 등록해서 노드를 빠르게 추가하기 위한 기능이다. 팔레트 페이지가 보이지 않으면 ①의 [창] 메뉴에서 팔레트 옵션을 설정한다.

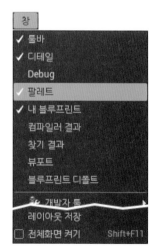

그림 4-12 **팔레트 옵션**

▶ 노드를 즐겨찾기에 등록하기

자주 사용하는 노드는 즐겨찾기에 수록해 두면 곧바로 그래프에 추가할 수 있으므로 작업 속도가 빨라진다. 먼저 노드 찾기 탭에서 즐겨찾기에 추가하려는 노드를 검색한다. 예를 들어, 타임라인을 즐겨찾기에 등록하는 경우 검색어로 '타임'을 입력해서 해당 노드를 찾는다. 라이브러리 목록에 마우스를 가져가면 목록 앞에 작은 별표(☆)가 나타나므로 그것을 클릭하면 즐겨찾기에 등록된다.

즐겨찾기에서 목록을 제거할 경우에는 제거할 목록을 우클릭하고 단축 메뉴에서 즐겨찾기에서 제거를 선택한다.

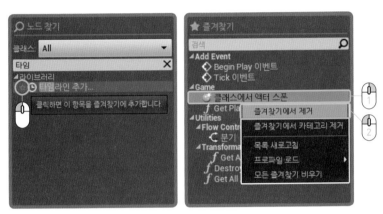

그림 4-13 **즐겨찾기 추가와 제거**

4.2 블루프린트 만들기

이 절에서는 간단한 동작을 하는 블루프린트를 만들어 가면서 블루프린트의 작성 방법에 대해 알아본다. 새로운 프로젝트에서 시작하자. 언리얼 에디터에서 **[파일➡새 프로젝트]** 메뉴를 실행한 후, 프로젝트 템플릿은 블루프린트 3인칭을 선택한다.

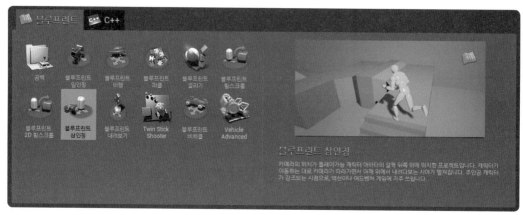

그림 4-14 **새 프로젝트 템플릿**

4.2.1 Documentation Actor

블루프린트 3인칭 템플릿으로 프로젝트를 시작하면 화면 가운데에 회전하는 '❓' 아이콘이 보인다. 이것은 도큐멘테이션 액터라는 것으로, 씬 아웃라이너에서 이것을 선택하고 **[도움말 URL 열기]** 버튼을 클릭하면 웹 브라우저에 Document Link로 설정된 URL이 열리도록 하는 기능이다. 도큐멘테이션 액터는 모드/모든 클래스에 수록되어 있다.

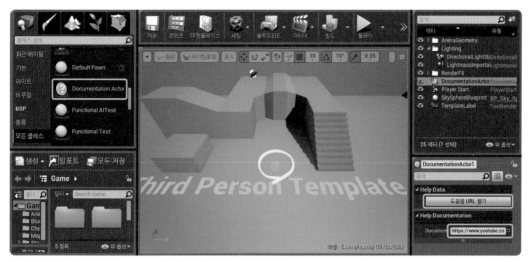

그림 4-15 게임 화면의 Documentation Actor

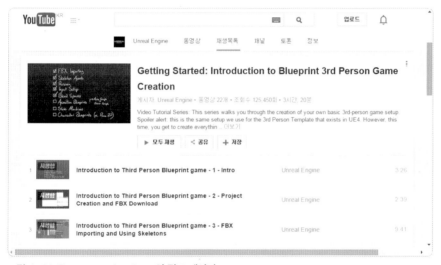

그림 4-16 Documentation Actor의 링크 페이지

도큐먼테이션 액터는 일종의 도움말인 셈인데, 씬에 설치된 도큐먼테이션 액터는 충돌체Trigger가 아니라서 게임 실행 중에 주인공과 충돌이 발생하지 않는다. 도큐먼테이션 액터는 블루프린트 연습을 하는 데 도움이 되는 요소가 아니므로 삭제한다.

4.2.2 키와 마우스 입력 처리

다음과 같이 동작하는 블루프린트를 만들어 본다.

- **F**키나 마우스 왼쪽 버튼을 누르면 키 또는 마우스 입력 결과를 디버그 출력하는 블루프린트를 만든다.
- 마우스 입력은 빨간색으로 표시한다.

디버그 출력은 게임 화면에 임시로 특정한 문자열을 표시하는 기능으로, 표시된 내용은 3초 후에 사라진다. 따라서 게임의 스코어 등을 표시하는 용도로는 사용할 수없다.

1 레벨 블루프린트 열기

[블루프린트 ➡ 레벨 블루프린트] 메뉴를 실행해서 블루프린트 에디터를 연다. 레벨 블루프린트는 게임의 레벨에 하나씩 마련된 블루프린트로, 레벨의 전체적인 흐름을 관리하고 액터의 요청을 처리하는 용도로 사용한다.

2 키 이벤트 노드 추가

블루프린트는 대부분 이벤트로 시작한다. 게임 실행 중에 키나 마우스를 누르는 동작도 이벤트이다. 그래프 패널에서 오른쪽 버튼을 클릭하면 블루프린트에 사용할 수 있는 모든 명령과 함수가 카테고리로 분류되어 나타난다. [입력/키 이벤트] 카테고리를 열거나, 검색 창에 검색어로 'f'를 입력하고 [키 이벤트/F]를 찾아 클릭한다. 그래프 패널에 키 이벤트 노드가 추가될 것이다.

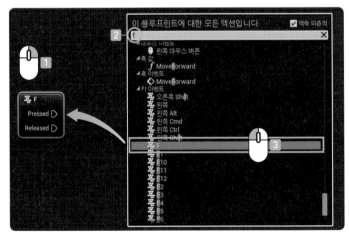

그림 4-17 **F**키의 이벤트 노드 추가

③ Print String 노드 추가

그래프 패널의 빈 곳을 우클릭한 후 검색어로 'print'를 입력하면 Print String을 찾을 수 있을 것이다. Print String은 화면에 디버그 문자열을 표시하는 노드이다. 이것을 추가한 후 Print String 노드의 In String에 적당한 내용을 입력하고 두 노드를 연결한다.

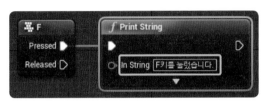

그림 4-18 노드 연결

④ 컴파일 후 게임 실행

블루프린트를 새로 작성하거나 내용을 수정한 후에는 [컴파일] 버튼을 눌러 컴파일해야 한다. 이제 게임을 실행하면 F키를 누를 때마다 Print String에 입력한 문자열이 게임 화면에 표시될 것이다. 한글도 문제없이 출력된다.

그림 4-19 F키를 누를 때마다 메시지가 출력된다

5 마우스 버튼의 이벤트 처리

이제 마우스 버튼의 이벤트를 처리한다. 마찬가지 방법으로, 검색어로 'mouse' 또는 '마우스'를 입력하면 왼쪽 마우스 버튼의 이벤트 노드를 찾을 수 있을 것이다. Print String을 하나 복사(Ctrl+W)하고 아래에 있는 [▼] 버튼을 누르면 세부 옵션이 나타나므로 여기에서 글자색을 지정한다. Print String은 시스템 글꼴을 사용하므로 사용자가 특별히 글꼴을 추가해서 시스템 글꼴을 바꾸지 않은 이상 Print String 노드에서 글꼴과 글자의 크기 등을 지정할 수는 없다.

그림 4-20 완성된 블루프린트

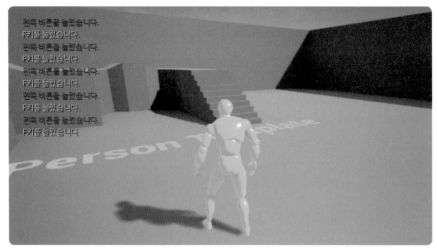

그림 4-21 키보드와 마우스 버튼의 이벤트 출력 결과

6 출력 로그

Print String은 변수나 게임의 상태 등을 확인하기 위해 임시로 출력하는 디버그용이 지만, 실제의 게임 화면에도 표시되므로 게임이 완성된 후에는 모두 삭제해야 한다. Print String으로 출력하는 내용을 화면에는 표시하지 않고 출력 로그 창에만 표시 하게 할 수 있다. 이렇게 하면 출력 결과는 화면에 표시되지 않으므로 Print String을 매번 삭제하지 않아도 된다.

언리얼 에디터에서 [창➡ 개발자 툴➡ 출력 로그] 옵션을 설정하면 뷰포트 아래에 출력 로그 탭과 콘솔 창이 나타난다. Print String의 Print to Screen 옵션을 해제하면 출력 내용은 로그 탭에만 나타난다.

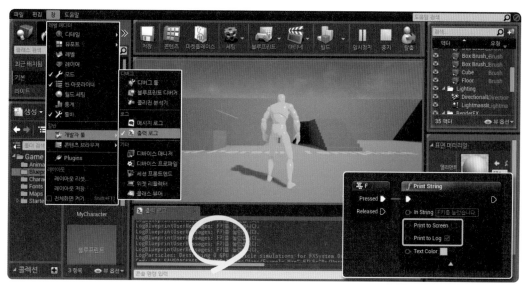

그림 4-22 **Print String의 옵션과 출력 로그**

4.3 변수와 연산 결과 표시

이제 변수와 수식을 사용해서 다음과 같이 출력하는 블루프린트를 만들어 본다.

- 두 개의 변수 intA와 intB를 만들고, 각각 10과 20을 저장한다.
- 변수를 서로 더한 결과를 변수 Sum에 저장하고, 게임 실행 중에 **G**키를 누르면 Sum에 저장된 내용을 디버그 출력한다.

1 변수 만들기(1)

먼저 변수를 만든다. 블루프린트 에디터에서 [**변수**] 버튼을 클릭하면 새로운 변수를 만들 수 있다.

그림 4-23 **변수 만들기**

1 [변수] 버튼을 클릭해서 새로운 변수를 만든다.

2 변수 이름은 공백을 포함할 수 있으며, 한글도 사용할 수 있다.

3 변수의 유형을 인티저^{int}로 설정한다.

2 변수의 기본값 할당

변수에 값을 할당하려면 먼저 블루프린트를 컴파일해야 한다. [컴파일] 버튼을 누르면 속성 아래에 [기본값]이 나타나므로 여기에 값을 입력한다.

그림 4-24 변수의 기본값 할당

3 변수 만들기(2)

위와 같은 방법으로 변수 intB와 Sum을 만들고 intB에 초깃값 20을 할당한다. 값을 할당하지 않은 변수는 0으로 초기화되므로 Sum은 값을 할당할 필요가 없다. 변수 목록은 다음 그림과 같이 보일 것이다.

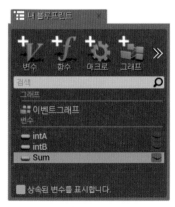

그림 4-25 변수 목록

▰4 변수 노드 만들기

이제 블루프린트에 intA 노드를 만든다. 앞에서 작성한 블루프린트 노드를 모두 삭제하거나 적당한 영역에 새로 만들면 될 것이다. 변수 목록의 intA를 왼쪽 버튼으로 드래그한 후 버튼을 놓으면 Get, Set을 설정하는 메뉴가 나타난다. 변수의 값을 읽을 것이므로 Get을 선택한다.

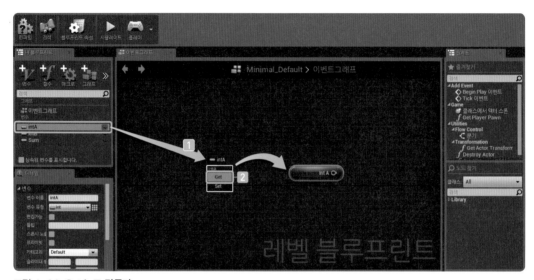

그림 4-26 **Get 노드 만들기**

내 블루프린트의 목록에 있는 변수는 다음과 같은 방법으로 Get/Set 노드를 만들 수 있다.

표 4-2 **변수의 Get/Set 노드 설정**

키	결 과
Ctrl + 왼쪽 드래그	Get 노드를 만든다.
Alt + 왼쪽 드래그	Set 노드를 만든다.

IntB와 Sum을 각각 Get과 Set 노드로 배치하면 다음 그림과 같을 것이다.

그림 4-27 **변수 노드 배치**

5 연산자 노드 추가

intA와 intB를 서로 더하기 위해 연산자 노드를 추가한다. 그래프 패널의 빈 곳을 우
클릭하고 검색어로 '+'를 입력하면 각종 연산자가 표시되므로 Integer+Integer를 선
택한다. 노드의 핀을 서로 연결하면 다음 그림과 같을 것이다. 핀의 연결을 끊을 경
우에는 Alt 키를 누르고 핀을 클릭한다.

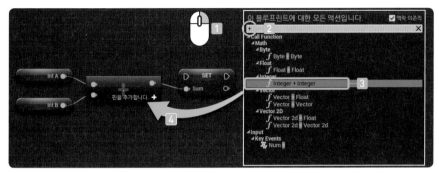

그림 4-28 연산자 추가 후 핀 연결

6 디버그 출력(Print String)

Print String 노드를 추가하고 Set과 Print String을 서로 연결한다. 언리얼 엔진 4.7
이전 버전은 Set 노드의 출력핀이 없으므로 변수 목록의 Sum을 Ctrl+드래그해서
Get 노드로 만들고, 이것을 Print String의 핀에 연결한다. Sum 노드의 값은 int이고
Print String이 출력하는 값은 string이므로 int를 string으로 변환해서 서로 같은 타
입으로 만들어야 서로 연결할 수 있다.

자료의 타입을 변환$^{Type\ Casting}$하는 과정은 자동으로 처리되므로 자료의 형변환은 무
시하고 그냥 이어준다. 그러면 정수를 문자열로 변환하는 ▪▪▪ 노드가 추가된 후 연
결될 것이다.

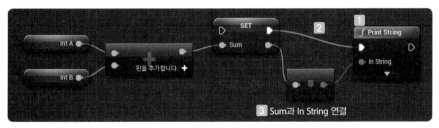

그림 4-29 완성된 수식

7 이벤트 만들기

위의 블루프린트는 이벤트나 어떤 명령이 있어야 실행될 것이다. 게임 실행 중에 G 키를 누를 때마다 블루프린트를 실행할 수 있도록 키보드 이벤트를 하나 추가한다. 액션 목록에서 검색어로 'g'를 입력하고 [키 이벤트/G]를 추가한다. 이벤트를 Set 노드에 연결하면 작업 끝이다.

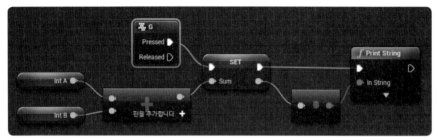

그림 4-30 **키 이벤트 추가**

이제 블루프린트를 컴파일한 후 게임을 실행하면 G 키를 누를 때마다 화면에 '30'이라는 문자가 표시될 것이다.

그림 4-31 **블루프린트 실행 결과**

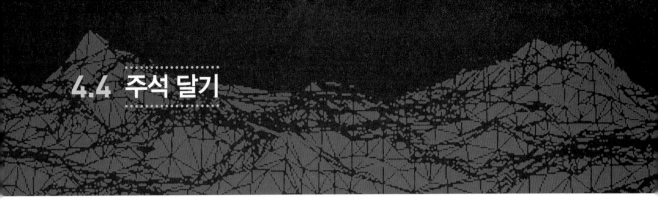

4.4 주석 달기

블루프린트의 주석은 두 가지가 있다.

1 노드 코멘트

노드를 우클릭한 후 단축 메뉴의 노드 코멘트 항목에 입력한다.

2 그룹 코멘트

복수 개의 노드를 선택한 후 ⓒ키를 누르면 선택한 노드를 감싸는 영역이 생성되며, 제목에 설명을 달 수 있다. 그룹 코멘트는 제목줄을 클릭하면 디테일 패널에서 코멘트와 바탕색을 바꿀 수 있고, 제목을 드래그하면 주석에 포함된 노드가 함께 이동한다.

다음은 앞의 블루프린트에 주석을 붙인 예이다.

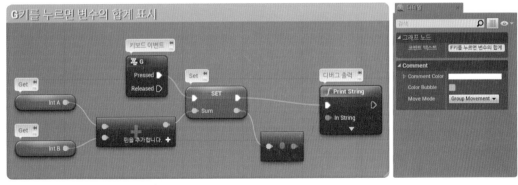

그림 4-32 **노드 코멘트와 그룹 코멘트**

4.5 사운드 On/Off

이번에는 G키를 누를 때마다 배경음악을 On/Off하고, 음악의 On/Off 여부를 디버 그 출력하는 블루프린트를 작성해 본다.

1 씬에 사운드 파일 추가

[StarterContent/Audio] 폴더에 게임의 배경음악으로 사용할 수 있는 사운드 파일 이 있다. 이름이 Starter_Music01인 애셋을 씬에 추가하고, Auto Activate 속성을 Off 로 설정해서 자동으로 연주되지 않도록 한다.

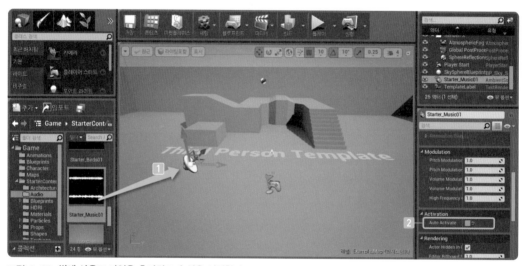

그림 4-33 씬에 사운드 파일을 추가하고 속성을 설정한다

2 레벨 블루프린트에 사운드 추가

씬 아웃라이너에서 Starter_Music01을 레벨 블루프린트로 끌고 오면 사운드 파일이 Get 노드로 추가된다. 사운드 노드의 핀을 드래그한 후 버튼을 놓으면 사운드 파일 과 관련된 액션이 나타나므로 Play와 Stop 노드를 검색하여 추가하고 다음과 같이 연결한다.

그림 4-34 씬 아웃라이너의 액터를 그래프 패널로 끌고 와서 **Get** 노드를 만든다

3 이벤트 연결

위의 그래프에 이벤트 노드를 연결한다. 버튼을 누를 때마다 상태를 반전시켜야 하므로 FlipFlop을 이용한다. FlipFlop은 호출할 때마다 A, B의 핀이 번갈아가면서 실행된다. FlipFlop 노드의 IsA는 A핀이 실행 중이면 true, B핀이 실행 중이면 false를 반환한다. 다음은 완성된 그래프이다.

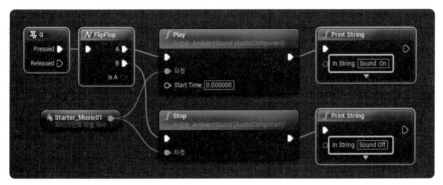

그림 4-35 G키를 누를 때마다 사운드를 **On/Off**하는 그래프

이제 게임을 실행하고 G키를 누르면 사운드가 On/Off되고, 사운드 상태가 디버그 출력되는 것을 확인할 수 있을 것이다.

그림 4-36 G키를 누를 때마다 사운드가 On/Off된다

위의 처리는 if(분기) 노드를 이용해서 다음과 같이 작성할 수도 있다.

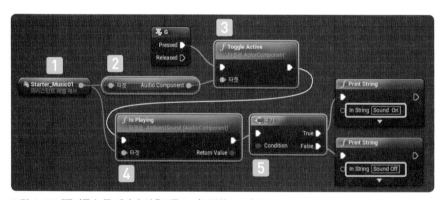

그림 4-37 G키를 누를 때마다 사운드를 On/Off하는 그래프

① 을 ③에 연결하면 ②는 형변환 노드이므로 자동으로 추가된다.

③ Toggle Active는 실행할 때마다 액터의 Active 속성을 교대로 On/Off시킨다. 즉, 사운드는 Play로 연주하지만, SetActive(true)로 연주할 수도 있다.

④ IsPlaying은 사운드가 연주 중이면 true, 연주하지 않으면 false를 반환한다. Starter_Music01 의 핀을 드래그한 'play'로 검색하여 찾을 수 있다.

⑤ 분기는 검색어로 'if'를 입력하면 추가할 수 있다.

4.6 트리거 사용법

게임에서 물체의 충돌은 필연적으로 발생한다. 언리얼 엔진의 충돌은 Hit와 Overlap(겹침)의 두 종류가 있다. Hit는 두 물체가 접촉하면 접촉을 유지하는 동안에는 지속적인 이벤트가 발생하지만, Overlap은 접촉이 시작될 때와 끝날 때 각각 한 번씩 이벤트가 발생한다. 트리거Trigger는 충돌이나 겹침의 감지 영역을 가지고 있는 액터이다. 트리거는 박스, 구체, 캡슐 모양이 있으며, 다른 액터가 트리거와 접촉하면 Hit 또는 Overlap 이벤트가 발생한다. 트리거는 대부분 다음과 같은 이벤트를 사용한다.

BeginOverlap 액터가 트리거 영역에 들어올 때 이벤트가 발생한다.

EndOverlap 액터가 트리거 영역에서 나갈 때 이벤트가 발생한다.

트리거는 액터가 지정한 영역에 들어오거나 나갈 때 특정한 처리를 하기 위해 사용한다. 예를 들어, 주인공이 다가오면 자동으로 열리는 문, 액터가 접근하면 울리는 비상벨 등 게임에서 트리거의 활용도는 매우 크다. 여기에서는 트리거를 이용해서 주인공이 접근하면 켜지고, 멀어지면 꺼지는 전등을 만들어 본다.

1 씬에 포인트 라이트 추가

먼저 **[Game/StarterContent/Props]** 폴더의 원형 탁자(SM_TableRound)를 씬의 적당한 곳에 설치한다. 다음에는 모드 패널의 라이트 카테고리에서 포인트 라이트를 찾아 탁자 위의 적당한 곳에 배치하고, 디테일 패널의 **[Rendering/Visible]** 속성을 끈다. Visible은 게임 실행 중에 액터의 표시 여부를 설정하는 속성이다.

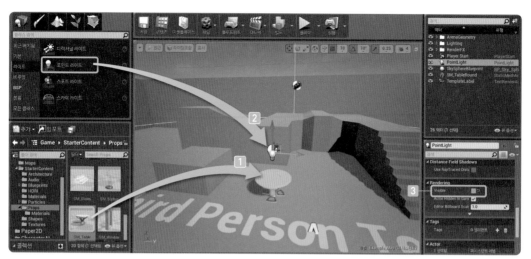

그림 4-38 포인트 라이트를 설치하고 Visible을 Off시킨다

2 박스 트리거 설치

탁자 위에 [모드/기본/박스 트리거]를 하나 설치하고 충분한 크기가 되도록 키운다. 박스 트리거의 크기는 Box Extent 속성으로 설정한다. 박스 트리거는 씬 아웃라이너 에 TriggerBox로 등록될 것이다.

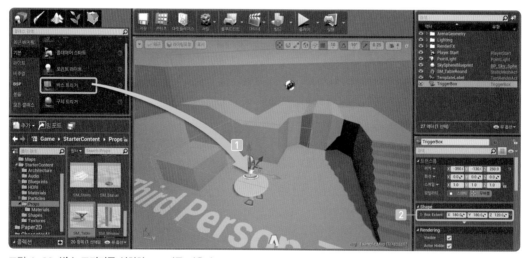

그림 4-39 박스 트리거를 설치하고 크기를 키운다

3 블루프린트 작성

레벨 블루프린트에서 다음과 같은 순서로 그래프를 작성한다.

❶ 씬 아웃라이너에서 TriggerBox를 선택하고 디테일 패널의 맨 아래에 있는 [레벨 이벤트 추가]
버튼을 클릭한다. 이벤트 목록이 나타나면 OnActorBeginOverlap과 OnActorEndOverlap을
각각 추가한다.

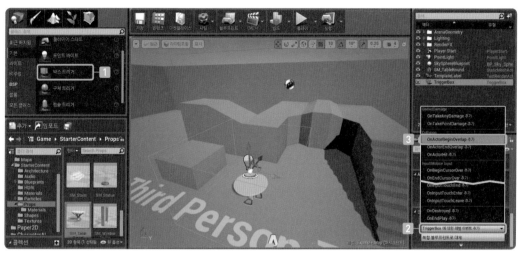

그림 4-40 레벨 블루프린트에 박스 트리거의 이벤트 추가

❷ 레벨 블루프린트에 이벤트 노드가 추가되어 있을 것이다. 씬 아웃라이너에서 PointLight를
이벤트 그래프 패널로 끌고 와서 PointLight의 Get 노드를 만든다.

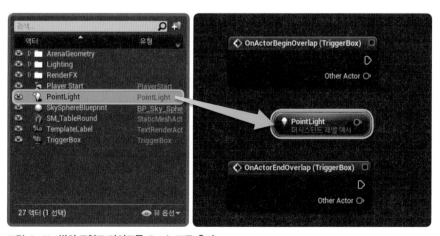

그림 4-41 씬의 포인트 라이트를 Get 노드로 추가

❸ 포인트 라이트 핀을 드래그한 후 버튼을 놓으면 포인트 라이트와 관련된 액션이 나타나므로 검색어로 'visi'를 입력하고 Set Visibility 노드를 추가한다. Set Visibility 노드에는 PointLightComponent와 LightComponent가 있는데, 어느 것을 사용해도 결과는 같다.

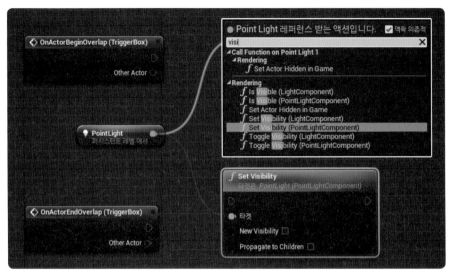

그림 4-42 **Set Visibility 노드 추가**

❹ Ctrl+W 키를 눌러 추가한 노드를 하나 복사한 후 다음과 같이 연결한다.

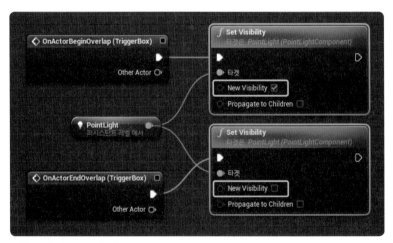

그림 4-43 **완성된 그래프**

앞의 그래프를 보면 알겠지만 트리거에 접촉하면 Visibility가 On이고, 멀어지면 Off 이다. 블루프린트를 컴파일한 후 게임을 실행하면, 주인공이 탁자로 접근할 때 포인 트 라이트가 켜지고 멀어지면 꺼지는 것을 확인할 수 있을 것이다. 라이트가 어두운 경우에는 포인트 라이트의 Intensity^{밝기}를 100000 정도로 크게 설정한다.

그림 4-44 주인공이 접근하면 포인트 라이트가 켜진다

4.7 스태틱, 무버블, 스테이셔너리

게임을 실행하면 화면 위에 'LIGHTING NEEDS TO BE REBUILT'라는 에러 메시지가 표시된다. 위의 에러 메시지는 씬에 스태틱 메시나 라이트를 추가한 경우에 나타난다.

3D 그래픽스에서 가장 많은 계산이 필요한 곳은 조명의 영향을 받는 물체의 음영 ^{Shade}과 그림자^{Shadow}를 그리는 과정이다. 영상이나 출력물 등 완성된 이미지가 필요한 분야는 음영과 그림자를 그리는 과정에 시간이 많이 걸리더라도 문제가 되지는 않는다. 시간이 걸리더라도 최종적인 렌더링 결과만 비디오나 이미지로 만들어 두면 그 결과물을 활용할 수 있기 때문이다. 그러나 게임은 렌더링 과정을 실시간으로 보여줘야 하므로 렌더링이 길어지면 게임이 끊기는 현상이 생긴다.

게임에서 계속 움직이는 물체는 그림자가 바뀌므로 실시간으로 음영과 그림자를 그려야 하지만, 고정된 지형이나 건물 등은 그림자가 움직이지 않으므로 음영과 그림자는 한 번만 그려도 된다. 언리얼 엔진은, 고정된 물체는 음영과 그림자를 별도의 이미지로 만든 후 원래의 오브젝트에 겹쳐서 음영과 그림자를 표현한다. 따라서 씬에 라이트나 오브젝트를 설치할 때에는 그 라이트나 오브젝트가 고정되어 있는 물체인지 이동하는 물체인지를 게임 엔진에게 알려줘야 한다. 언리얼 엔진에서는 씬에 설치된 오브젝트의 모빌리티^{이동} 속성을 다음과 같은 종류로 설정한다.

스태틱　고정된 물체

무버블　이동이 가능한 물체

스테이셔너리　고정되어 있지만 밝기가 변하는 조명

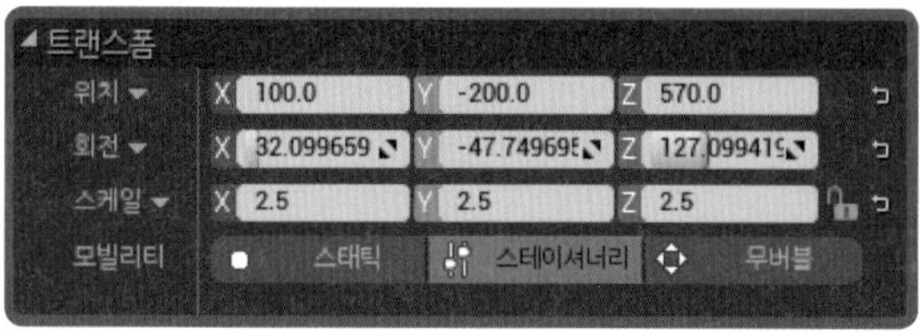

그림 4-45 **액터의 모빌리티 속성**

씬의 오브젝트는 위의 속성을 적절히 설정해야 불필요한 계산을 하지 않으므로 게임의 퍼포먼스가 좋아진다. 씬에 조명을 설치하면 스테이셔너리가 기본값이 되는데, 게임의 실행 중에 조명을 이동하거나 밝기를 바꿀 필요가 없는 경우에는 스태틱으로 설정하는 것이 좋다.

씬에 새로 설치한 오브젝트가 스태틱으로 설정된 경우, 언리얼 엔진은 에러 메시지를 표시하므로 게임을 중지한 후 **[빌드 ➡ 라이팅만 빌드]** 메뉴를 실행해서 언리얼 엔진이 라이트맵을 다시 만들게 한다.

그림 4-46 라이팅 빌드

4.8 콜리전과 충돌 이벤트

콜리전Collision은 물체의 충돌이나 겹침을 판정하기 위한 영역으로, 콜리전이 접촉하면
Hit나 Overlap 이벤트가 발생한다.

1️⃣ 콜리전의 종류

충돌의 판정을 정확하게 하려면 콜리전을 물체의 외형과 똑같이 만들어야 한다. 그런
데 콜리전이 너무 복잡하면 충돌 판정을 하는 데 많은 시간이 걸리므로 언리얼 엔진
은 콜리전의 형태를 몇 가지로 구분해서 지정한다. 대부분의 경우 충돌은 특정한 부
분에 집중되는 경향이 있으므로 정확한 콜리전을 만들려고 굳이 애쓸 필요는 없다.

콜리전은 스태틱 메시 에디터에서 설정하는데, 콘텐츠 브라우저에서 스태틱 메시를
더블클릭하면 스태틱 메시 에디터가 나타난다. 다음은 [StarterContent/Props] 폴
더의 SM_TableRound를 스태틱 메시 에디터에서 연 경우이다.

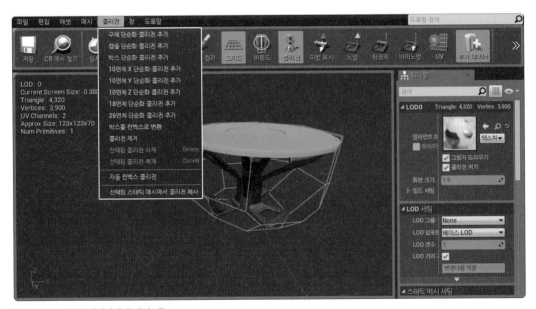

그림 4-47 메시 에디터의 콜리전 메뉴

② 콜리전 프리셋

충돌이나 겹침은 여러 종류의 액터 사이에서 발생한다. 콜리전 프리셋은 충돌이나 겹침이 발생할 때 어떤 반응을 할 것인지를 미리 정해 둔 것이다. 콜리전 프리셋은 충돌이나 겹침이 발생할 수 있는 액터에만 설정할 수 있으며, 씬에 설치된 액터를 선택하면 디테일 패널에서 설정할 수 있다. 또, 콜리전 프리셋을 Custom으로 설정하면 개별적인 요소에 대해 콜리전 반응을 설정할 수 있다.

그림 4-48 **콜리전 프리셋과 콜리전 반응**

콜리전 프리셋에 BlockAllDynamic, OverlapAllDynamic과 같이 뒤에 Dynamic이 붙은 것은 초기의 접촉 상태는 무시하고 액터가 이동한 이후부터 접촉하는 것만 충돌로 처리하는 옵션이다.

Overlap 이벤트는 BeginOverlap(접촉 시작)과 EndOverlap(접촉 끝)에 대해서만 한 번씩 이벤트가 발생하며, 접촉이 진행 중인 상태에서는 이벤트가 추가로 발생하지는 않는다. 또한, 고속으로 이동하는 작은 물체는 Block으로 설정되어 있더라도 종종 Overlap 이벤트가 발생하기도 한다. 따라서 충돌을 보다 정확하게 판정하려면 Overlap 이벤트를 사용하는 것이 효과적일 수도 있다.

3 콜리전 반응과 충돌 이벤트

콜리전이 겹칠 때의 반응은 Block(막음), Overlap(통과), Ignore(무시)가 있다. Block은
벽에 부딪치는 공과 같이 공이 지나가지 못하도록 벽이 가로막는 상태이며, Overlap
은 총알이 사과와 충돌하는 경우 총알이 사과를 뚫고 지나가도록 통과를 허용하는
상태이다. 콜리전의 반응을 무시로 설정하면 충돌 이벤트가 발생하지 않는다. 콜리
전 반응에 따른 충돌 이벤트의 종류는 다음과 같다.

표 4-3 **콜리전의 충돌 이벤트**

콜리전	이벤트	비 고
Block + Block	Hit 이벤트	BlockAll, BlockAllDynamic
Block + Overlap	Overlap 이벤트	OverlapAll, OverlapAllDynamic
Overlap + Overlap	Overlap 이벤트	OverlapAll, OverlapAllDynamic
Block + Ignore(또는 없음)	이벤트 없음	
Overlap + Ignore(또는 없음)	이벤트 없음	

충돌 이벤트는 충돌을 하는 액터와 충돌을 당하는 액터 양쪽 모두 발생할 수 있는
데, 충돌을 하려면 양쪽 모두 Simulation Generates Hit Events나 Generate Overlap
Events 속성이 설정되어 있어야 한다.

4 충돌의 물리 반응

콜리전이 Block으로 설정된 두 액터가 충돌할 때 물리적인 계산을 하는지의 여부에
따라 관통과 반사라는 현상이 나타난다. 물리적인 계산을 하지 않는 경우에는 Hit
이벤트 발생 여부와 상관없이 물체를 관통한다.

물리적인 계산 여부는 액터의 Simulate Physics 속성으로 설정하는데, 액터의 충돌
에 따른 반사 여부는 다음과 같다. 콜리전이 Block으로 설정된 총알과 역시 콜리전
이 Block으로 설정된 상자가 충돌하는 예이다.

표 4-4 **Simulate Physics 속성에 따른 반사와 관통**

총알 ＼ 상자	Simulate Physics On	Simulate Physics Off
Simulate Physics On	총알과 상자 둘 다 반사	총알만 반사
Simulate Physics Off	총알이 상자 관통	총알이 상자 관통

4.9 블루프린트 액터

앞에서 만든 자동으로 켜지는 전등은 현재의 레벨에서만 작동하므로 게임의 레벨이 바뀌면 다른 레벨에서 참조할 수가 없다. 또한, 전등을 많이 만든 경우 트리거 또한 많아질 것이므로 각각의 트리거에 대해 이벤트를 만들면 블루프린트가 아주 복잡해진다. 블루프린트 액터는 액터에 블루프린트를 추가해서 액터 스스로 작동하는 기능을 부여한 것이다. 블루프린트 액터는 게임이 시작될 때 자동으로 동작할 수도 있고, 특정한 이벤트가 발생하면 동작할 수도 있다.

레벨에서 작동하는 오브젝트는 모두 블루프린트 액터로 만들고, 레벨 블루프린트는 레벨의 전체적인 흐름만 제어하도록 게임을 구성하면 전체적인 구조가 단순해진다. 블루프린트 액터는 하나의 오브젝트와 같은 방식으로 다룰 수 있으므로, 한번 만들어 두면 다른 레벨이나 프로젝트에서도 사용할 수 있는 장점이 있어 응용 범위가 매우 넓다.

언리얼 엔진에는 게임에서 기본으로 사용하는 기능을 블루프린트 액터로 만들어서 제공하는 것이 많이 있다. 블루프린트 액터는 대부분 [StarterContent/Blueprints] 폴더에 수록되어 있으며, Engine에 수록되어 있는 범용 블루프린트 액터는 이름 앞에 BP_라는 접두어가 붙어 있다. 이 장에서는 블루프린트 액터를 만들어 가면서 블루프린트의 세부적인 기능에 대해 알아본다.

4.9.1 충돌하면 폭발하는 공

주인공이 접근하면 스스로 폭발하는 공을 만들어 보자. 블루프린트 액터를 만드는 방법은 두 가지이다. 첫 번째는 블루프린트 액터로 만들 스태틱 메시를 선택한 후 블루프린트를 작성하는 방법이고, 두 번째는 먼저 블루프린트를 만든 후 블루프린트에 액터를 추가하는 방법이다. 먼저 첫 번째 방법으로 만들어 본다.

⚊ 스태틱 메시 선택

[StarterContent/Props] 폴더의 공(MaterialSphere)을 선택한 후 오른쪽 버튼을 클릭하고 [애셋 액션➡다음을 사용해서 블루프린트 생성] 메뉴를 실행한다. 저장할 폴더와 블루프린트 액터 이름을 입력하는 창이 나타나므로 여기에 새로 만들 액터의 이름을 입력한다. 여기에서는 [ExplosionBall]로 하였다. 블루프린트 액터는 대부분 [Blueprints] 폴더에 만든다.

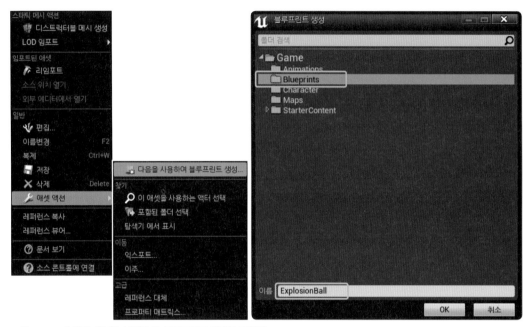

그림 4-49 스태틱 메시를 선택한 후 블루프린트 액터를 만든다

⚋ 컴포넌트 추가

블루프린트 액터를 만들면 클래스 블루프린트가 되는데, 클래스 블루프린트는 다음의 그림과 같이 세 개의 탭(디폴트, 컴포넌트, 그래프)으로 되어 있다. 컴포넌트 탭에 스태틱 메시가 추가된 것을 확인할 수 있을 것이다. 클래스 블루프린트는 설치한 액터를 컴포넌트라는 개념으로 다룬다. 컴포넌트는 계층구조로 이루어지는데, 최상위 컴포넌트가 루트이다. 현재는 추가한 공이 루트로 되어 있다. 공을 선택하고 변수 이름을 Ball로 바꾼다.

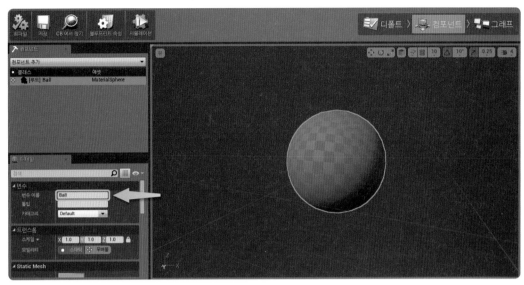

그림 4-50 **루트의 이름을 Ball로 바꾼다**

참고 **블루프린트의 한글 이름**

블루프린트나 컴포넌트의 이름에 한글을 사용할 수 있다. 그러나 액터 이름이나 컴포넌트에 한글을 사용한 블루프린트는 모바일 플랫폼의 화면에는 나타나지 않는 경우가 있다. 따라서 모바일용 게임을 만들 경우에는 블루프린트나 컴포넌트 이름에 한글을 사용하지 말아야 한다.

❶ Ball에 머티리얼 추가

컴포넌트 패널의 Rendering 카테고리에서 [+] 버튼을 누르면 스태틱 메시에 머티리얼을 할당할 수 있다. 디테일 탭의 폭을 조금 넓게 설정해야 제대로 보일 것이다. 여기에서는 M_Metal_Copper를 선택했다. Copper는 구리 재질의 머티리얼이다.

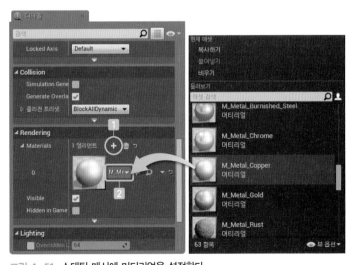

그림 4-51 **스태틱 메시에 머티리얼을 설정한다**

❷ 박스 트리거 추가

컴포넌트 패널의 [컴포넌트 추가] 버튼을 누르고 목록에서 Shapes/Box를 추가하면 Box1로 등록되는데, 이것이 박스 트리거이다. Box1을 선택하고 Box의 Extent 속성을 (150, 150, 150)으로 설정한다.

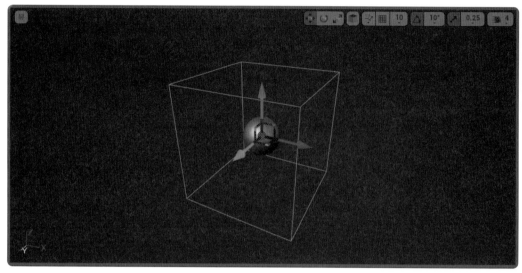

그림 4-52 박스 트리거를 설치하고 크기를 설정한 상태

❸ 박스 트리거를 루트로 설정

컴포넌트에 트리거를 설치한 경우에는 트리거를 루트로 설정하는 것이 좋다. 이렇게 구성해야 충돌 처리의 블루프린트 노드가 단순해진다. Box1을 루트로 드래그하면 Box1이 루트가 되고, Ball은 Box1의 하위 컴포넌트가 된다.

③ 이벤트 그래프 작성

그래프 탭으로 이동하면 내 블루프린트 패널에 Ball과 Box1이 수록되어 있다.

❶ 이벤트 노드 추가

Box1을 선택한 상태에서 이벤트 그래프 패널을 우클릭한다. 첫 번째 항목이 Box1에 대한 항목이므로 이것을 열어서 Collision/Add OnComponentBeginOverlap 노드를 찾아 추가한다. 이것이 박스 트리거의 충돌 이벤트이다.

그림 4-53 충돌 이벤트 추가

❷ 폭파 파티클 노드 추가

충돌이 발생하면 폭파 파티클을 표시하는 기능을 추가할 것이다. 이벤트 그래프 패널을 우클릭하여 액션 목록에서 검색어로 'emit'를 입력하고 Spawn Emitter at Location 노드를 추가한다. 추가한 노드의 Emitter Template을 클릭하면 파티클의 종류를 지정할 수 있으므로 P_Explosion을 선택한다.

❸ 파티클의 폭파 위치 설정

파티클은 블루프린트 액터의 위치에 나타나야 하므로 먼저 액터의 위치를 찾는다. Get Actor Location이 액터의 위치를 구하는 함수이다. 추가한 노드를 모두 연결하면 다음 그림과 같을 것이다.

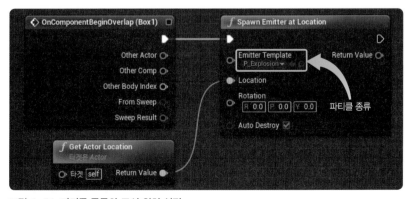

그림 4-54 파티클 종류와 표시 위치 설정

④ 사운드 설정

사운드를 재생하는 것은 Play Sound At Location이다. 노드를 추가한 후 사운드 종류를 Explosion01로 설정한다. 재생할 위치(Location)는 파티클과 같다.

⑤ 액터 삭제

액터가 폭파되었으므로 Destroy Actor로 블루프린트 액터를 삭제한다. 다음은 완성된 그래프이다.

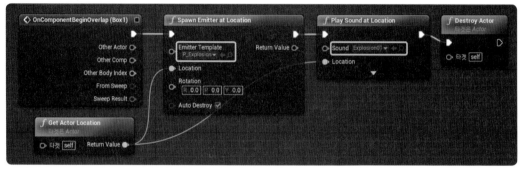

그림 4-55 완성된 이벤트 그래프

블루프린트를 컴파일한 후 앞에서 만든 ExplosionBall(콘텐츠 브라우저/Game/Blueprints)을 씬에 몇 개 설치하고 게임을 실행하면 주인공이 접근할 때 공이 터지는 것을 확인할 수 있다. 주인공이 박스 트리거에 접촉할 때 이벤트가 발생하므로 박스 트리거를 크게 만든 경우에는 주인공이 공의 근처에 접근하면 터지지만, 박스 트리거를 공의 크기에 맞게 만들면 주인공이 공에 접촉할 때 터질 것이다.

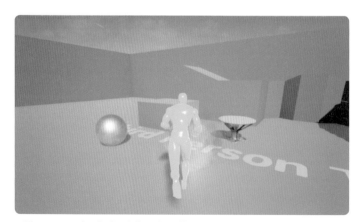

그림 4-56 주인공이 접근하면 공이 폭발한다

이 게임을 모바일 프리뷰 창에서 실행하면 폭파 불꽃이 까맣게 보이는 경우가 있다. 그 이유는 파티클에 사용한 머티리얼이 모바일용으로 만들어진 것이 아니기 때문이다. 파티클을 모바일용으로 바꾸는 방법은 제8장에서 설명할 것이다. 게임을 모바일용으로 빌드하는 방법은 제14장을 참조하길 바란다.

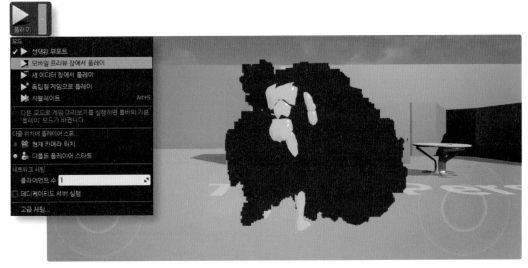

그림 4-57 **모바일 프리뷰 창에서 게임을 실행하면 파티클이 검게 보이는 경우가 있다**

지금까지 작업한 과정은 다음 사이트에서 동영상으로 볼 수 있다.

 ▶ http://youtu.be/O35KZrs_UYc

4.9.2 타임라인의 활용

경찰차나 비행기 또는 고층 건물의 옥상에는 자신의 위치를 표시하기 위해 자동으로 점멸하는 경광등이 설치되어 있다. 이처럼 일정한 시간을 주기로 반복되는 동작은 타임라인을 이용하면 쉽게 만들 수 있다. 이 장에서는 점멸하는 경광등을 블루프린트 액터로 만든다. 이번에는 블루프린트를 먼저 만들고 액터를 추가하는 방법을 사용할 것이다.

🔢 클래스 블루프린트 만들기

[블루프린트 ➡ 새 클래스 블루프린트] 메뉴를 실행하면 부모 클래스를 선택하는 창이 나타나므로 액터를 선택한다. 액터는 씬에서 활용할 수 있는 모든 오브젝트이다. 이어 [클래스 블루프린트 생성] 창이 나타나므로 블루프린트를 저장할 폴더를 선택하고 이름을 입력한다. 여기에서는 FlashingLight로 하였다.

그림 4-58 **블루프린트 액터 만들기**

🔢 루트 추가

블루프린트 에디터의 [컴포넌트] 탭에서 필요한 오브젝트를 추가한다. 먼저 루트로 사용할 컴포넌트를 추가한다. [컴포넌트 추가 ➡ Utility/Scene]을 추가하고 이름을 Root로 바꾼다. Scene은 눈에 보이지 않는 가상의 액터이다.

> **참고** **컴포넌트의 루트**
>
> 블루프린트 액터는 컴포넌트를 계층적으로 구성하며, 최상위 계층이 루트이다. 루트는 블루프린트 액터의 기준점이 되는데, 루트는 스케일만 변경할 수 있고 위치 이동이나 회전은 불가능하다. 루트의 스케일을 바꾸면 루트에 속해 있는 모든 하위 컴포넌트의 스케일이 함께 바뀐다. 따라서 루트의 스케일을 변경하면 하위 컴포넌트의 스케일을 다시 설정하는 등 문제가 많아진다. 컴포넌트의 위치나 크기를 개별적으로 변경하려면 일단 루트를 먼저 설치하고 추가하는 컴포넌트는 루트의 하위 컴포넌트가 되도록 구성한다. 이때 루트는 게임 화면에 표시되지 않아야 하므로 Scene이나 Arrow(화살표, 액터의 방향을 표시하는 용도로 사용)와 같은 가상의 루트를 사용하는 것이다.

2 스태틱 메시 추가

[컴포넌트 추가➡Common/Static Mesh]를 실행하고 이름을 Ball로 바꾼다. 디테일 패널의 Static Mesh에 MaterialSphere를 선택하고 스케일을 (0.5, 0.5, 0.5)로 설정한다. Ball에 머티리얼도 설정하는 것이 좋을 것이다.

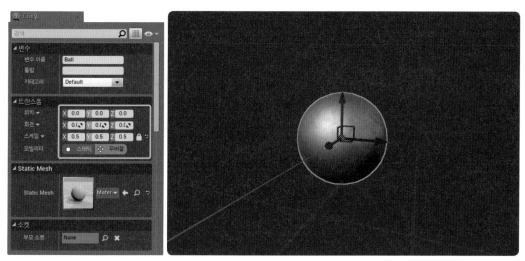

그림 4-59 **Ball의 속성**

3 포인트 라이트 추가

[컴포넌트 추가➡Lights/Point Light]로 포인트 라이트를 하나 추가한 후 위치를 (0, 0, 35)로 설정하고 Light Color를 빨간색으로 설정한다.

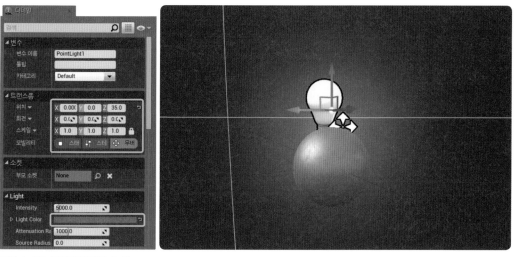

그림 4-60 **포인트 라이트 속성**

4 그래프 작성

이제 그래프를 작성한다.

❶ 타임라인 추가

타임라인을 하나 추가하고 이름을 '라이트 On/Off'로 바꾼다. 타임라인은 시간의 흐름에 따라 진행되는 간단한 애니메이션을 만들고 실행하는 노드이다. 우리는 타임라인을 이용해서 포인트 라이트가 깜박거리도록 만들 것이다. 타임라인은 액션 목록의 맨 아래에 있다.

그림 4-61 타임라인

> **참고** 블루프린트 그래프의 한글
>
> 블루프린트 그래프의 노드나 변수, 함수 등에서 사용하는 한글은 모바일 기기에서도 문제를 발생하지 않는다. 개발자의 입장에서는 변수나 함수 등에 한글을 사용하는 것을 권장하지는 않지만, 이 책에서는 초심자들의 이해를 돕기 위해 문제를 일으키지 않는 부분은 한글을 사용하였다. 따라서 이 책에서 사용하는 범위 이내에서 한글을 사용하는 경우에는 모바일 기기에서도 모두 정상적으로 처리될 것이다.

❷ 타임라인 트랙 만들기

타임라인 노드를 더블클릭하면 타입라인 탭이 열린다. 타임라인의 탭의 위에 있는 버튼은 float, Vector, Event, Color 트랙을 만드는 버튼이다. 우리는 포인트 라이트의 Intensity^(밝기)를 설정할 것이므로 float 트랙을 이용한다. $f^\bullet$ 버튼을 눌러 새로운 트랙이 추가되면 트랙의 이름을 '라이트 밝기'로 바꾼다.

트랙에 보이는 빨간 선이 키 프레임을 설정하는 곳이다. 빨간 선을 Shift +좌클릭하면 키 프레임이 추가된다. 세 군데를 클릭해서 키 프레임을 세 개 만든다. 버튼을 누르면 그래프가 화면의 폭에 맞게 자동으로 조절될 것이다.

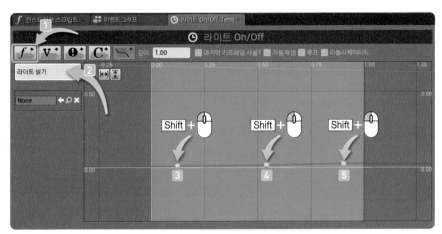

그림 4-62 **타임라인에 float 트랙 추가**

❸ 키 프레임의 시간과 값 설정

추가한 키 프레임을 클릭하면 프레임의 시작 시간과 값을 입력할 수 있다. 키 프레임 순서대로 각각 (0, 0), (0.5, 50000), (1, 0)을 입력한다. 이 값을 포인트 라이트의 Intensity로 사용할 것이다. 트랙의 길이를 1로 설정하고, 타임라인이 자동으로 반복해서 실행하도록 자동재생과 루프를 체크하고 타임라인 탭을 닫는다.

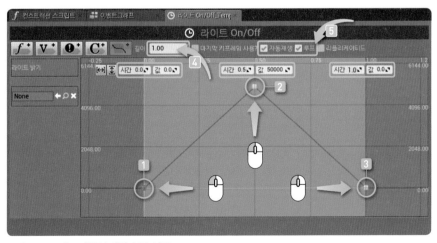

그림 4-63 **키 프레임의 시간과 값 설정**

❹ 포인트 라이트에 타임라인 설정

타임라인 노드에 앞에서 만든 트랙(라이트 밝기)이 추가되어 있다. 변수 목록의 Point Light1을 Ctrl+드래그해서 Get 변수로 만든다. 여기에 Set Intensity 노드를 추가한 후 다음 그림과 같이 연결한다. 언리얼 엔진 4.5 이전 버전을 사용하는 경우에는 Set Brightness 노드를 사용해야 한다.

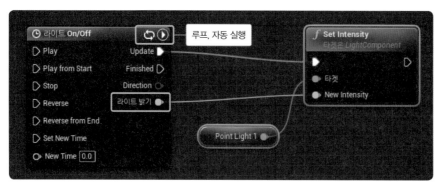

그림 4-64 키 프레임의 시간과 값 설정

타임라인에 자동실행 옵션을 설정해 두었으므로 이것을 실행하기 위한 별도의 이벤트는 필요하지 않다. 블루프린트를 컴파일한 후 씬에 FlashingLight를 몇 개 설치하고 게임을 실행하면 공이 1초 간격으로 밝아졌다 어두워지는 것을 확인할 수 있을 것이다.

그림 4-65 일정한 시간을 주기로 밝아졌다 어두워지는 공

5 라이트의 컬러 설정

현재 경광등의 라이트가 빨간색으로 고정되어 있는데, 각각의 경광등에 색을 설정하는 기능을 추가한다. 경광등의 블루프린트에서 작업한다.

❶ 변수 추가

새로운 변수를 추가한 후 이름을 Color로 바꾸고, 변수 타입을 Structure/LinearColor로 설정한다. 변수 타입 창에서 검색어로 'color'를 입력하면 곧바로 찾을 수 있을 것이다. 블루프린트를 컴파일하면 기본값을 설정할 수 있으므로 컬러를 빨간색으로 바꾼다. 이 변수를 외부에서 변경할 수 있도록 편집 가능 항목을 설정하면 변수 목록에 눈동자 모양의 아이콘이 표시될 것이다.

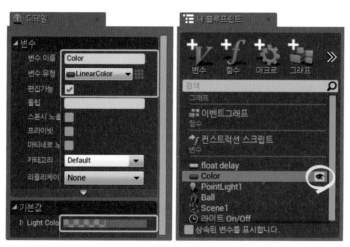

그림 4-66 변수 추가와 편집 가능 옵션

❷ 컨스트럭션 스크립트 작성

컨스트럭션 스크립트는 액터가 씬에 배치될 때 실행되는 블루프린트이다. 이것은 게임이 시작될 때 실행되는 BeginPlay 이벤트와는 다른 기능이다. 사용자가 변수 Color의 값을 설정하면 컨스트럭션 스크립트에서 포인트 라이트의 컬러를 설정한다. [내 블루프린트/함수/컨스트럭션 스크립트]를 더블클릭하여 컨스트럭션 스크립트의 그래프 패널에 변수 Color를 Get 노드로 만든 후 핀을 드래그하고, 검색어로 'light'를 입력하면 SetLightColor 노드가 나타나므로 그것을 선택한다.

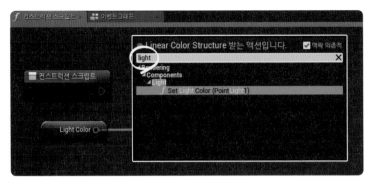

그림 4-67 **SetLightColor 노드 검색**

위의 그래프를 다른 방법으로 만들 수도 있는데, 컨스트럭션 스크립트에
PointLight1을 추가하고 PointLight1을 드래그한 후 검색어로 'light'를 입력해도
SetLightColor 노드를 추가할 수 있다.

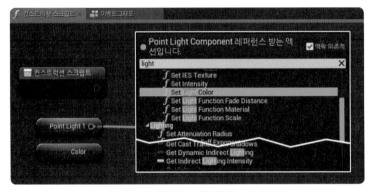

그림 4-68 **SetLightColor 노드를 검색하는 다른 방법**

다음은 두 가지 방법으로 각각 노드를 구성한 것이다. 왼쪽은 SetLightColor
(PointLight) 노드를 이용한 것이고, 오른쪽은 SetLightColor의 타겟에 별도로
PointLight1을 연결한 것이다.

 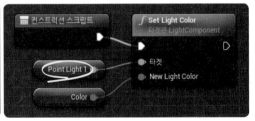

그림 4-69 **포인트 라이트의 컬러를 바꾸는 그래프**

어느 방법을 사용하더라도 결과는 같지만 서로 장단점이 있다. 오른쪽 그래프는 PointLight1이 타겟에 연결되어 있으므로 직관적으로 보이지만, 왼쪽 그래프는 타겟이 노드의 제목에 묻혀 있으므로 주의해서 보지 않으면 헷갈릴 수 있다. 대신 오른쪽 방법은 노드가 많아지면 흐름선이 서로 교차되어 자칫 난삽한 그래프가 될 수 있다.

이 책에서는 가독성을 고려해서 되도록 오른쪽 방법으로 작성하지만, 노드가 복잡한 경우에는 왼쪽 방법도 사용한다. 왼쪽 방법을 사용한 경우에는 노드 제목의 타겟을 하늘색 네모나 노란 동그라미로 표시해 줄 것이다.

❸ 경광등의 컬러 바꾸기

씬에 설치한 경광등을 선택하면 디테일 탭에 Color 속성이 나타나므로 포인트 라이트의 색을 바꿀 수 있다.

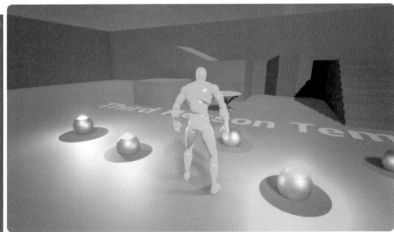

그림 4-70 **포인트 라이트 속성**

지금까지 작업한 과정은 다음 사이트에서 동영상으로 볼 수 있다.

 ▶ http://youtu.be/sSHqqLUyRo8

4.10 화면에 Text 표시

언리얼 엔진에서 화면에 글자 등의 텍스트를 표시하는 방법은 다음의 세 가지이다.

❶ Text Render로 출력

표시하려는 글자를 텍스트 렌더로 만든 후 월드^{World}의 3차원 공간에 표시한다. 게임 실행 중에는 내용을 바꿀 필요가 없는 고정된 텍스트나 제목 등에 사용한다.

❷ HUD로 출력

HUD$^{Head-Up\ Display}$를 만든 후 화면의 Screen 2D 좌표계에 표시한다. 게임 실행 중에 내용을 변경할 수 있으므로 메뉴 등 게임의 UI에 사용한다.

❸ 위젯 블루프린트로 출력

위젯 블루프린트는 언리얼 엔진 4.4 이후의 버전에 추가된 기능으로, 게임의 UI를 디자인하는 툴이다.

HUD와 위젯 블루프린트는 제10장 이후에서 다루게 되므로 여기에서는 텍스트 렌더를 이용해서 출력하는 과정에 대해 알아본다.

4.10.1 블루프린트 액터 만들기

[블루프린트 ➡ 새 클래스 블루프린트 ➡ 액터] 메뉴를 실행해서 새로운 블루프린트 액터를 만들고 이름을 적당히 입력한다.

1 루트 추가

루트로 사용할 컴포넌트를 추가한다. Scene을 사용하면 무난하다.

2 Text Render 추가

[컴포넌트 추가] 버튼을 누른 후 Rendering/Text Render를 추가하고 화면에 표시할
글자를 입력한다.

그림 4-71 **Text Render**의 속성

1 **Text**   화면에 출력할 내용을 입력한다.
을 입력하면 그 위치에서 행을 나눌 수 있다.

2 **Horizontal Alignment**   피벗^Pivot의 수평 위치이다. **Center**를 사용하면 무난하다.

3 **Vertical Alignment**   피벗^Pivot의 수직 위치이다. **Text Center**를 사용하면 무난하다.

4 **Text Render Color**   글자색

5 **(X, Y) Scale**   가로, 세로 확대 비율

6 **World Size**   텍스트 렌더의 전체 크기

7 **Horiz Spacing Adjust**   글자 사이의 간격

이 블루프린트를 씬에 배치하면 텍스트 렌더의 뒷면이 보인다. 텍스트 렌더가 게임
의 전방(x축)을 향하고 있기 때문이다.

그림 4-72 텍스트 렌더의 뒷면이 보인다

따라서 텍스트 렌더를 만든 후에는 z축으로 180° 회전시켜야 제대로 된 글자를 볼
수 있다. 그런데 텍스트 렌더는 고정된 액터이므로 카메라의 각도에 따라 비스듬히
보이는 문제가 있다.

그림 4-73 텍스트 렌더는 보는 각도에 따라 비스듬하게 보인다

4.10.2 Text Render의 방향 전환

텍스트 렌더를 게임의 타이틀이나 안내 문구로 사용할 경우에는 텍스트 렌더가 항상 카메라를 향하도록 설정해야 한다. 이와 같은 기능은 텍스트 렌더 블루프린트의 이벤트 그래프에서 작성한다.

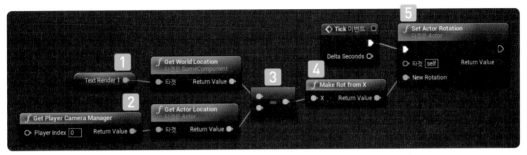

그림 4-74 **텍스트 렌더를 항상 카메라 방향으로 회전하는 그래프**

① 텍스트 렌더의 위치를 구한다. 텍스트 렌더가 블루프린트 액터이므로 Get Actor Location을 이용해도 된다.

② 카메라의 위치를 구한다. 검색어로 'manager'를 입력하면 노드를 추가할 수 있다.

③ Vector-Vector 노드로, 두 지점의 거리를 Vector로 구한다.

④ 텍스트 렌더와 카메라의 x축의 거리를 방향으로 전환한다(Make Rot From X).

⑤ 텍스트 렌더(Actor)를 ④의 방향으로 회전한다(Set Actor Rotation).

Tick 이벤트는 매 프레임마다 발생하므로 카메라가 이동하면 텍스트 렌더는 항상 카메라 방향으로 회전하게 될 것이다.

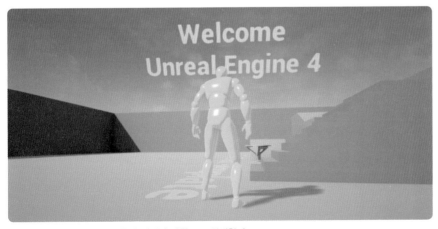

그림 4-75 **텍스트 렌더가 항상 카메라 방향으로 회전한다**

4.10.3 가까이 가면 나타나는 Text

주인공이나 카메라가 접근하면 글자가 나타났다가 멀어지면 사라지는 기능을 추가
해 보자. 이것은 트리거를 이용하면 간단하게 처리할 수 있다.

1 Trigger 추가

[컴포넌트 추가] 버튼을 누른 후 Shape/Box를 하나 추가하고 이름을 Trigger로 바꾼
다. 카메라나 액터의 접근 지역을 설정하기 위해 Box Extent를 (300, 300, 200) 정도
로 설정해서 트리거의 크기를 충분히 키운 후 위치를 아래로 −120 정도 내린다.

그림 4-76 **Box Trigger 설치**

2 Trigger의 이벤트 추가

Trigger를 선택한 후 디테일 탭에서 [**Trigger에 대한 이벤트 추가**] 버튼을 누르면 트리
거의 이벤트 노드를 추가할 수 있으므로 BeginOverlap과 EndOverlap을 각각 추가
한다.

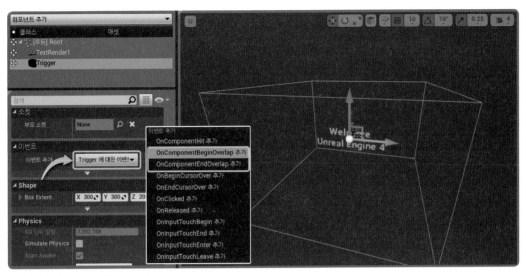

그림 4-77 **Trigger**에 이벤트 노드 추가

게임을 시작할 때 텍스트 렌더가 보이지 않도록 텍스트 렌더의 Rendering/Visible 속성을 해제하고 그래프를 작성한다. 다음 그래프는 앞에서 작성한 주인공이 접근 하면 켜지는 전등의 그래프와 같은 것이다.

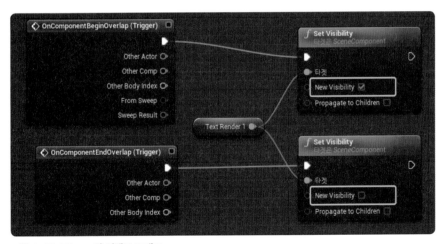

그림 4-78 **Trigger**의 이벤트 그래프

위의 OnComponentBeginOverlap(Trigger)는 'Trigger 위로 다른 컴포넌트가 겹쳐진다' 는 의미가 아니라 'Trigger 컴포넌트의 Overlap 이벤트'라는 의미이다. 위의 그래프는 Trigger에 대한 이벤트인데, 액터의 Overlap 이벤트를 사용해도 트리거의 이벤트가

발생하므로 같은 결과가 된다. 액터는 트리거를 포함한 컴포넌트를 모두 합친 것이기 때문이다. 다음은 액터의 이벤트를 이용한 그래프이다. 어느 것을 사용해도 같은 결과가 되므로 자신이 편한 방법을 사용하면 된다.

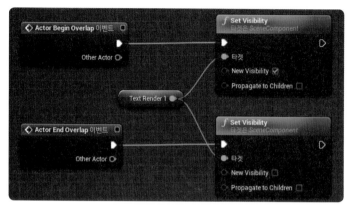

그림 4-79 **액터의 이벤트 그래프**

이제 게임을 실행하면 카메라가 다가가면 텍스트 렌더가 표시되고, 멀어지면 사라진다.

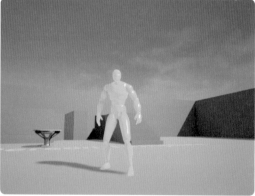

그림 4-80 **주인공이 가까이 가면 텍스트 렌더가 나타나고, 멀어지면 사라진다**

지금까지 작업한 과정은 다음 사이트에서 동영상으로 볼 수 있다.

 ▶ http://youtu.be/iJWwS1jnxfU

4.11 텍스트 렌더에 한글 사용하기

앞의 텍스트 렌더에 한글을 사용하면 한글이 깨져서 출력된다.

그림 4-81 **텍스트 렌더의 한글은 표시되지 않는다(노란색 원)**

언리얼 엔진은 기본적인 영문 글꼴은 제공하지만 한글 글꼴은 직접 설치해야 한다. 언리얼 엔진은 비트맵 폰트를 사용하는데, 비트맵 글꼴은 글자 하나하나를 그래픽 이미지로 만든 것이다. 언리얼 엔진에는 트루타입 폰트를 비트맵 글꼴로 변환하는 툴이 내장되어 있다.

영문은 알파벳 대소문자와 숫자, 특수문자 등 64~128글자만으로도 대부분의 표현이 가능하지만, 한글은 표기할 수 있는 글자 수가 무려 11,172자이므로 이것을 모두 비트맵으로 만들면 상당한 용량을 차지한다. KS-1001(예전의 KSC-5601) 완성형 한글은 2,350자만 사용하므로 이것을 이용하면 비트맵 글꼴의 용량을 대폭 줄일 수 있다. 그렇지만 '똠', '뷁', '뙁' 등의 글자는 표기할 수 없다는 점은 감수해야 한다.

KS-1001 한글 문자셋 다운로드

인터넷에서 'KS-1001' 등으로 검색하면 텍스트 파일로 된 KS-1001 문자셋을 구할 수 있을 것이다.

[다운로드 URL] http://afterglow.co.kr [자료실 ➡ Unreal Engine Resource]

위의 자료실에서 문서를 찾아 다운로드 버튼을 클릭하면 웹 브라우저에 한글 문자셋이 나타나므로 Ctrl+A키로 전체를 선택한 후 Ctrl+C키로 복사해 둔다.

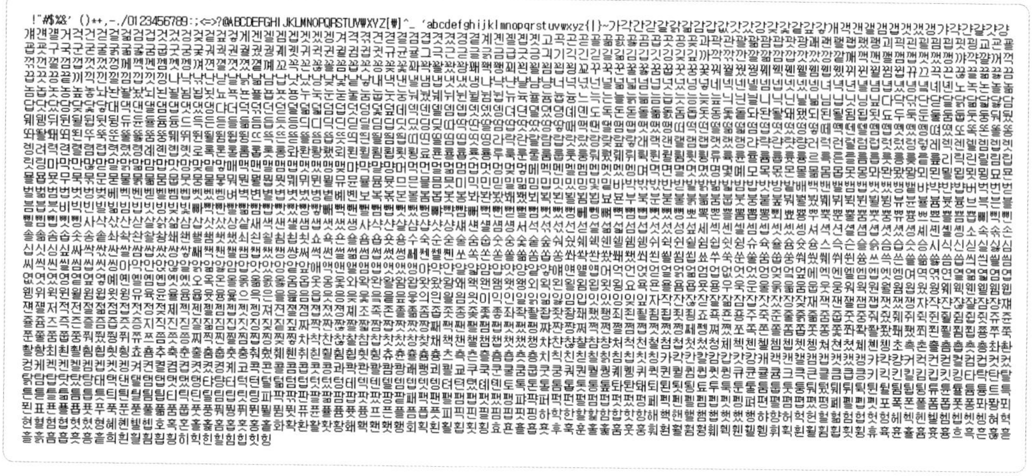

```
! "#$%& '()*+,-./0123456789:;<=>?@ABCDEFGHIJKLMNOPQRSTUVWXYZ[\]^_` abcdefghijklmnopqrstuvwxyz{|}~-가각간갇갈갉갊감갑값갓갔강갖갗같갚갛
개객갠갤갬갭갯갰갱갸갹갼걀걋걍걔걘걜거걱건걷걸걺검겁것겄겅겆겉겊겋게겐겔겜겝겟겠겡겨격겪견겯결겸겹겻겼경곁계곈곌곕곗고곡곤곧골곪곬곯곰곱곳공곶과곽관괄괆괌괍괏광괘괜괠괩괬괭괴괵괸괼굄굅굇굉교굔굘굡굣구국군굳굴굵굶굻굼굽굿궁궂궈궉권궐궜궝궤궷귀귁귄귈귐귑귓규균귤그극근귿글긁금급긋긍긔기긱긴긷길긺김깁깃깅깆깊까깍깎깐깔깖깜깝깟깠깡깥깨깩깬깰깸깹깻깼깽꺄꺅꺌꺼꺽꺾껀껄껌껍껏껐껑께껙껜껨껫껭껴껸껼꼇꼈꼍꼐꼬꼭꼰꼲꼴꼼꼽꼿꽁꽂꽃꽈꽉꽐꽜꽝꽤꽥꽦꽨꽩꽬꽹꾀꾄꾈꾐꾑꾕꾜꾸꾹꾼꿀꿇꿈꿉꿋꿍꿎꿔꿜꿨꿩꿰꿱꿴꿸뀀뀁뀄뀌뀐뀔뀜뀝뀨끄끅끈끊끌끎끓끔끕끗끙끝끼끽낀낄낌낍낏낑나낙낚난낟날낡낢남납낫났낭낮낯낱낳내낵낸낼냄냅냇냈냉냐냑냔냘냠냥너넉넋넌널넒넓넘넙넛넜넝넣네넥넨넬넴넵넷넸넹녀녁년녈념녑녔녕녘녜녠노녹논놀놂놈놉놋농높놓놔놘놜놨뇌뇐뇔뇜뇝뇟뇨뇩뇬뇰뇹뇻뇽누눅눈눋눌눔눕눗눙눠눴눼뉘뉜뉠뉨뉩뉴뉵뉼늄늅늉느늑는늘늙늚늠늡늣능늦늪늬늰늴니닉닌닐님닙닛닝닢다닥닦단닫달닭닮닯담답닷닸당닺닻닿대댁댄댈댐댑댓댔댕댜더덕덖던덛덜덞덟덤덥덧덩덪덫덮데덱덴델뎀뎁뎃뎄뎅뎌뎐뎔뎠뎡뎨뎬도독돈돋돌돎돐돔돕돗동돛돝돠돤돨돼됐되된될됨됩됫됴두둑둔둘둠둡둣둥둬뒀뒈뒝뒤뒨뒬뒵뒷뒹듀듄듈듐듕드득든듣들듦듬듭듯등듸디딕딘딛딜딤딥딧딨딩딪따딱딴딸땀땁땃땄땅땋때땍땐땔땜땝땟땠땡떠떡떤떨떪떫떰떱떳떴떵떻떼떽뗀뗄뗌뗍뗏뗐뗑뗘뗬또똑똔똘똥똬똴뙤뙨뚜뚝뚠뚤뚫뚬뚱뛔뛰뛴뛸뜀뜁뜅뜨뜩뜬뜯뜰뜸뜹뜻띄띈띌띔띕띠띤띨띰띱띳띵
```

그림 4-82 **KS-1001 완성형 한글 문자셋**

Font 폴더 만들기

콘텐츠 브라우저에서 [생성 ➡ 새폴더] 메뉴를 실행해서 폴더를 하나 만든 다음 이름을 Fonts로 바꾼다.

3⃣ 폰트 애셋 추가

콘텐츠 브라우저에서 [생성➡유저 인터페이스➡폰트]
메뉴를 실행하면 NewFont가 만들어지므로 이름을
적당히 바꾼다. 여기에서는 MyFont로 하였다.

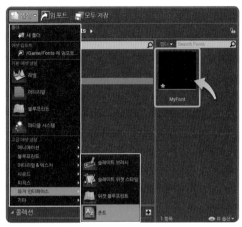

그림 4-83 폰트 애셋 만들기

4⃣ 폰트 에디터에 글꼴 추가

앞에서 만든 MyFont를 더블클릭하면 폰트 에디터가 열린다. 디테일 탭의 Font
Cache Type을 Offline으로 설정하면 글꼴 창이 나타나므로 추가할 글꼴과 크기를 지
정한다.

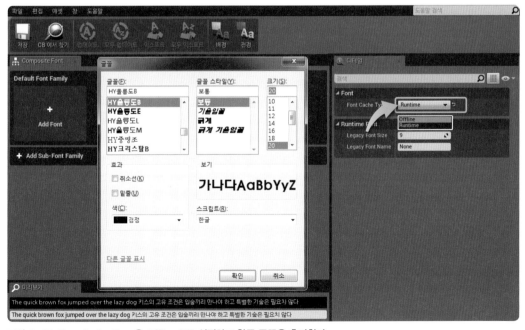

그림 4-84 **Font Cache Type을 Offline으로 설정하고 한글 글꼴을 추가한다**

5 한글 문자셋 설정

디테일 탭의 Import Options 카테고리를 열면 Chars 속성이 있는데, 여기에 앞에서 복사해 둔 한글 문자셋을 붙여 넣는다. 그 아래에 있는 Texture Page Width와 Texture Page Max Height 속성은 각각 1024로 입력한다. 이것은 비트맵으로 변환할 한글 문자셋 이미지의 크기(픽셀)이다. 속성을 모두 입력한 후 [애셋 ➡ 리임포트 MyFont] 메뉴를 실행하면 한글 문자셋이 폰트 에디터에 표시될 것이다. 디테일 탭의 다른 속성을 변경한 후에는 [애셋 ➡ 리임포트 MyFont] 메뉴를 다시 실행해야 한다. 제대로 되었으면 [저장] 버튼으로 작업한 내용을 저장한 후 폰트 에디터를 닫는다.

그림 4-85 한글 문자셋과 **Page** 크기를 설정한 상태

6 텍스트 렌더에 한글 글꼴 설정

앞에서 만든 텍스트 렌더의 Font 속성을 MyFont로 바꾸면 그나마 보이던 영문도 깨져버린다. 이것은 글꼴에 적용된 머티리얼의 문제이다. Font 바로 위의 Text Material에 마우스를 이동하면 현재 사용한 글꼴에 적용된 머티리얼 이름이 표시된다. 머티리얼의 이름은 DefaultTextMaterialOpaque인데, 이것은 엔진의 콘텐츠이다.

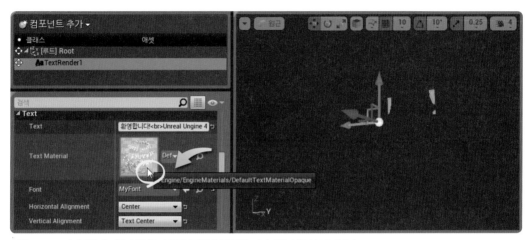

그림 4-86 머티리얼에 마우스를 올려 두면 글꼴에 적용된 머티리얼 이름이 나타난다

7 머티리얼 찾기

콘텐츠 브라우저에서 [뷰 옵션 ➡ 엔진 콘텐츠 표시] 옵션을 설정하면 [Engine] 폴더가 표시된다. [Engine] 폴더를 선택하고 검색어로 'DefaultText'를 입력하면 텍스트 머티리얼을 모두 찾을 수 있다. 목록의 첫 번째에 있는 것이 우리가 찾는 머티리얼이다.

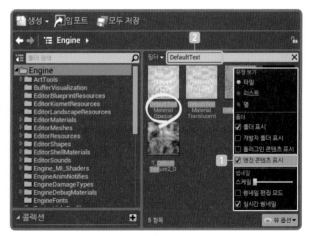

그림 4-87 글꼴에 적용된 머티리얼

8 머티리얼 복사

이 머티리얼을 수정해야 하는데, 엔진 콘
텐츠는 다른 프로젝트에 영향을 줄 수 있
으므로 이것을 복사한 후 수정할 것이다.
DefaultTextMaterialOpaque를 앞에서
만들어 둔 [Fonts] 폴더로 드래그한 후
단축 메뉴의 복사를 선택한다.

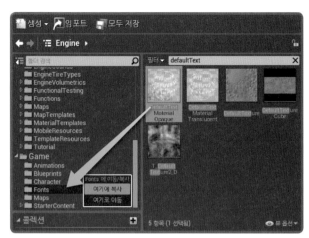

그림 4-88 머티리얼을 Fonts 폴더로 복사한다

9 머티리얼 수정

콘텐츠 브라우저의 뷰 옵션과 검색어를 해제한 후, [Fonts] 폴더에 복사해 둔 머티리얼
의 이름을 MyFontMaterial로 바꾸고 이것을 더블클릭해서 머티리얼 에디터를 연다. 머
티리얼의 Font 속성을 앞에서 추가해 둔 MyFont로 바꾸고, 그래프에 있는 Font 노드의
빨간 핀에 연결된 선을 끊고 맨 아래의 흰색으로 연결한다. 흰색 핀을 Alpha 핀에 연결
하면 빨간색 핀에 연결된 흐름선은 자동으로 끊어진다. 미리보기 창에 한글이 표시된
공이 보이면 제대로 된 것이다. [저장] 버튼으로 저장하고 머티리얼 에디터를 닫는다.

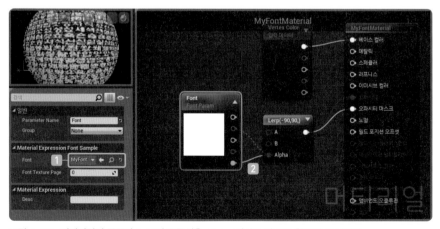

그림 4-89 머티리얼의 글꼴과 노드의 흐름선을 Alpha 채널로 바꾸면 한글이 표시된다

🔟 텍스트 렌더의 머티리얼 설정

텍스트 렌더의 Text Material을 앞에서 수정한 MyFontMaterial로 설정하면 한글과
영문이 제대로 표시될 것이다.

그림 4-90 수정한 머티리얼을 적용하면 한글과 영문이 모두 표시된다

🔢 시스템 글꼴 설정

텍스트 렌더와 같은 애셋은 글꼴을 바꿀 수 있으므로 문제가 없지만, Print String
과 같이 시스템 글꼴을 사용하는 애셋에 한글 글꼴을 적용하려면 시스템 폰트를 바
꾸어야 한다. 언리얼 에디터에서 [편집➡프로젝트 세팅] 메뉴를 실행하면 프로젝트 세
팅 창이 열릴 것이다. 엔진/일반 세팅에 시스템 폰트를 설정하는 부분이 있다. Print
String은 Small Font를 사용하므로 우선 그 부분을 변경하고 테스트한다.

그림 4-91 프로젝트 세팅창에서 시스템 글꼴을 변경한다

시스템 글꼴은 언리얼 에디터가 시작될 때 적용되므로 시스템 글꼴을 바꾼 후에는 언리얼 엔진을 다시 시작해야 한다. 다음은 Print String의 출력이 앞에서 추가한 글꼴로 표시되는 예이다.

그림 4-92 텍스트 렌더와 Print String의 출력이 추가한 글꼴로 표시된다

12 한글 글꼴과 머티리얼의 이주

프로젝트에서 한글을 사용할 때마다 위와 같은 절차를 거치는 것은 매우 번거로운 작업일 것이다. 앞에서 추가한 글꼴과 머티리얼을 다른 프로젝트에서 사용할 경우에는 콘텐츠 브라우저에서 [Fonts] 폴더를 우클릭하고 [이주] 메뉴를 실행하면 글꼴과 머티리얼을 복사받을 프로젝트를 선택할 수 있다. 따라서 해당 프로젝트의 [Content] 폴더를 지정하면 [Fonts] 폴더가 통째로 복사될 것이다.

 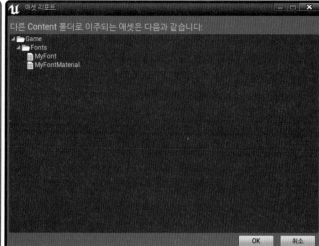

그림 4-93 **한글 글꼴과 머티리얼의 이주**

참고 **텍스처의 크기**

텍스처[Texture]는 게임에서 사용하는 각종 비트맵 이미지이다. 텍스처를 화면에 표시할 때 텍스처의
크기가 2의 제곱수(32, 64, 128, 256, 512, …)이면 GPU의 가속 기능을 사용할 수 있으므로 처리
속도가 빨라진다. 한글 폰트 텍스처를 만들 때 설정한 Texture Page Width가 여기에 해당한다.
안드로이드나 아이폰 등 모바일 디바이스는 OS에 따라 사용할 수 있는 텍스처의 크기를 제한해
둔 것도 있으므로 2048×2048보다 큰 이미지는 여러 개로 잘라서 사용하는 것이 좋다.

지금까지 작업한 과정은 다음 사이트에서 동영상으로 볼 수 있다.

 ▶ http://youtu.be/suLB3D4d374

4.12 Physics와 액터 Spawn

피직스Physics는 액터의 물리적인 속성이고, Spawn은 게임 실행 중에 액터를 씬에 추가하는 것이다. 이를테면, 총알이나 화살 등의 액터를 발사하는 것도 모두 Spawn이다. 이 장에서는 F키를 누를 때마다 통통 튀어 오르는 공을 생성하는 블루프린트를 작성해 본다.

1 씬에 공 추가

씬의 허공에 공을 하나 추가한 후, 모빌리티 속성을 무버블로 설정하고 적당한 머티리얼로 매핑한다. 게임을 실행하면 공이 달처럼 공중에 떠 있다. 공에 물리 효과가 작용하지 않아 중력의 영향을 받지 않기 때문이다.

그림 4-94 중력의 영향을 받지 않은 액터는 추락하지 않는다

2 공의 Physics 속성 설정

게임을 중지하고, 공을 선택한 후 Physics/Simulate Physics 속성을 켠다. 이 속성에는 표 4-5와 같은 세부적인 항목이 있다.

표 4-5 액터의 물리 속성

속 성	기 능
Simulation Physics	액터의 운동에 물리적인 계산을 하는지 여부
Start Awake	게임을 시작할 때 물리 처리를 하는지 여부
Enable Gravity	중력 사용 여부
Mass Scale	물체의 질량 스케일
Angular Damping	액터의 굴림 저항
Linear Damping	액터의 선형 운동 저항
Max Angular Velocity	최대 굴림 속도

그림 4-95 액터의 물리 속성

Simulate Physics 속성을 설정하고 게임을 실행하면 공이 중력의 영향으로 추락해서 바닥으로 떨어지는 것을 볼 수 있다. 공에 반발력이 없으므로 바닥과 충돌할 때 튀어 오르지는 않는다. 이제 공에 반발력을 추가할 것이다.

3 피지컬 머티리얼 만들기

피지컬 머티리얼은 액터에 물리적인 작용을 추가하는 머티리얼이다. 콘텐츠 브라우저에서 [생성➡피직스➡피지컬 머티리얼] 메뉴를 실행하고, 새로운 머티리얼이 만들어지면 이름을 Bouncy로 바꾼 후 더블클릭해서 속성 창을 연다. 이 속성 중 반발력이 가장 중요하므로 Restitution을 1.2 정도로 설정한다. 이 값이 클수록 높이 튀어 오른다.

표 4-6 피지컬 머티리얼 속성

속 성	기 능
Friction	마찰 계수
Friction Combine Mode	마찰 적용 방법(Average, Min, Multiply, Max)
Override Friction Combine Mode	마찰 방법 적용 여부
Restitution	반발력
Density	밀도
Raise Mass to Power	질량에 곱해지는 값

3 공에 피지컬 머티리얼 설정

피지컬 머티리얼은 Phys Material Override 속성에서 설정한다. 액터에 피지컬 머티리얼을 적용하면 콜리전 프리셋이 PhysicsActor로 바뀐다.

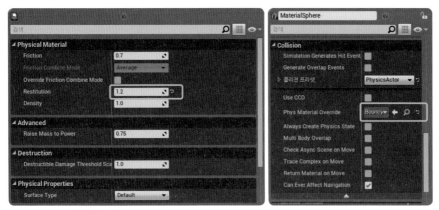

그림 4-96 피지컬 머티리얼과 콜리전의 피지컬 머티리얼 속성

이제 게임을 실행하면 공이 바닥과 충돌한 후 위로 튀어 오르는 것을 확인할 수 있다.

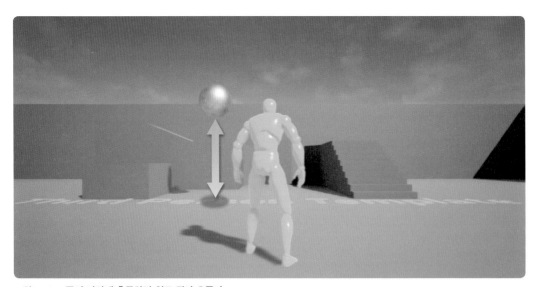

그림 4-97 공이 바닥에 충돌하면 위로 튀어 오른다

4 공을 블루프린트 액터로 만들기

공을 선택하면 디테일 탭의 맨 아래에 **[복합 블루프린트로 대체]** 버튼이 나타난다. 이 버튼을 누르면 씬에 설치한 공을 블루프린트 액터로 만들어주므로 블루프린트 이름을 BounceBall로 입력한다.

그림 4-98 **씬의 공을 블루프린트 액터로 만든다**

공에 대한 이벤트는 필요하지 않으므로 블루프린트 에디터가 열리면 블루프린트를 컴파일하고 저장한 후 에디터를 닫고 씬에 추가한 공도 삭제한다.

5 씬에 타겟 포인트 추가

[모드 ➡ 기본/타겟 포인트]를 하나 씬에 추가한다. 타겟 포인트는 공이 나타날 위치를 설정하는 데 사용할 것이므로 삭제한 공이 있던 위치에 배치한다.

6 레벨 블루프린트 작성

레벨 블루프린트를 열고 F키를 누를 때마다 타겟 포인트에서 BounceBall을 Spawn 하도록 그래프를 만든다.

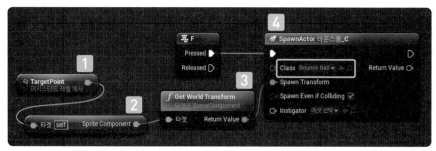

그림 4-99 F 키를 누르면 Target 포인트 위치에 BounceBall을 만드는 그래프

1️⃣ 씬 아웃라이너에서 TargetPoint를 드래그하여 Get 노드로 만든다.

2️⃣ 형변환^{Type Casting} 노드이므로 1️⃣을 3️⃣에 연결하면 자동으로 추가된다.

3️⃣ 검색어로 'transform'을 입력하고 '맥락 의존적' 옵션을 끄면 추가할 수 있다.

4️⃣ 검색어로 'spawn'을 입력한 후 '클래스에서 액터 스폰' 노드를 추가한다. Class에는 BounceBall을 지정한다.

이제 게임을 실행하고 F 키를 누르면 TargetPoint 위치에서 공이 나타나서 땅으로 떨어진다. 그런데 F 키를 계속 누르면 공이 한 줄로 쌓이면서 튀어 오를 것이다.

그림 4-100 공이 한 줄로 쌓이면서 튀어 오른다

이것은 공의 질량과 무게중심이 완전히 똑같아서 생기는 현상이다. 블루프린트 액터로 만들어 둔 BounceBall을 더블클릭해서 블루프린트 에디터를 열고, 컴포넌트 탭에

서 공의 무게중심을 조금 옮겨준다. Physics 카테고리를 확장시키면 Center Of Mass Offset이 (0, 0, 0)으로 되어 있으므로 (0.1, 0.1, 0.1) 정도로 변경시킨다.

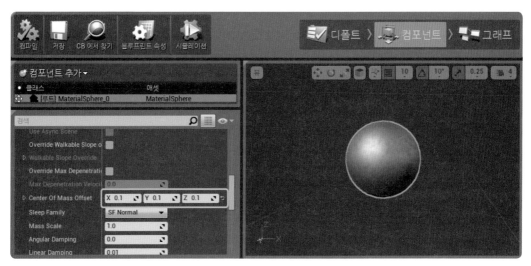

그림 4-101 **컴포넌트의 무게중심을 변경한다**

이제 게임을 실행한 후 F키를 누르면 충돌한 공이 랜덤으로 흩어질 것이다.

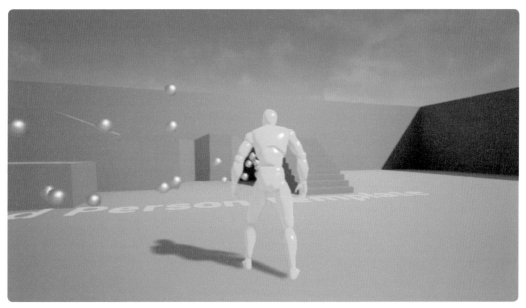

그림 4-102 **공이 충돌하면 랜덤하게 흩어진다**

제 5 장

액터 움직이기

이 장의 개요 — 이 장부터는 게임에서 사용하는 기능과 게임의 구성 요소를 만드는 등의 세부적인 과정을
다룬다. 이 장은 씬의 구성과 3D 오브젝트를 프로젝트에 추가하고 제어하는 세부적인
과정에 대한 설명이다. 모바일 플랫폼에서 달라진 부분은 별도로 설명할 것이다.

5.1 새 프로젝트 시작

지금부터 만들 게임은 빈 프로젝트에서 시작한다. 게임의 주제가 아파치 전투 헬기이므로 프로젝트 이름을 Apache로 정했다.

그림 5-1 새 프로젝트 시작

5.1.1 새 레벨 만들기

새로운 프로젝트가 만들어지면 [**파일➡새 레벨**] 메뉴를 실행해서 새로운 레벨을 만든다. 레벨의 종류는 Default를 선택한다.

그림 5-2 새로 만들 레벨의 종류와 새로 만들어진 레벨

새로운 레벨이 만들어지면 [**저장**] 메뉴를 실행해서 레벨을 저장한다. 레벨을 저장할 폴더는 [**StarterContent**] 폴더를 지정한다. 여기에 미리 만들어져 있는 레벨이 몇 개 있다. 새로 만든 레벨의 이름은 Apache로 저장한다.

그림 5-3 레벨 저장

5.1.2 프로젝트 세팅

[편집➡프로젝트 세팅] 메뉴를 실행해서 [프로젝트 세팅] 창을 연다. 맵&모드 카테고리에 기본으로 사용할 맵을 설정하는 항목이 있으므로 두 군데 모두 Apache를 지정한다. 이것을 설정해 두면 다음에 Apache 프로젝트를 불러오면 Apache 맵이 로딩될 것이다. 프로젝트 세팅 창에는 별도의 저장 버튼이 없으므로 설정이 끝나면 프로젝트 세팅 창을 닫는다.

그림 5-4 **프로젝트의 디폴트 맵 설정**

5.1.3 리소스 폴더 만들기

게임의 리소스를 종류별로 저장하면 관리하기가 편하다. 콘텐츠 브라우저에서 [생성➡새 폴더] 메뉴를 실행하면 폴더를 만들 수 있다. 폴더는 다음과 같은 구조로 만들 것이다. 폴더를 만든 후 Ctrl+S 키를 눌러 작업 내용을 모두 저장한다.

그림 5-5 **폴더의 구조**

5.1.4 게임 리소스 다운로드

게임에 필요한 리소스를 다운로드한다.

(리소스 다운로드 URL) http://afterglow.co.kr [자료실 ➡ Unreal Engine Resource]

다운로드한 파일의 압축을 풀면 다음과 같은 파일이 있다.

이름	유형	크기
Apache.FBX	fbxfile	365KB
BGM.wav	웨이브 사운드	16,690KB
Camouflage.tga	TGA 파일	769KB
Gameover.wav	웨이브 사운드	865KB
RotorSound.wav	웨이브 사운드	511KB

그림 5-6 **다운로드한 파일 목록**

wav 파일은 게임의 배경음악과 효과음이므로 [**Audio**] 폴더에 추가하고, tga 파일은 아파치 헬기를 매핑할 텍스처이므로 [**Textures**] 폴더에 추가한다. 탐색기에서 위의 파일을 폴더로 끌어다 두면 임포트될 것이다. 다음은 언리얼 엔진에서 사용할 수 있는 리소스 파일의 종류이다.

표 5-1 **언리얼 엔진에서 사용할 수 있는 파일 포맷**

리소스	확장자	용 도
3D Object	FBX	Static Mesh
2D Image	jpg, png, tga, bmp, psd, raw, r16, hdr 등	텍스처, UI
Audio	WAV	사운드

참고 ▶ **리소스 파일의 한글 이름**

한글 이름의 리소스 파일을 사용하면 PC 플랫폼에서는 문제가 없지만, 모바일에서는 리소스가 화면에 표시되지 않는 문제가 있으므로 모바일용 게임을 만들 경우에는 한글 이름을 사용하지 않아야 한다.

5.1.5 FBX 파일 Import

언리얼 엔진은 3D 오브젝트의 형식으로 FBX 파일을 사용한다. 인터넷 등에서 구한 3ds 파일이나 max 파일은 일단 FBX 파일로 변환해야 읽을 수 있다. 압축을 풀어 둔 Apache.FBX 파일을 [Meshes] 폴더로 끌고 와서 FBX 파일을 Import한다. [FBX 임포트 옵션] 창이 나타나면 Mesh 카테고리의 Combine Meshes메시 합침 옵션을 해제한다. 이 옵션을 해제하지 않으면 3D 모델이 한 덩어리로 임포트되므로 모델의 부품을 개별적으로 작동시킬 수 없게 된다.

다음 그림과 같이 속성을 설정하고 [모두 임포트] 버튼을 누르면 폴더에 스태틱 메시와 머티리얼이 추가된다. 모두 세 개의 스태틱 메시와 8개의 머티리얼이 보이면 정상적으로 임포트된 것이다.

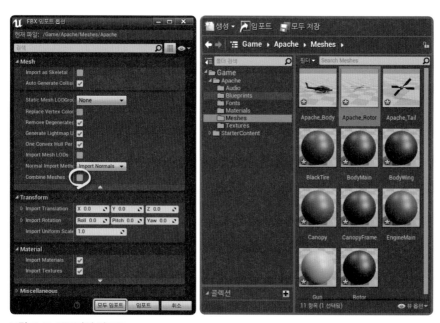

그림 5-7 **FBX 파일 임포트**

아파치 헬기는 본체Body, 로터Rotor, 꼬리날개Tail 세 부분으로 구성되어 있다. Combine Meshes메시 합침 옵션을 사용하지 않았으므로 각각의 구성품이 별개의 스태틱 메시로 임포트된다. FBX 파일과 함께 임포트된 머티리얼은 모두 [Materials] 폴더로 옮겨 둔다.

3D 모델링 툴에서 Export하기 전에 모델 합치기

아파치 헬기와 같이 개별적으로 동작하는 모델은 오브젝트를 합치지 않은 상태로 FBX 파일로
Export한다. 그런데 모델링한 오브젝트를 그 상태로 FBX 파일로 변환하면 모든 부품이 독립된
오브젝트로 임포트되어 언리얼 엔진에서 분해된 부품을 다시 조립해야 하는 문제가 있다. 따라
서 핵심적인 부품 단위로 결합(Attach 또는 Join)한 후 Export한다. 앞에서 사용한 아파치 헬기의
경우 본체와 로터, 꼬리날개로 구분해서 각각의 부품을 합친 후에 FBX 파일로 변환한 것이다.

5.1.6 메시 에디터

스태틱 메시를 더블클릭하면 메시 에디터가 나타난다. 앞에서 추가한 Apache_Body
를 더블클릭해서 메시 에디터를 연다. 메시 에디터의 오른쪽에는 스태틱 메시에 사
용된 머티리얼 리스트가 표시된다.

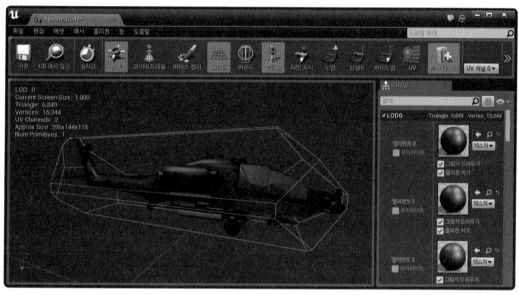

그림 5-8 스태틱 메시 에디터

1 동체의 콜리전 바꾸기

콜리전은 충돌을 감지하기 위해 스태틱 메시에 설정한 충돌 감지 구역으로, 사람에 비유하면 피부에 해당한다. 스태틱 메시를 임포트하면 기본적으로 26면체 단순화 콜리전이 설정되어 있는데, 이것을 바꿀 것이다.

[**콜리전 ➡ 콜리전 제거**] 메뉴를 실행해서 기존의 콜리전을 제거한 후 [**콜리전 ➡ 자동 컨벡스 콜리전**] 메뉴를 실행한다. 이렇게 하면 동체를 감싸는 좀 더 디테일한 콜리전을 만들 수 있다. 콜리전이 만들어지면 [**저장**] 버튼을 눌러 변경한 내용을 저장한다. 맥의 OS X에서 자동 컨벡스 콜리전을 설정하면 에러가 발생하는 경우가 있으므로 에러가 발생하면 26면체 단순화 콜리전을 사용한다.

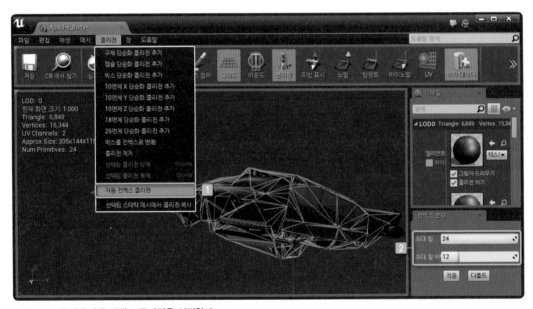

그림 5-9 동체에 자동 컨벡스 콜리전을 설정한다

2 로터와 꼬리날개의 콜리전 제거

Apache_Rotor를 더블클릭해서 메시 에디터를 연다. 로터에도 콜리전이 만들어져 있으므로 [**콜리전 ➡ 콜리전 제거**] 메뉴를 실행해서 콜리전을 제거한다. 같은 방법으로 꼬리날개^{Apache_Tail}도 콜리전을 제거한다. 로터와 꼬리날개의 콜리전을 제거하는 것은 로터와 꼬리날개가 회전할 때 아파치 헬기의 동체와 불필요한 충돌 이벤트가 발생하지 않도록 하기 위해서이다.

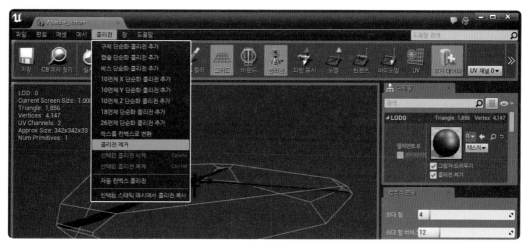

그림 5-10 아파치 헬기 로터의 콜리전 제거

3 로터와 꼬리날개의 피벗 확인

피벗Pivot은 스태틱 메시의 기준점이며, 회전하는 물체의 회전축이다. [피벗 표시] 버튼
을 누르면 스태틱 메시의 피벗이 표시되므로 피벗이 로터와 꼬리날개의 중심에 맞는
지 확인한다. 로터와 꼬리날개는 피벗의 축을 중심으로 회전할 것이므로 피벗이 로
터나 꼬리날개의 중심에 있지 않으면 회전할 때 마구 흔들릴 것이다. 언리얼 엔진에
는 피벗을 이동하는 기능이 없으므로 피벗이 맞지 않은 FBX 파일은 3D 모델링 툴에
서 피벗을 맞춘 후 다시 임포트해야 한다.

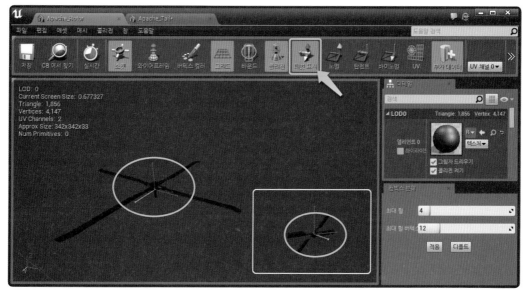

그림 5-11 로터와 꼬리날개의 피벗이 회전축에 정렬되어 있다

3D 모델링 툴에서 피벗 맞추기

아파치 헬기의 동체와 로터, 꼬리날개와 같이 각각의 부품이 개별적으로 회전하는 모델은 모든 부품의 피벗을 기준점에 맞춘 후 FBX 파일로 변환해야 한다. 모델링 툴에서 모델링할 때는 각각의 부품에 피벗이 적용되지만, FBX 파일로 변환한 후 언리얼 엔진으로 가져오면 모든 부품이 하나의 피벗을 공유한다. 따라서 기준이 되는 부품은 피벗이 중심에 있지만, 다른 부품은 피벗이 중심에서 벗어나 있다.

이와 같은 문제를 해결하려면 3D 모델을 디자인한 후 각 부품의 피벗 위치를 (0, 0, 0)으로 설정하고, 각각의 오브젝트를 피벗을 기준으로 정렬한 후 익스포트한다. 아파치 헬기는 3ds Max의 경우 다음 그림과 같은 상태가 될 것이다.

그림 5-12 동체와 로터, 꼬리날개의 **Pivot**을 일치시킨 후 익스포트한다(**3ds Max**)

5.2 폰 블루프린트 만들기

3D 오브젝트의 작업이 끝났으므로 이제 블루프린트 액터를 만든다. 폰^{Pawn} 블루프린트는 마우스나 키보드로 제어할 수 있는 블루프린트 액터로, 비행기, 자동차, 우주선 등 게임에서 플레이어가 직접 조종하는 액터이다. 이 장에서 만들 아파치 헬기는 키보드와 마우스로 조종할 것이므로 폰 블루프린트로 만든다.

5.2.1 아파치 헬기 블루프린트 만들기

[블루프린트 ➡ 새 클래스 블루프린트] 메뉴를 실행하고 부모 클래스를 폰으로 선택한다. 대상 폴더를 [Apache/Blueprints]로 지정한 후 이름을 Apache로 작성한다.

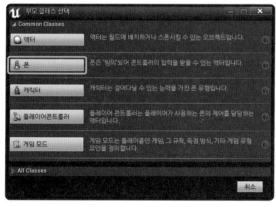

그림 5-13 폰 블루프린트 액터 만들기

1 아파치 Body 추가

콘텐츠 브라우저에서 Apache_Body를 컴포넌트 목록으로 끌고 오면 스태틱 메시로
추가될 것이다. 스태틱 메시가 추가되면 이름을 Body로 바꾼다. 이것이 Root이다.
아파치 헬기는 크기를 조절할 필요가 없으므로 가상의 Root를 사용하지 않는다.

그림 5-14 아파치 헬기 본체 추가

2 Body의 충돌 이벤트와 콜리전 프리셋 설정

추후 아파치 헬기가 충돌Hit이나 겹침Overlap에 반응할 수 있도록 Body의 Simulation
Generates Hit Events와 Generate Overlap Events 옵션을 켜고, Collision/콜리전 프리셋을
Pawn으로 설정한다. 다른 옵션은 기본값을 사용할 것이므로 추가로 설정할 사항은
없다. 콜리전 프리셋은 충돌에 관련된 사항으로 제4장에서 설명한 바 있다.

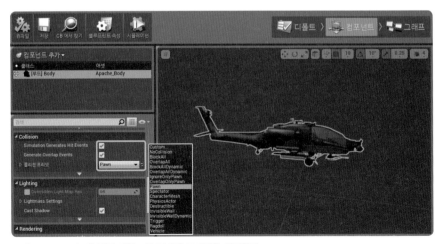

그림 5-15 Body의 충돌 이벤트와 콜리전 프리셋을 설정한다

3 로터와 꼬리날개 추가

같은 방법으로 Apache_Rotor를 추가하고 이름을 Rotor로 바꾼다. 현재 Body가 Root 이므로 Rotor는 Body의 하위 컴포넌트로 등록된다. 같은 방법으로 꼬리날개도 추가하고 이름을 Tail로 바꾼다. Tail도 Body의 하위 컴포넌트로 등록될 것이다. Rotor와 Tail은 콜리전을 제거한 상태이므로 콜리전 프리셋을 NoCollision으로 설정한다. 굳이 NoCollision으로 설정하지 않아도 콜리전이 없으므로 충돌 이벤트는 발생하지 않는다.

그림 5-16 로터와 꼬리날개를 추가한 상태

4 아파치 헬기 결합

로터와 꼬리날개의 위치 속성을 각각 (64.5, 0, 37.5), (−165.5, −13, 40)으로 설정해서 아파치 헬기를 결합한다. 결합이 끝나면 [컴파일] 버튼을 누른 후 저장한다.

그림 5-17 아파치 헬기를 결합한 상태

Apache 블루프린트를 씬에 배치하면 다음 그림과 같이 보일 것이다. 아파치 헬기가 전방(x축)을 향하고 있어야 한다.

그림 5-18 **Apache 블루프린트를 씬에 배치한 상태**

언리얼 엔진으로 임포트할 3D 오브젝트는 특별한 경우가 아니면 항상 x축을 향하도록 디자인해야 한다. 3ds Max나 Maya 등의 모델링 툴은 대부분 y축이 전방으로 되어 있으므로 모델의 축을 변환하지 않고 곧바로 임포트하면 오브젝트가 y축을 향한 상태로 나타난다. 이런 오브젝트는 블루프린트를 만들 때 Scene 등 눈에 보이지 않는 컴포넌트를 루트로 설정한 후 오브젝트를 추가하고, 오브젝트를 z축으로 90°(또는 -90°) 회전시켜서 x축을 향하도록 설정한다.

5.2.2 로터와 꼬리날개 회전

로터와 꼬리날개의 회전은 타임라인으로 처리한다.

1 타임라인 추가

Apache 블루프린트를 더블클릭하고 블루프린트 이벤트 그래프에 타임라인을 하나 추가한 후 이름을 로터 회전으로 바꾼다. 타임라인을 더블클릭해서 타임라인 그래프를 열고 float 트랙을 하나 추가하고 이름을 회전 각도로 설정한다.

2 로터의 회전 속도 설정

로터는 0.4초에 1회전, 꼬리날개는 0.4초에 2회전시킬 것이다. Shift 키를 누르고 타임라인을 클릭해서 트랙에 키 프레임을 두 개 추가하고 시간과 값을 각각 (0, 0), (0.4, 360)으로 설정한다. 트랙의 길이를 0.4초로 설정하고 자동재생과 루프를 설정하면 작업 끝이다. 회전 속도는 트랙의 길이와 두 번째 키 프레임의 시간으로 조절할 수 있다. 예를 들어, 트랙의 길이를 0.8, 두 번째 키 프레임을 (0.8, 360)으로 설정하면 회전 속도가 절반이 될 것이다. 이 부분은 테스트해 보고 각자 적당한 값으로 설정하기 바란다.

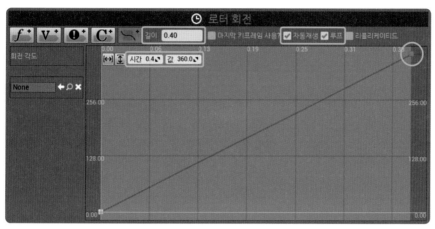

그림 5-19 타임라인 트랙의 키 프레임 설정

3 이벤트 그래프 작성

이제 이벤트 그래프를 작성한다. 타임라인의 회전 각도를 로터와 꼬리날개의 회전량 Rotation으로 변환하는 과정이다. 회전 각도는 float이므로 이것을 Rotation으로 변환하는 Make Rot 노드가 필요하다. 로터는 z축 회전이므로 Yaw, 꼬리날개는 y축 회전이므로 Pitch이다. 꼬리날개는 로터의 두 배 속도로 회전시킬 것이므로 타임라인 트랙의 값에 2를 곱한 것을 회전각으로 설정한다. 다음은 완성된 이벤트 그래프이다.

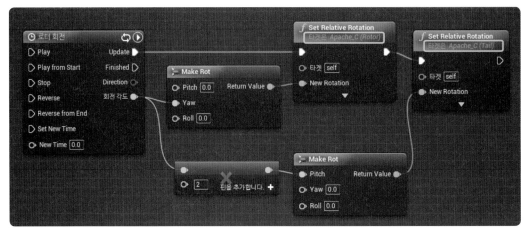

그림 5-20 **로터와 꼬리날개를 회전시키는 이벤트 그래프**

위 그래프의 Set Relation Rotation은 검색어로 'Rotation'을 입력하면 Rotor와 Tail 노
드가 별도로 마련되어 있으므로 각각 추가한다. 이제 블루프린트를 컴파일하고 게
임을 실행하면 아파치 헬기의 로터와 꼬리날개가 돌아가는 것을 확인할 수 있을 것
이다.

그림 5-21 **아파치 헬기의 로터와 꼬리날개가 돌아가고 있지만 그림에는 표시되지 않았다**

5.2.3 스프링 암과 카메라

아파치 헬기 뒤에 카메라를 추가해서 아파치 헬기의 이동 경로로 카메라가 따라오
도록 설정할 것이다. 컴포넌트 탭에서 작업한다.

1 Spring Arm 설치

스프링 암은 액터와 카메라를 연결하는 지지대 역할을 하는 컴포넌트로, 스프링 암
의 길이와 회전 방향에 따라 카메라에 비치는 화각이 달라진다. [컴포넌트 추가] 버튼
을 누른 후 Camera/Spring Arm을 하나 추가하고 Camera/Target Arm Length를 600
으로 설정한다. 아파치 헬기 뒤에 빨간 선이 표시된다. Target Arm Length는 카메라
와 액터의 거리이다. 이 값을 크게 주면 씬의 액터가 작게 표시되고, 값을 줄이면 그
만큼 크게 보일 것이므로 게임을 실행해 가면서 적당한 값을 설정하면 될 것이다.

2 카메라 설치

같은 방법으로 컴포넌트 추가/Camera/Camera를 하나 추가한 후 컴포넌트 목록의
Camera1을 SpringArm1로 끌고 가서 카메라를 스프링 암의 하위 컴포넌트로 만든
다. Camera1의 위치를 (0, 0, 0)으로 설정하면 카메라가 스프링 암의 끝에 설치된
다. 카메라가 폰의 컨트롤러를 사용하지 않도록 Camera Settings/Use Pawn Control
Rotation 속성이 꺼져 있는지 확인한다. 이 속성이 꺼져 있어야 액터가 회전할 때 카
메라도 함께 회전한다.

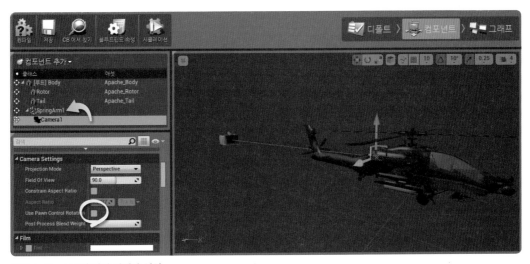

그림 5-22 **스프링 암과 카메라 설치**

씬에 설치한 아파치 헬기를 클릭하면 앞에서 추가한 카메라에 비치는 화면이 표시될 것이다. 아직은 게임을 실행해도 설치한 카메라는 작동하지 않는다. 다음은 씬 바닥의 스케일을 (50, 50, 1)로 키우고 StarterContent/Materials/M_Ground_Moss 머티리얼로 매핑한 레벨 화면이다.

그림 5-23 아파치 헬기 뒤의 카메라에 비치는 화면(작은 사각형)

5.2.4 스프링 암의 회전과 게임 뷰

스프링 암을 회전시키면 카메라의 위치와 각도가 달라지므로 액터를 다양한 각도로 표시할 수 있다.

1 y축 회전(Pitch)

스프링 암을 y축으로 회전하면 카메라의 높이가 달라져서 카메라의 화각이 변한다. 다음 그림은 스프링 암의 y축 회전 각도를 각각 (20, 0, −20, −40, −60)으로 설정하고 게임을 실행한 화면이다. 아파치 헬기의 위치는 변함이 없지만 카메라가 보는 시점이 달라진다. 아직은 게임 모드 블루프린트를 작성하지 않았으므로 여러분은 아파치 헬기를 클릭한 후 작은 화면으로 확인해야 할 것이다.

그림 5-24 **스프링 암을 y축으로 회전하면 카메라의 시점이 달라진다**

② z축 회전(Yaw)

스프링 암을 z축으로 회전하면 액터의 진행 방향을 바꾸어 표시할 수 있다. 다음은 스프링 암의 회전 각도를 z축으로 각각 (90, 30, 0, −30, −90)으로 설정하고 게임을 실행한 화면이다.

그림 5-25 **스프링 암을 z축으로 회전하면 액터의 진행 방향이 바뀐다**

③ x축 회전(Roll)

스프링 암을 x축으로 회전하면 카메라가 좌우로 회전하므로 지평선이 좌우로 기울어지는 효과가 있다. 액터가 좌우로 회전할 때 스프링 암을 x축으로 조금 회전시켜 주면 훨씬 입체감 있는 화면을 만든다. 다음 그림은 스프링 암을 x축으로 각각 (−30, −15, 0, 15, 30) 회전시킨 후 게임을 실행한 화면이다.

그림 5-26 **스프링 암을 x축으로 회전하면 액터와 지평선이 함께 회전한다**

4 액터의 수직 위치 설정

스프링 암에 회전을 주지 않으면 액터가 화면 한가운데에 표시된다. 게임 화면에 표시되는 액터의 수직 위치를 이동할 경우에는 스프링 암의 y축 회전 각도와 Target Offset의 z축 값을 조절한다. 다음 그림은 y축의 회전 각도와 Target Offset의 z축 값을 각각 (0, 0), (10, 200), (20, 400), (25, 500)으로 설정한 화면이다.

그림 5-27 **스프링 암의 회전각과 Offset에 의한 아파치 헬기의 위치 변화**

액터를 어느 방향으로 이동할 것인가는 게임을 기획할 때 결정할 문제이지만, 블루프린트 액터를 만든 후 스프링 암의 길이와 회전 각도, 타겟 오프셋 등을 적절히 설정하면 액터를 다양한 방향으로 배치하고 이동할 수 있다.

5.3 배경음악과 효과음

이 장에서는 게임의 배경음악과 아파치 헬기의 로터가 회전하는 사운드를 추가한다.

1 사운드 파일의 Looping 설정

[Audio] 폴더에 임포트해 둔 사운드 파일 중 RotorSound를 더블클릭해서 사운드 속성 창을 연다. 사운드 파일이 반복해서 재생될 수 있도록 Looping을 설정하고 저장한다. 같은 방법으로 BGM 사운드도 Looping을 설정한다. BGM은 게임의 배경음악이다.

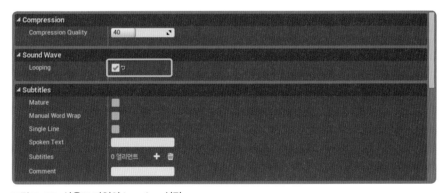

그림 5-28 사운드 파일의 Looping 설정

2 블루프린트에 Audio Component 추가

RotorSound를 블루프린트의 컴포넌트 목록으로 끌고 오면 새로운 컴포넌트로 등록
된다.

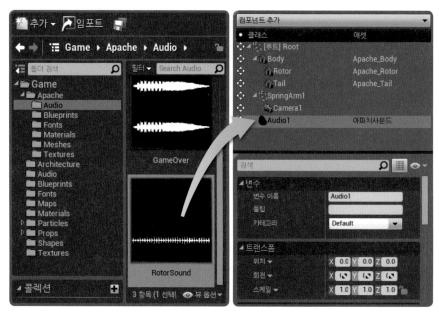

그림 5-29 **사운드 파일을 컴포넌트 목록으로 끌고 와서 컴포넌트로 추가한다**

추가한 컴포넌트 이름을 RotorSound로 바꾸고, 게임이 실행되면 오디오 컴포넌트가
자동으로 재생될 수 있도록 Auto Activate 속성을 설정한다. 사운드 파일에 Looping
을 설정한 상태이므로 반복해서 계속 실행될 것이다.

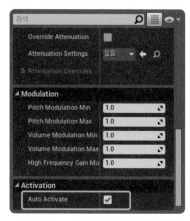

그림 5-30 **Audio 컴포넌트의 자동 실행**

3 **배경음악 추가**

게임의 배경음악으로 사용할 사운드 파일을 추가한다. 사운드 파일은 BGM이다. 이 파일을 컴포넌트 탭으로 끌고 가서 컴포넌트로 등록하고 이름을 BGM으로 변경한다. 배경음악이 너무 크지 않도록 BGM의 Volume을 0.5 정도로 낮추는 것이 좋을 것이다.

그림 5-31 배경음악의 속성

4 **게임오버 음악 추가**

게임오버가 되었을 때 사용할 파일이다. 이 파일은 반복 재생할 필요가 없으므로 Looping을 설정하지 않은 상태로 추가하고, 이름을 GameOver로 바꾼다. 볼륨을 0.8 정도로 설정하고 자동으로 실행되지 않도록 Auto Activate 속성을 해제한다.

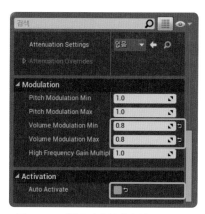

그림 5-32 게임오버 음악의 속성

이제 게임을 실행하면 아파치 헬기의 로터가 회전하는 소리와 배경음악을 들을 수 있다.

그림 5-33 게임을 실행하면 설치한 사운드가 재생되지만 아직 카메라는 작동하지 않는다

제4장의 폭발하는 공은 사운드 파일을 컴포넌트로 추가하지 않고, Play Sound at Location 노드에서 사운드 파일을 지정해서 재생했다. 사운드는 이런 방식으로도 재생하는데, 이렇게 재생한 사운드는 도중에 사운드를 바꾸거나 중지시키는 등의 기능을 사용할 수 없다. 따라서 블루프린트에서 제어할 필요가 있는 사운드는 컴포넌트에 추가를 하고, 제어할 필요가 없는 폭발음 같은 사운드는 Play Sound at Location으로 직접 재생한다.

5.4 게임 모드와 월드 세팅

게임 모드는 게임과 컨트롤러 등을 설정하는 블루프린트이고, 월드 세팅은 현재의 월드(레벨)에 대한 설정을 하는 기능이다.

1 게임 모드 블루프린트 만들기

[블루프린트 ➡ 새 클래스 블루프린트] 메뉴를 실행하고 부모 클래스를 게임 모드로 설정한다. 블루프린트 이름은 MyGameMode이다. 대상 폴더는 [Apache/Blueprints]로 설정한다.

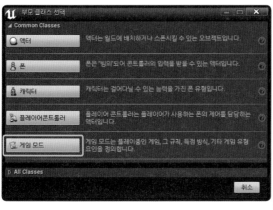
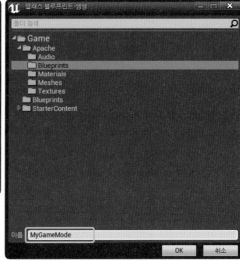

그림 5-34 게임 모드 블루프린트 만들기

이것을 더블클릭해서 블루프린트 에디터를 열고 디폴트 탭에서 Default Pawn Class를 Apache로 설정한다. 이것은 게임 실행 중에 마우스나 키보드로 조종할 액터를 지정하는 것이다.

그림 5-35 게임 모드 블루프린트의 **Default Pawn Class** 설정

게임 모드 블루프린트는 나중에 HUD를 만들 때 한 번 더 속성을 설정하겠지만, 현재로서는 더 이상 작업할 내용이 없으므로 컴파일한 후 저장하고 블루프린트 창을 닫는다.

2 월드 세팅

언리얼 에디터에서 **[세팅/월드 세팅]** 메뉴를 실행하면 디테일 탭 옆에 월드 세팅 탭이 나타난다. Game Mode/Game Mode Override 속성에 앞에서 만든 MyGameMode를 지정한다. 월드 세팅은 레벨(씬) 단위로 설정하므로 새로운 레벨을 만든 경우에는 월드 세팅을 다시 해 줄 필요가 있다.

그림 5-36 월드 세팅 탭에서 현재의 레벨에 사용할 게임 모드를 설정한다

이제 씬에 설치한 아파치 헬기를 삭제한 후 게임을 실행하면 자동으로 아파치 헬기가 나타나고, 아파치 헬기 뒤의 카메라가 작동한다. 물론 로터와 꼬리날개가 쉬지 않고 돌아가며, 로터 사운드와 배경음악도 나온다. 다음 그림은 Player Start의 위치를 (0, 0, 600)으로 설정한 후 실행한 게임 화면이다. 아직은 게임을 실행해도 아파치 헬기는 움직이지 않는다.

그림 5-37 게임을 실행하면 아파치 헬기가 나타나고 카메라가 작동한다

❸ 디폴트 게임 모드

월드 세팅의 게임 모드는 레벨(씬) 단위로 설정하는데, 모든 씬에 디폴트 게임 모드를 설정할 경우에는 프로젝트 세팅에서 설정한다. 언리얼 에디터에서 [편집➡프로젝트 세팅] 메뉴를 실행하면 맵&모드 섹션의 Default Modes 카테고리에서 기본으로 사용할 게임 모드를 설정할 수 있다.

그림 5-38 프로젝트 세팅 창에서 Default 게임 모드를 설정한다

프로젝트 세팅은 디폴트 설정이므로 레벨(씬)에 월드 세팅을 하지 않은 경우에 이 값이 적용된다. 만일 레벨에 월드 세팅을 한 경우에는 월드 세팅이 우선적으로 적용될 것이다. 다음은 디폴트 게임 모드를 설정한 후 Minimal_Default 레벨에서 게임을 실행한 화면이다.

그림 5-39 Minimal_Default 레벨에서 게임을 실행한 화면

5.5 카메라의 줌인

게임 화면에 비해 아파치 헬기가 작게 표시되므로 카메라를 줌인[Zoomin]할 필요가 있다. 카메라를 줌인하는 방법은 두 가지이다.

- 스프링 암의 길이를 줄인다.
- 카메라의 화각[Field of View]을 줄인다.

첫 번째 방법은 카메라를 피사체로 접근하는 방식이고, 두 번째는 망원렌즈를 이용하는 방식이다. 여기에서는 두 번째 방법을 이용한다. 망원렌즈는 광각렌즈에 비해 원근감이 줄어들어 먼 곳에 있는 피사체도 좀 더 커 보이는 효과가 있다.

Apache 블루프린트에서 Camera1을 선택하고 Camera Settings/Field Of View를 조절한다. 기본값이 90°인데, 이 값을 줄이면 망원렌즈가 되고, 값을 키우면 광각렌즈가 되므로 화면에 보기 좋은 상태로 적당히 조절하면 될 것이다. 여기에서는 50으로 설정했다.

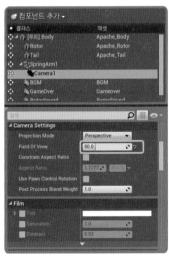

그림 5-40 **카메라의 화각을 줄이면 게임 화면이 확대되어 표시된다**

5.6 입력 장치 설정

이제 아파치 헬기를 이동하기 위한 입력 장치를 설정한다. 입력 장치는 키보드, 마우스, 터치 패드 등이 있다. **[프로젝트 세팅]** 창의 입력 섹션에서 입력 장치를 설정한다.

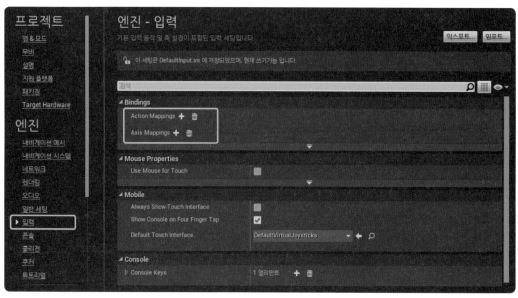

그림 5-41 **프로젝트 세팅의 입력 장치 설정**

[입력] 창에 Action Mappings와 Axis Mappings가 있다. Action은 점프, 발사 등과 같이 누를 때마다 한 번씩 동작하는 입력 장치를 설정하는 곳이고, Axis는 누르고 있으면 계속해서 동작하는 이동, 회전 등의 입력 장치를 설정한다. [+] 버튼을 눌러 사용할 매핑(키 이름)을 등록하고 동작에 필요한 입력 장치를 설정한다. 매핑 이름은 공백을 포함해서 한글을 사용할 수 있으며, 모바일 기기에서도 문제를 일으키지 않는다.

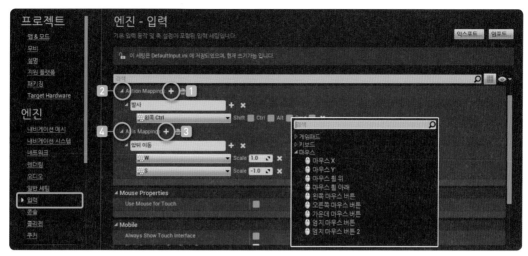

그림 5-42 **입력 장치의 매핑 바인딩**

이 프로젝트에서는 미사일(로켓) 발사 외에도 게임 화면의 1인칭/3인칭 전환과 팝업
메뉴를 표시하는 기능을 추가할 것이므로 다음의 표를 참조해서 Action 매핑을 설
정한다. 모바일 플랫폼에서도 같은 기능을 사용할 수 있도록 한다.

표 5-2 **Action Mapping**

매핑 이름	장 치	비 고
발사	왼쪽 Ctrl	로켓 발사 키
	왼쪽 마우스 버튼	로켓 발사 버튼
	터치2 (두 손가락 터치)	모바일의 터치. 키보드 목록에 있다.
1인칭/3인칭	X	게임의 1인칭/3인칭 전환 키
	핀치 (두 손가락 줌)	모바일의 핀치. 키보드 목록에 있다.
Popup Menu	M	게임의 Popup 메뉴 호출 키
	글로벌 뒤로	뒤로가기 버튼. 게임패드 목록에 있다.
	안드로이드 뒤로	안드로이드 버튼. 게임패드 목록에 있다.

모바일 기기에서 미사일 발사에 터치2를 사용하는 것은 조이스틱을 조종하면서도
미사일을 발사할 수 있도록 하기 위해서이다. 미사일 발사에 터치1을 사용하면 조이
스틱을 조종할 때 터치 이벤트가 발생하여 미사일을 발사하는 또 다른 터치는 작동
하지 않는다.

다음은 아파치 헬기의 상하좌우 이동과 회전에 관련된 Axis 매핑이다. 양의 방향은 1,
음의 방향은 −1로 설정한다.

표 5-3 **Axis 매핑**

매핑 이름	장 치	Scale	비 고
앞뒤 이동	W	1	
	S	−1	
	게임패드 왼쪽 썸스틱 Y축(게임패드 왼쪽 Y)	1	왼쪽 조이스틱의 상하 이동 값
좌우 이동	A	−1	
	D	1	
	게임패드 왼쪽 썸스틱 X축(게임패드 왼쪽 X)	1	왼쪽 조이스틱의 좌우 이동 값
상하 이동	Z	−1	
	C	1	
	게임패드 오른쪽 썸스틱 Y축(게임패드 오른쪽 Y)	−1	오른쪽 조이스틱의 상하 이동 값
회전	Q	−1	
	E	1	
	게임패드 오른쪽 썸스틱 X축(게임패드 오른쪽 X)	1	오른쪽 조이스틱의 좌우 이동 값

※ 괄호 안은 언리얼 엔진 4.7 이전 버전의 표기이다.

여기에서 입력한 매핑은 블루프린트 액션 목록의 입력 카테고리에 표시된다. 검색어
로 '입력'을 입력하면 앞에서 설정한 모든 매핑을 볼 수 있다.

그림 5-43 **블루프린트의 키 매핑 목록**

키 매핑은 <프로젝트>/Config/DefaultInput.ini 파일에 저장된다. 이 파일을 다른 프로젝트의 [Config] 폴더에 복사하면 그 프로젝트에서도 같은 키 매핑을 사용할 수 있다.

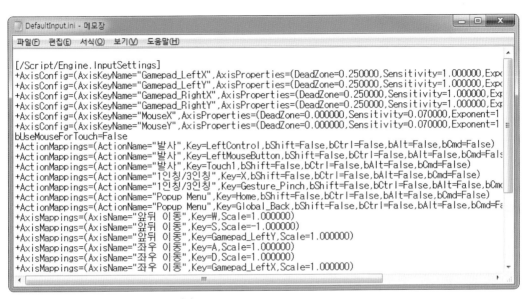

그림 5-44 DefaultInput.ini 파일의 키 매핑

5.7 액터의 이동과 회전

액터의 이동과 회전은 매 프레임마다 반복적으로 수행되는 작업이다. 초당 프레임의 수$^{FPS: Frames Per Second}$는 사용하는 PC나 디바이스의 종류에 따라 각각 다를 것이므로, 고성능의 PC는 높은 FPS가 나오겠지만 저사양의 디바이스는 FPS가 떨어진다. 따라서 모든 기기가 각각의 프레임에서 일정한 거리를 이동하면 높은 FPS 기기에서는 액터가 빨리 움직이고, 낮은 FPS 기기는 느리게 움직이는 문제가 발생한다.

5.7.1 액터의 이동

FPS가 서로 다른 기기에서 액터가 같은 속도로 움직이려면 이동 및 회전 속도가 필요하다. 각각의 프레임은 그 프레임에서 이동할 거리를 계산해서 움직인다. 예를 들어, 초속 2000으로 이동하는 액터의 경우 100FPS 기기는 각 프레임에서 2000÷100만큼 이동하고, 50FPS 기기는 2000÷50만큼 이동한다.

1 변수 추가

우선 이동과 회전에 필요한 변수가 있어야 한다. Apache 블루프린트에서 작업한다. 아파치 헬기의 이동 속도와 회전 속도를 설정할 변수를 추가하고 초깃값을 할당한다.

표 5-4 이동 및 회전 속도 처리용 변수

변수명	Type	초깃값	비 고
SpeedMove	float	3000	초속 30m 이동
SpeedRot	float	90	초속 90° 회전

2 이벤트 그래프 작성

상하이동 키를 누르면 아파치 헬기가 앞뒤로 이동하는 부분을 작성한다. 동일한 PC 에서도 FPS는 계속 변하므로 Get World Delta Seconds 함수로 직전 프레임과 현재 프레임과의 시간차를 구하고, 여기에 속도와 입력된 키 값 −1.0~1.0을 곱해서 벡터 로 만든 후 액터의 Location에 누적시킨다. 키 이벤트 노드는 액션 목록에서 검색어 로 '입력'을 입력하면 찾을 수 있을 것이다.

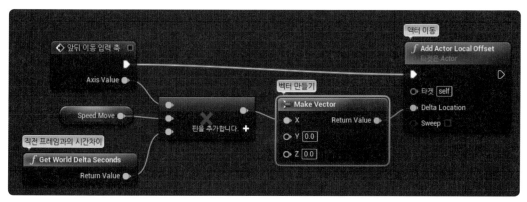

그림 5-45 액터를 앞뒤로 이동하는 블루프린트 그래프

3 로컬좌표와 월드좌표

로컬좌표Local Coordinate는 상대좌표라고도 하며, 액터를 기준으로 하는 좌표계이고, 월 드좌표World Coordinate는 글로벌좌표Global Coordinate라고도 하는데, 월드(씬)를 기준으로 하 는 절대좌표이다. 위의 그래프에서 사용한 AddActorLocalOffset은 액터의 위치를 지 정한 거리만큼 이동하는 노드이며 로컬좌표를 사용한다. 액터의 좌표 계산에 절대 좌표를 사용할 경우에는 AddActorWorldOffset을 사용한다.

그림 5-46 로컬좌표 노드와 월드좌표 노드

액터가 회전하지 않고 이동하는 경우에는 어느 것을 사용하든지 결과는 같다. 그러나 액터가 회전하는 경우에는 결과가 달라진다. 액터를 전진시킬 때 로컬좌표를 사용하면 액터가 향하고 있는 방향으로 이동하지만, 월드좌표를 사용하면 액터의 회전 방향과 상관없이 항상 화면의 위쪽으로 이동한다.

그림 5-47 **로컬좌표계와 월드좌표계는 액터의 전진 방향이 서로 다르다**

이 프로젝트는 아파치 헬기의 상하전후좌우 이동은 물론 좌우 회전을 할 것이므로 좌표 계산은 모두 로컬좌표로 처리해야 문제가 발생하지 않는다.

◢ 액터의 Sweep

Sweep은 액터가 이동하는 도중에 벽 등의 장애물을 만났을 때 액터를 정지시키거나 또는 장애물을 통과하는 옵션이다.

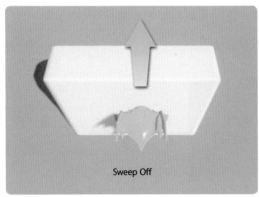 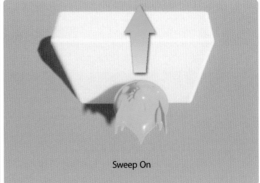

그림 5-48 **액터의 Sweep**

Sweep 옵션은 액터의 이동 및 회전 노드에 있으므로 상황에 맞게 설정한다. 이 프로젝트는 아파치 헬기가 지면이나 바위 등을 뚫고 지나가면 곤란하므로 아파치 헬기의 이동 및 회전 노드는 Sweep을 설정한다.

그림 5-49 **액터의 Sweep 옵션**

이제 게임을 실행하면 Ｗ Ｓ 키로 아파치 헬기를 앞뒤로 이동할 수 있다. 입력된 키 값을 Print String으로 디버그 출력을 하면, 키를 누를 때 이벤트가 발생하는 것이 아니라 키를 누르지 않아도 계속해서 이벤트가 발생하는 것을 알 수 있다. 그런 관점에서 보면 Axis로 매핑된 키의 이벤트는 게임 실행 중에 계속 반복되는 무한 루프인 셈이다. 다음 그림은 스프링 암의 y축 회전과 Target Offset의 z축 값을 각각 (−80, 200) 정도로 설정한 후 실행한 게임 화면이다.

그림 5-50 **키 값을 디버그 출력하면 키를 누르지 않아도 계속 이벤트가 발생함을 알 수 있다**

5.7.2 모바일 플랫폼의 화면

게임을 모바일 프리뷰 창에서 실행하면 아파치 헬기의 그림자가 나타나지 않는다. 현재 씬에서 기본 조명으로 사용하고 있는 Directional Light의 속성이 스테이셔너리로 설정되어 있는데, 스테이셔너리 조명은 모바일 플랫폼에서는 다이나믹 액터의 실시간 그림자를 그리지 않기 때문이다.

그림 5-51 스테이셔너리 조명은 모바일 플랫폼에서는 다이나믹 액터의 그림자를 그리지 않는다

씬에 설치된 Light Source^{Directional Light}의 모빌리티 속성을 무버블로 바꾸고 라이트를 다시 빌드한다.

그림 5-52 씬의 디렉셔널 라이트를 무버블로 바꾸고 라이팅을 다시 빌드한다

이제 게임을 실행하면 모바일 프리뷰 창에서도 아파치 헬기의 그림자가 보일 것이다. 실제의 모바일 기기에도 그림자가 잘 나타난다.

개발 중인 게임을 안드로이드 단말기에서 직접 실행하려면 제14.2절의 안드로이드 SDK 설치와 단말기의 개발자 설정이 필요하다. 개발 환경 설정이 끝나면 안드로이드 단말기를 PC에 연결하고 [**실행/<안드로이드 디바이스>**] 버튼을 클릭해서 게임을 빌드하고 실행한다. 아이폰은 iTunes에 등록된 앱만 설치할 수 있으므로 PC에서 아이폰으로 직접 빌드할 수는 없다.

그림 5-53 **무버블 라이트는 모바일 기기에도 실시간 그림자를 그린다**

무버블 라이트는 모바일 디바이스에서도 실시간 그림자를 그리지만 퍼포먼스가 많이 떨어진다. 따라서 모바일 디바이스에서는 되도록 무버블 라이트를 사용하지 않는 것이 좋으며, 꼭 사용해야 할 경우에는 제한된 공간에서만 한정적으로 사용한다.

5.7.3 가속도와 선형보간

아파치 헬기가 움직이기는 하지만 급발진과 급정지를 하므로 자연스럽지가 않다. 현실 세계의 아파치 헬기는 출발➡가속➡정속➡감속➡정지 순서로 움직인다. 그런데 키 이벤트에서 오는 입력 신호는 (-1, 0, 1) 중의 하나이므로 우리의 아파치 헬기는 이동과 정지 두 가지 상태만 있다. 아파치 헬기의 움직임에 가속과 감속 효과를 주기 위해 보간법Interpolation을 사용할 것이다.

1 보간법이란?

보간법을 쉽게 설명하면 0➡1로 값이 변할 때 처음부터 곧바로 1이 되는 것이 아니라, 0.1, 0.2, 0.3, …, 0.9, 1과 같이 순차적으로 조금씩 값을 변화시키는 것이다. 변화하는 값을 그래프로 그렸을 때 직선 형태가 되는 방식을 선형보간$^{Linear\ Interpolation}$, 직선 형태가 아닌 것을 비선형보간$^{Nonlinear\ Interpolation}$이라고 한다.

보간법은 여러 프레임에 걸쳐 초깃값에 일정한 증분을 누적시켜서 목표 값이 되도록 하는 것이므로, 증분을 어떤 값으로 하느냐에 따라 가속(또는 감속)의 속도가 결정된다. 예를 들어, 증분이 0.1인 것보다 0.2인 경우가 두 배 더 빨리 가속(또는 감속)될 것이다. 따라서 이동 속도에 보간법을 적용하면 속도는 0~1 또는 1~0으로 변하되, 시간차를 두면서 천천히 변하므로 가속과 감속이 효과를 낼 수 있다.

2 변수 추가

보간법을 사용하려면 현재까지 보간된 값을 저장할 변수가 필요하다. x축(앞뒤)과 y축(좌우), z축(상하)의 이동에 대한 보간이 필요하므로 변수가 세 개 있어야 한다. float 타입의 변수 CurrentX, CurrentY, CurrentZ를 추가한다. 초깃값을 할당할 필요는 없다.

3 선형보간을 위한 노드 구성

이제 보간을 위한 노드를 추가한다. 연산 결과를 벡터로 변환하기 전에 보간하는 것으로 한다. 다음 그림에서 블록으로 설정된 부분이 보간하는 과정이다.

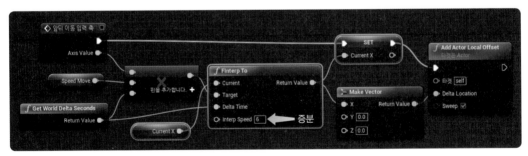

그림 5-54 키의 입력 값에 선형보간을 사용한 노드

보간하는 부분은 다음 그림과 같다. 보간 노드의 Interp Speed가 보간 속도(증분)인데, 이 값이 클수록 목표 값에 빨리 가까워진다. 보간 노드는 액션 목록에서 검색어로 'inter'를 입력하면 찾을 수 있을 것이다. 선형 보간, 회전 보간, 벡터 보간 등 여러 가지가 있으므로 FInterp To 노드를 선택한다. 보간은 여러 프레임에 걸쳐 수행되는 작업이므로 보간된 값은 변수에 저장해 두어야 그 이후의 프레임에서 누적된다.

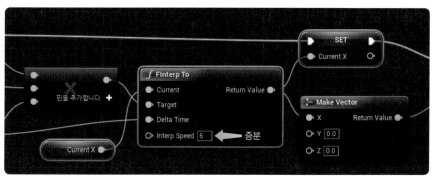

그림 5-55 연산 결과를 보간하는 과정

이제 블루프린트를 컴파일한 후 게임을 실행하면, 키를 누르거나 놓을 때 아파치 헬기가 부드럽게 출발 및 정지하는 것을 확인할 수 있을 것이다.

5.7.4 함수 만들기

좌우 및 상하 이동과 회전에도 보간이 필요하므로 보간하는 부분을 독립적인 함수로 만든다. 이렇게 하면 전체 구조가 간단해진다. 먼저 함수를 하나 추가하고 이름을 선형보간으로 입력한다. 새로운 함수 탭이 생길 것이다. 이 함수는 키 입력, 현재의 값, 속도 세 개의 값을 입력으로 받아 보간한 결과를 반환하는 것으로 한다. 디테일 패널에서 [추가] 버튼을 누르고 플로트float 타입의 매개변수parameter를 추가한다. 매개변수를 추가하면 함수와 반환 노드에 핀이 나타난다. 매개변수는 공백을 포함해서 한글도 사용할 수 있다.

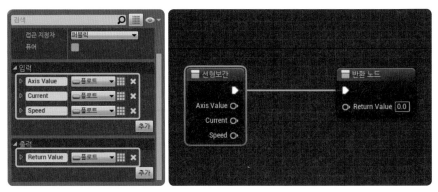

그림 5-56 매개변수를 추가하면 함수 노드에 핀이 나타난다

선형보간 함수는 다음과 같이 작성한다.

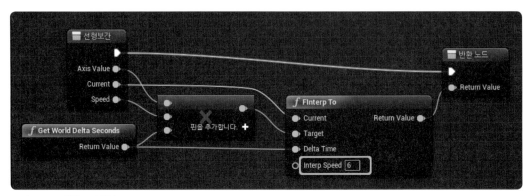

그림 5-57 선형보간 함수

아파치 헬기를 이동하는 부분은 선형보간 함수를 이용해서 다음과 같이 간결하게
작성할 수 있다.

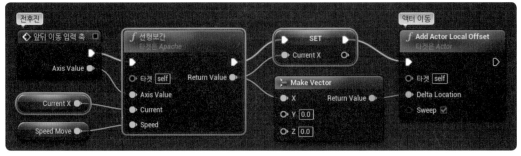

그림 5-58 전후진 그래프

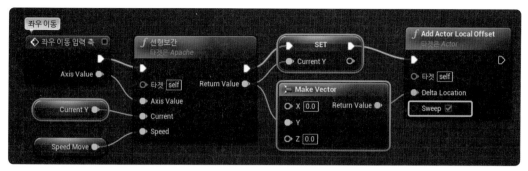

그림 5-59 좌우 이동 그래프

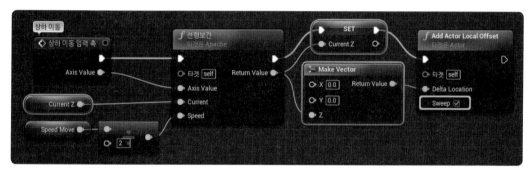

그림 5-60 상하 이동 그래프

아파치 헬기를 상하로 이동하는 부분은 속도를 절반으로 낮추어서 처리했다. 이제 게임을 실행하면 아파치 헬기는 키의 방향으로 부드럽게 이동할 수 있을 것이다.

그림 5-61 아파치 헬기를 상하전후좌우로 부드럽게 이동할 수 있다

이제 씬에 장애물을 몇 개 설치한 후 아파치 헬기가 장애물에 부딪치면 통과하지 않고 멈추는지를 테스트한다. 장애물을 설치할 필요도 없이 아파치 헬기가 바닥과 충돌하면 멈추는지를 확인하면 될 것이다.

그림 5-62 **아파치 헬기가 지면과 충돌하면 이동을 멈춘다**

아파치 헬기가 지면에서 멈추지 않고 지면을 뚫고 내려가는 경우에는 다음 그림과 같이 화면이 깨지는 현상이 나타나는데, 이것은 아파치 헬기의 뒤에 있는 카메라가 지면에 묻혀 있는 상태이다.

그림 5-63 **카메라가 지면에 묻혀 있는 상태**

위와 같은 상황이 발생하는 것은 Add Actor Local Offset 노드의 Sweep 옵션을 설정하지 않은 것이므로 Sweep을 설정한 후 다시 테스트한다.

5.7.5 액터의 회전

이어서 아파치 헬기를 좌우로 회전시키는 부분을 작성한다.

1 변수 추가

액터의 회전 속도를 보간하기 위한 변수가 필요하다. 아파치 헬기는 z축을 중심으로 회전하므로 Yaw이다. float형 변수 CurrentYaw를 추가한다. 초깃값은 필요하지 않다.

2 그래프 작성

액터를 회전시키는 것도 이동하는 것과 별다른 차이는 없다. MakeVector 대신 MakeRot, AddActorLocalOffset 대신 AddActorLocalRotation을 사용하는 것만 다르다. 액터는 Sweep과 관계없이 회전할 수 있으므로 Sweep 옵션은 어떻게 설정해도 상관없다.

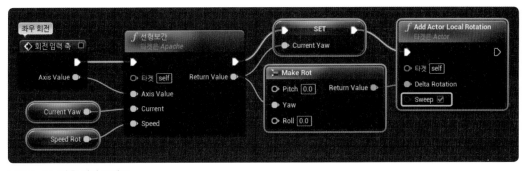

그림 5-64 **좌우 회전 그래프**

이제 게임을 실행하면 A D W S 키로 아파치 헬기를 전후좌우 이동하고, Q E 키로 회전시킬 수 있다.

그림 5-65 아파치 헬기가 회전하면 그림자의 위치가 바뀐다

5.7.6 액터가 회전할 때 화면 기울이기

아파치 헬기가 회전할 때 게임 화면이 좌우로 기울어지는 기능을 추가한다. 게임 화면을 좌우로 기울이는 것은 스프링 암을 x축으로 회전^{Roll}해서 처리한다. 화면이 기울어지는 것은 키를 누르고 있는 동안에만 유지되고, 키를 놓으면 원래의 수평 위치로 돌아오도록 할 것이다.

1️⃣ 변수 추가

스프링 암이 회전할 각도를 저장할 float형 변수를 세 개 추가한다. 변수명은 ArmPitch, ArmYaw, ArmRoll로 정한다. Pitch, Yaw, Roll은 각각 (y, z, x)축 회전이다.

2️⃣ 화면의 회전과 복원

이 동작은 처리 과정이 조금 복잡하다. 다음과 같은 조건에서 동작하기 때문이다.

① 액터가 회전하면 스프링 암도 함께 회전한다. 즉, 스프링 암의 Yaw는 액터의 Yaw와 항상 같다(기본값).

② 키에서 입력되는 값은 (–1, 0, 1) 중의 하나이므로, 이 값을 (–15, 0, 15)의 회전 각도로 변환해서 스프링 암의 x축 회전각Roll으로 설정한다. 이렇게 하면 키를 누르면 기울어지고, 놓으면 복원될 것이다.

③ 화면이 갑자기 기울어지거나 복원되지 않도록 ②의 값에 선형보간 함수를 사용해서 천천히 기울어지고 복원되게 한다.

다음은 위의 조건을 처리한 그래프이다. ArmRoll은 키보드 입력 값에 –1500을 곱해서 만들고, Yaw는 액터의 회전량에서 구해온다. 1500이 회전량인데, 음수를 사용하는 것은 아파치 헬기가 회전하는 방향과 스프링 암이 회전하는 방향이 서로 반대이기 때문이다. 즉, 스프링 암은 아파치 헬기가 회전하는 반대 방향으로 회전해야 화면의 지평선이 아파치 헬기의 회전 방향으로 기울어진다.

그래프가 복잡해서 회전 키 입력 축과의 연결은 표시만 해 두었으므로 앞에서 작성한 좌우 회전 그래프에 표시된 노드를 서로 이어주면 될 것이다. 스프링 암은 액터의 방향과 관계없이 회전량이 일정하므로 월드좌표(SetWorldRotation)로 계산한다. 스프링 암은 충돌 이벤트 자체가 없으므로 Sweep 옵션을 사용하든 하지 않든 결과는 똑같다.

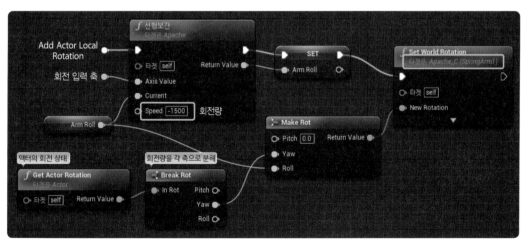

그림 5-66 회전 키를 누르면 화면을 회전시키는 그래프

이제 게임을 실행하면 아파치 헬기의 회전과 동시에 게임 화면이 기울어지는 것을 확인할 수 있다.

그림 5-67 **아파치 헬기가 회전하면 게임 화면이 기울어진다**

그런데 곰곰이 생각해 보면 앞의 그래프는 문제가 있다. 선형보간 노드의 Speed에 입력한 −1500은 화면을 기울이는 회전 각도를 만들기 위해 설정한 값인데, 앞에서 만든 선형보간 함수는 이 값에 World Delta Seconds(직전 프레임과의 시간 차이)를 곱하고 있다. 따라서 초당 프레임 속도^{FPS}가 100인 기기는 1500÷100=15°, 60FPS 기기는 1500÷60=25°가 구해진다. 즉, 기기의 속도에 따라 회전량이 달라지는 문제가 발생하는 것이다. 이와 같은 문제를 해결하기 위해 Clamp로 회전량의 하한과 상한을 ±15°로 제한하는 부분을 추가한다. Clamp(Min, Max)는 자료를 Min과 Max의 범위로 제한하는 함수이다.

또, 추후 마우스를 상하좌우로 이동해서 게임 화면의 화각을 바꾸는 기능을 추가할 것이므로 장차 값이 설정되는 변수 ArmPitch와 ArmYaw의 값을 반영하는 기능도 추가한다. 다음 그림에서 블록으로 설정된 노드가 추가된 부분이다.

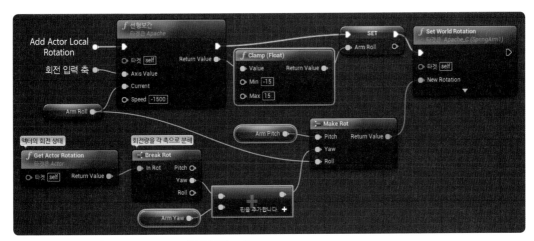

그림 5-68 **Clamp와 ArmPitch, ArmYaw를 반영한 그래프**

아파치 헬기가 회전할 때 지평선을 기울이는 기능은 모바일 기기에서도 잘 작동한다.

그림 5-69 **모바일 기기의 아파치 헬기 회전**

5.7.7 마우스로 화면 각도 조절하기

이제 마우스를 위아래로 이동해서 카메라가 헬기의 위나 아래에서 게임 화면을 보는 기능을 추가한다. 마우스의 이동 거리를 스프링 암의 회전 각도로 변환하는 처리이다.

1 마우스 입력 장치 추가

키보드를 설정한 것과 같은 방법으로 입력 장치에 마우스를 등록한다.

표 5-5 **Axis 매핑**

매핑 이름	장 치	비 고
마우스 좌우 회전	마우스 X	
	왼쪽에서 오른쪽 스와이프	오른쪽으로 화면 스크롤(모바일)
마우스 상하 회전	마우스 Y	
	위에서 아래 스와이프	아래쪽으로 화면 스크롤(모바일)

입력 장치로 모바일 기기의 스와이프^{Swipe}를 등록해도 아직 언리얼 엔진이 스와이프를 지원하지 않아 안타깝게도 이 기능은 모바일에서는 사용할 수 없다. 터치 시작 위치와 끝 위치를 계산해서 손가락의 이동 방향과 거리를 알아낼 수는 있지만, 복잡한 그래프를 만들어야 하므로 이 부분은 나중에 처리할 것이다.

2 화면 스크롤 함수 만들기

마우스를 위아래로 이동할 때 입력되는 값을 ArmPitch 변수에 누적시키고, 그 값을 스프링 암의 Pitch(y축 회전)로 설정하는 함수를 만든다. 함수 이름은 ScrollUpDown 이다. 함수의 입력 파라미터 Axis Value(float)를 추가하고 그래프를 작성한다. 마우스 이동은 아날로그 값이므로 선형보간 함수가 필요하지 않지만, 누적된 값이 무한정 커지거나 작아지면 곤란하므로 일정한 범위의 값이 되도록 제한한다. 여기에서는 제한 폭을 −80~30으로 설정했으므로 각자 적당한 값으로 설정하면 될 것이다.

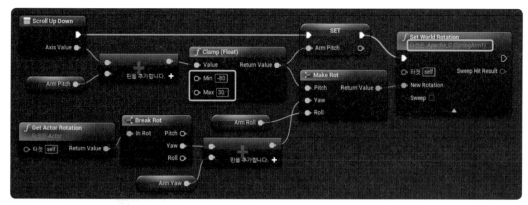

그림 5-70 입력 값을 스프링 암의 회전 각도로 변환하는 함수

3 마우스의 이벤트 그래프 작성

위의 함수에 마우스의 Axis Value를 넘겨주면 되
므로 마우스의 이벤트는 그림 5-71과 같이 간단
하게 만들 수 있다.

마우스의 이벤트에 직접 처리 절차를 작성하지
않고 굳이 함수를 만든 것은, 나중에 모바일 기
기의 터치를 처리할 때 위의 함수를 호출하는 것
으로 같은 기능을 구현하기 위한 것이다.

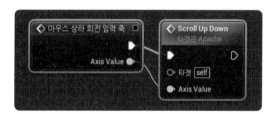

그림 5-71 마우스가 이동하면 함수를 호출한다

이제 블루프린트를 컴파일한 후 게임을 실행하면 마우스를 위아래로 이동해서 게임
화면의 화각을 바꾸는 것을 확인할 수 있을 것이다. 마우스의 이동은 아파치 헬기
의 회전과 관계없이 동작한다.

그림 5-72 마우스를 위아래로 이동하면 카메라의 화각을 바꿀 수 있다

5.7.8 마우스로 진행 방향 조절하기

마우스를 좌우로 이동해서 아파치 헬기의 진행 방향을 −80°~80° 범위로 바꾸는 기능을 추가한다. 아파치 헬기를 회전하는 것이 아니라 스프링 암의 Yaw를 회전하는 것이다. 앞의 그래프와 같은 처리인데, ArmPitch를 ArmYaw로 바꾸고, Clamp의 범위를 (−80, 80)으로 변경했다.

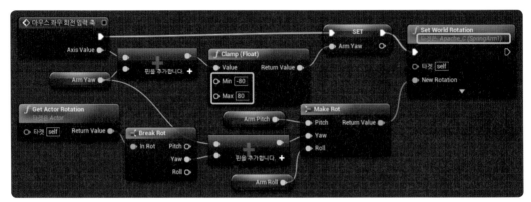

그림 5-73 마우스를 좌우로 이동해서 아파치 헬기의 진행 방향을 바꾸는 그래프

이제 게임을 실행하면 마우스를 좌우로 이동해서 아파치 헬기의 진행 방향을 바꾸는 것을 확인할 수 있다.

그림 5-74 마우스를 좌우로 이동해서 아파치 헬기의 진행 방향으로 바꾼다

5.8 모바일 기기의 터치 읽기

언리얼 엔진이 아직 모바일 기기의 스와이프Swipe를 지원하지 않으므로 스와이프를 흉내내는Emulation 기능을 만들 것이다. 언리얼 엔진이 버전업되어 스와이프를 지원하면 이 기능은 필요 없겠지만, 모바일 기기의 터치와 손가락의 이동 방향을 읽는 방법은 알고 있어야 한다.

1 키 매핑 추가

스와이프는 마우스의 이동과 같이 연속적인 동작이므로 Axis 매핑을 사용해야 하는데, 언리얼 엔진이 스와이프를 지원하지 않아 이벤트가 없으므로 터치 이벤트를 얻기 위해 Action 매핑을 사용한다.

표 5-6 **Action 매핑**

매핑 이름	장 치	비 고
MobileTouch	터치1(한 손가락 터치)	모바일의 터치. 키보드 목록에 있다.

2 터치 위치 저장 변수 추가

모바일 기기를 터치하면 위에서 매핑해 둔 MobileTouch 이벤트가 발생한다. 이때 터치한 화면의 좌표가 구해지므로 이것을 저장해 둘 변수가 필요하다. 이 좌표가 터치 시작 위치이다. 화면의 좌표는 (x, y) 쌍으로 되어 있으므로 Vector2 형식으로 저장하면 관리하기 편하다. 그런데 Vector2로 저장하면 이동 방향 등을 계산할 때 다시 float로 변환하는 과정이 필요하므로 여기에서는 float형의 변수를 사용한다.

표 5-7 **모바일 기기의 터치 판정에 필요한 변수**

변수 이름	Type	비 고
TouchX	float	터치 좌표
TouchY	float	터치 좌표
IsMoved	boolean	손가락을 이동했는가?

3 터치 위치 구하기

터치 위치를 구하는 함수를 만든다. 함수명은 GetTouchPos이다. 반환 노드에 파라
미터 세 개를 추가하고 다음 그래프를 작성한다. 이 함수는 전체적인 그래프를 단순
하게 만들기 위해 작성한 것이다.

그림 5-75 모바일 기기의 터치 좌표를 읽는 함수

4 터치 시작 위치 저장

터치 이벤트가 발생했을 때 터치 시작 위치를 변수에 저장하는 함수를 만든다. 함수
명은 TouchStart이다. 위에서 작성한 GetTouchPos 함수를 호출해서 터치 위치를 읽
고 그것을 변수에 저장하는 간단한 그래프이다.

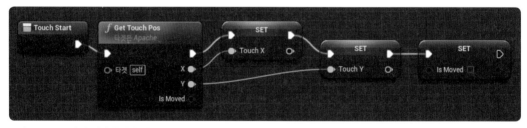

그림 5-76 모바일 기기의 터치 시작 위치를 변수에 저장하는 함수

6 터치 후 이동 거리 계산

모바일 기기를 터치한 후에 손가락을 이동한 거리를 구한다. 현재 위치의 터치 포인
트를 구한 후 터치 시작 위치와의 거리를 계산하는 부분이다. 이 함수는 Tick 이벤트
에 의해 지속적으로 호출될 것이므로 이동 거리를 −1~1 사이로 제한한다. 함수명은
TouchMove로 입력하고, 반환 노드에 파라미터를 두 개 추가한 후 그래프를 작성한
다. 이 함수는 터치가 진행 중[Is Pressed]이면 IsMoved를 true로 설정한다.

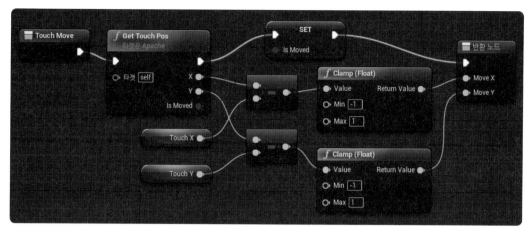

그림 5-77 터치한 후의 이동 거리를 구하는 그래프

☑ 터치 이벤트 그래프 작성

모바일 기기의 화면을 터치할 때 발생하는 이벤트 처리이다. 앞에서 만든 TouchStart 함수를 호출해서 터치 위치를 저장하면 될 것이다. 이벤트 그래프에서 작성한다. Mobile Touch 이벤트는 목록에서 검색어로 '액션'을 입력하면 추가할 수 있다.

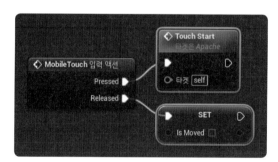

그림 5-78 터치 이벤트 그래프

☑ Tick 이벤트 작성

Tick 이벤트는 매 프레임마다 호출되는 루프이다. Tick 이벤트에서는 터치 위치를 조사해서 터치가 진행 중이면 스프링 암을 회전시키는 함수를 호출한다. 시퀀스는 일련의 처리를 순서대로 실행하는 노드인데, Tick 이벤트는 추후 게임의 UI를 출력할 때에도 사용할 것이므로 미리 시퀀스를 추가해 둔 것이다.

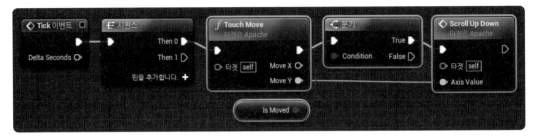

그림 5-79 Tick 이벤트 그래프

이제 블루프린트를 컴파일한 후 게임을 실행하면 모바일 프리뷰 창에서도 게임 화면
이 상하로 스크롤되는 것을 확인할 수 있다. 모바일 프리뷰 창에서는 마우스 드래그
로 터치를 대신한다.

그림 5-80 모바일 프리뷰 창에서 화면을 스크롤한 상태

실제의 모바일 기기는 화면이 부드럽게 스크롤되는데, 모바일 프리뷰 창은 스크롤
속도가 너무 빨라 화면의 회전 각도를 맞추기가 곤란한 점이 있다. 이 문제는 그림
5-77의 Clamp 함수의 범위를 −0.1~0.1로 줄여주면 스크롤 속도가 그만큼 늦어질 것
이다. 단, 이 경우에는 실제의 단말기의 스크롤 속도도 함께 늦어진다는 것을 염두
에 두어야 한다.

이 프로젝트에서 사용한 모바일의 Action 매핑은 발사(터치2), MobileTouch(터치1)인데, 키 매핑을 서로 바꿔서 발사(터치1), MobileTouch(터치2)로 해도 무방하다. 단, 이 경우에는 터치2(두 손가락 터치) 이벤트가 발생할 때 터치1 이벤트도 함께 발생하므로 화면을 스와이프할 때마다 로켓이 발사될 것이다(로켓 발사는 제6장에서 다룬다).

그림 5-81 **모바일 기기의 화면 상하 스크롤**

지금까지 아파치 헬기를 이동하고 회전하는 전체 과정에 대한 동영상은 다음 사이트에서 볼 수 있다.

 ▶ http://youtu.be/ajbHfBw85SQ

제 6 장

로켓 발사

이 장의 개요 – 이 장에서는 블루프린트로 로켓을 만들고, 아파치 헬기에서 발사해 목표물을 파괴하는
일련의 과정에 대해 알아본다.

6.1 로켓 만들기

게임에서 총알이나 로켓과 같이 빠른 속도로 이동하는 작은 물체는 정교한 3D 모델을 사용할 필요는 없다. 정교한 모델을 사용해도 로켓이 고속으로 날아갈 뿐 아니라, 로켓 뒤에 연기나 불꽃 등의 파티클을 붙이면 로켓의 디테일이 나타나지 않기 때문이다. 여기에서는 StarterContent/Shapes 폴더의 캡슐(Shape_NarrowCapsule)을 이용해서 로켓을 만든다.

1 새 블루프린트 추가

[블루프린트 ➡ 새 클래스 블루프린트 ➡ 액터] 메뉴를 실행해서 블루프린트 액터를 하나 만들고 이름을 Rocket으로 설정한다. 대상 폴더는 [**Apache/Blueprints**]이다.

2 루트 추가

트리거로 사용할 Box를 하나 추가하고 속성을 다음과 같이 설정한다.

표 6-1 **트리거의 속성**

카테고리	속 성	값	비 고
변수	변수 이름	Trigger	트리거
Shape	Box Extent	(25, 3, 3)	트리거의 크기
Physics	Simulate Physics 주1	On	물리 처리 사용
	Start Awake 주2	Off	시작 시 물리 처리 않음
Collision	Simulation Generate Hit Events 주3	On	충돌 시 Hit Event 발생
	Generate Overlap Events	Off	오버랩 이벤트 사용 않음
	콜리전 프리셋 주4	BlockAll	모든 물체에 블록 처리

주1 Simulate Physics는 물체가 이동할 때 중력, 저항, 충돌 시 반사 등의 물리적인 계산을 하는지의 여부를 설정하는 속성이다.

주2 이 옵션을 사용하면 게임 시작 시 자동으로 물리적인 계산을 한다. 공중에 설치한 물체는 즉시 추락하고(Gravity 속성이 있는 경우), 겹쳐져 있는 물체는 반발하여 서로 반대 방향으로 밀려난다.

주3 물체가 충돌할 때 Hit 이벤트를 발생할 것인지를 설정한다. 총알이 콘크리트 벽에 충돌한 후 반사하는 것은 Hit 이벤트이고, 얇은 판자를 관통하는 것은 Overlap 이벤트이다.

주4 로켓이 충돌할 때 반사(Block)할 것인지, 관통(Overlap)할 것인지를 설정한다.

그림 6-1 트리거의 속성

3 스태틱 메시 추가

로켓으로 사용할 스태틱 메시를 하나 추가하고 속성을 설정한다.

표 6-2 Bullet의 속성

카테고리	속 성	값	비 고
변수	변수 이름	Bullet	로켓
Static Mesh	Static Mesh	Shape_NarrowCapsule	캡슐
Rendering	Override Material	M_Basic_Wall2	M_Basic_Wall을 복제해서 사용
트랜스폼	스케일	(0.15, 0.15, 0.5)	가늘고 긴 형태
	회전	(0, −90, 0)	크기를 먼저 정하고 회전한 후 위치 설정
	위치	(−25, 0, 0)	
Physics	Simulate Physics	Off	물리 처리 없음
	Start Awake	Off	
Collision	Simulation Generate Hit Events	Off	이벤트 사용하지 않음
	Generate Overlap Events	Off	이벤트 사용하지 않음
	콜리전 프리셋	NoCollision	충돌 없음

Bullet에 사용할 머티리얼은 StarterContent/Materials/M_Basic_Wall을 선택한 후 우 클릭하고 메뉴에서 [복제]를 실행하면 M_Basic_Wall2가 만들어질 것이므로, 블루프 린트를 만들기 전에 미리 머티리얼을 복제해 둔다. 이 머티리얼은 나중에 속성을 바 꿀 것이다.

로켓은 루트로 사용하는 트리거가 충돌을 담당하고, 앞으로 추가할 Projectile이 이 동하는 기능을 담당하므로 스태틱 메시는 없어도 되지만, 트리거나 Projectile은 비 주얼한 컴포넌트가 아니라서 화면에 보이지 않기 때문에 스태틱 메시를 사용하는 것 이다. 로켓에 사용하는 캡슐은 물리적인 충돌이나 운동 등에 관여하지 않고 화면에 보이는 역할만 한다. 따라서 물리적인 속성이나 충돌 이벤트, 콜리전 등의 속성은 설정할 필요가 없다(군이 설정한다고 해서 문제가 되는 것은 아니다).

3 Projectile Movement 추가

총알이나 로켓과 같은 발사체는 블루프린트 액터에 Projectile 컴포넌트를 추가해 서 만든다. Projectile 컴포넌트의 Initial Speed에 속도만 설정해 두면 발사체는 스스 로 날아간다. Movement/Projectile Movement를 하나 추가하고 Projectile/Initial Speed를 5000으로 설정한다. 5000이면 초속 50m이다.

여기까지 작업하면 전체적인 모습은 다음 그림과 같을 것이다.

그림 6-2 완성된 로켓

4 **로켓의 생명주기 설정**

로켓이 무한정 날아가지 않도록 디폴트 탭에서 Initial Life Span을 3(초)으로 설정한다.

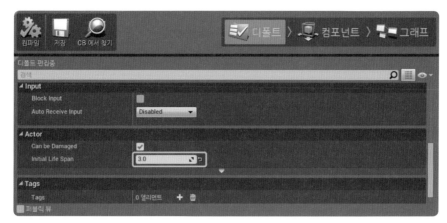

그림 6-3 로켓의 Initial Life Span 설정

작업이 끝나면 씬에 아파치 헬기와 로켓을 배치하고 로켓의 크기가 적당한지, 그리고 Alt+S키를 눌러 시뮬레이트하면 로켓이 앞으로 날아가는지 확인한다. 확인이 끝나면 아파치 헬기와 로켓을 삭제한다.

그림 6-4 아파치 헬기 아래에 로켓을 배치하고 발사 테스트를 한다

6.2 로켓 발사

로켓은 아파치 헬기의 좌우에서 각각 한 발씩 발사한다.

6.2.1 로켓의 발사 위치 설정

로켓은 아파치 헬기가 향하는 방향으로 발사되어야 한다. 로켓이 아파치 헬기의 일정한 위치에서 발사되도록 아파치 헬기에 가상의 로켓 발사대를 만들 필요가 있다. 게임에서 오브젝트가 나타나는 위치를 Spawn Point라고 하는데, 아파치 헬기의 좌우에 하나씩 Spawn Point를 만들 것이다. Apache 블루프린트에서 작업한다.

1 Arrow 추가

Arrow는 화살표 모양의 컴포넌트로 게임 실행 중에는 보이지 않는 요소이다. Arrow는 대부분 액터의 방향을 표시하는 용도로 사용한다. 우리는 Arrow를 로켓 발사 위치를 지시하는 데 사용할 것이다. Shapes/Arrow를 하나 추가하고 다음과 같이 속성을 설정한다.

표 6-3 **Arrow의 속성**

카테고리	속 성	값	비 고
변수	변수 이름	SpawnRight	오른쪽 발사 위치
트랜스폼	위치	(110, 60, −28)	화살표 위치
	크기(스케일)	(0.5, 1, 1)	화살표 크기
Arrow Component	Arrow Color	적당한 색	화살표 색상

SpawnRight를 하나 복사한 후 이름을 SpawnLeft로 바꾸고 위치를 (110, −60, −28)로 설정해서 아파치 헬기의 반대쪽에도 추가한다. 지금까지 작업한 내용은 다음 그림과 같이 보일 것이다. 로켓이 발사될 때 Body의 콜리전과 충돌하면 로켓이 튕겨지므로 발사 위치는 조금 앞쪽으로 전진해서 배치하는 것이 좋다.

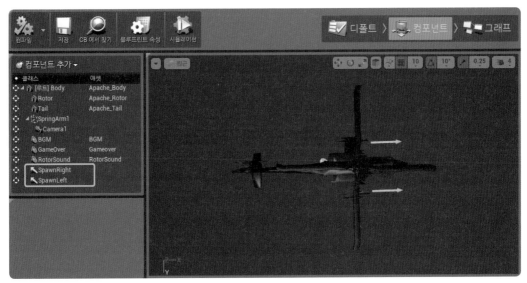

그림 6-5 아파치 헬기 좌우에 로켓 발사 위치를 만든 상태

2 아파치 헬기와 로켓의 충돌 금지

로켓은 아파치 헬기 좌우의 화살표 위치에서 발사되는데, 로켓이 발사될 때 로켓과 아파치 Body의 콜리전이 충돌할 수 있으므로 로켓과 아파치 헬기의 충돌은 무시하도록 설정한다. Rocket 블루프린트를 열고 Trigger의 콜리전 프리셋을 Custom으로 바꾸면 충돌 대상을 선별적으로 지정할 수 있다. 콜리전 반응 목록에서 Pawn을 무시로 설정한다. 이 설정은 충돌 시 이벤트를 발생하지 않도록 하는 것이지 충돌의 물리적인 튕김 현상을 방지하는 것은 아니다. 따라서 로켓을 발사할 때 아파치 헬기와 로켓이 충돌하는 경우 SpawnRight와 SpawnLeft의 위치를 앞쪽으로 더 많이 옮겨야 한다.

그림 6-6 로켓과 Pawn의 충돌은 무시한다

6.2.2 로켓 발사

로켓을 발사하는 것은 씬에 새로운 로켓을 추가^{Spawn}하는 것과 같다. SpawnRight와 SpawnLeft 위치^{Transform}에 로켓을 추가하면 로켓은 스스로 날아간다. 로켓을 발사하는 과정은 다음과 같이 작성할 수 있다. 발사 노드는 검색 창에서 '액션'을 입력하면 추가할 수 있다.

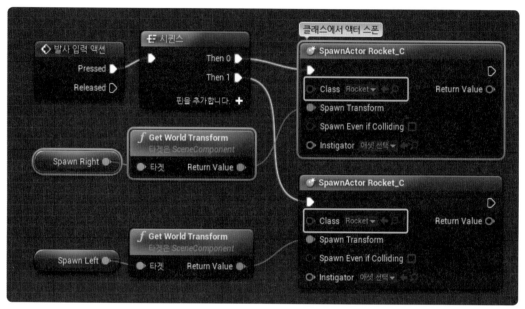

그림 6-7 **오른쪽과 왼쪽 로켓 발사**

SpawnRight와 SpawnLeft는 아파치 헬기와 함께 이동 및 회전하므로 그 위치에 로켓을 만들면 로켓은 아파치 헬기가 향하는 방향으로 날아간다. SpawnActor는 검색어로 'spawn'을 입력하고 '클래스에서 액터 스폰'을 선택해서 추가한다. 노드를 추가한 후 Class 항목에 Rocket(블루프린트)을 설정한다.

이제 게임을 실행하고 발사 버튼(왼쪽 Ctrl 또는 마우스 왼쪽 버튼)을 누르면 로켓이 발사되는 것을 확인할 수 있다. 로켓이 밝게 빛나면서 뒤쪽으로 연기를 내뿜으며 날아가면 멋있겠지만, 이와 같은 기능은 파티클과 머티리얼을 수정할 때 처리할 것이다.

그림 6-8 **로켓을 발사한다**(로켓의 **Projectile Movement**의 속도 1000으로 테스트한 화면)

모바일 프리뷰 창에서는 터치2의 처리가 되지 않으므로 왼쪽 Ctrl 키로 테스트한다. 게임을 모바일용으로 빌드한 후에는 두 손가락 터치로 로켓을 발사할 수 있을 것이다.

그림 6-9 **모바일 프리뷰 창에서는** Ctrl **키로 발사한다**

6.2.3 로켓 발사 화염 표시

로켓을 발사할 때 화염을 표시하는 기능을 추가한다. 로켓 발사에 사용할 파티클은 StarterContent/Particles/P_Explosion인데, 나중에 이것의 속성을 바꿀 예정이므로 이것을 복제해서 사용한다. 폭파 불꽃은 Spawn Point 위치에 표시하면 될 것이다. 화면에 파티클을 표시하는 노드는 SpawnEmitterAtLocation이다. 로켓을 발사하는 부분을 다음과 같이 추가한다. 지면상 오른쪽 로켓 발사 부분만 표시했으므로 왼쪽은 이것을 참조해서 작성하기 바란다.

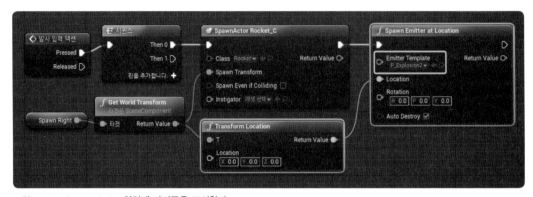

그림 6-10 **Spawn Point 위치에 파티클을 표시한다**

위의 그래프는 Transform을 Location으로 변환한 다음 그 위치에 폭파 불꽃을 표시한다. SpawnActor는 Transform을 사용하지만, SpawnEmitter는 Location을 사용하기 때문이다. 위의 그래프는 SpawnRight의 Location을 직접 구해서 다음과 같이 작성할 수도 있다. 어느 방법을 사용하든 결과는 같다.

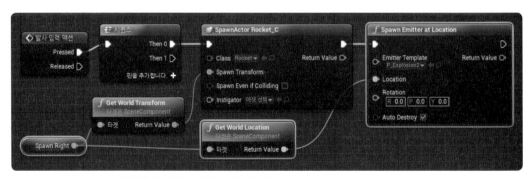

그림 6-11 **Spawn Point 위치에 파티클을 표시하는 다른 방법**

이제 게임을 실행하면 로켓 발사 시 발사 불꽃이 표시되는 것을 확인할 수 있을 것이다. 불꽃이 너무 커서 아파치 헬기가 피격당하는 느낌을 주지만, 불꽃 파티클은 나중에 변경할 것이므로 우선은 그냥 지나간다.

그림 6-12 **로켓을 발사할 때 발사 화염이 표시된다**

6.2.4 로켓의 충돌 처리

로켓이 지면이나 목표물에 충돌하면 화염과 폭파 사운드가 나오는 부분을 추가한다. Rocket 블루프린트에서 작업한다. 로켓에 사용할 폭파 불꽃은 P_Explosion인데, 나중에 속성을 수정할 예정이므로 이것을 복제해서 사용한다. 복제하면 P_Explosion3이 만들어질 것이다.

액터의 충돌은 Hit 이벤트나 OnComponentHit 이벤트를 사용해서 처리한다. 어느 것을 사용해도 같은 결과가 되지만, 여기에서는 OnComponentHit 이벤트를 사용할 것이다. Rocket 블루프린트의 Trigger를 선택하면 이벤트 카테고리에 [**Trigger에 대한 이벤트 추가**] 버튼이 있다. 이것을 클릭하고 OnComponentHit 추가를 선택한다.

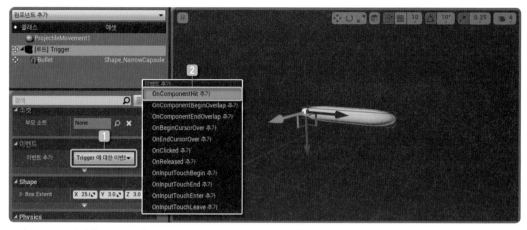

그림 6-13 로켓의 충돌 이벤트 추가

이벤트를 추가하면 이벤트 그래프에 이벤트 노드가 추가된다. 다음 그래프는 로 켓이 다른 물체와 충돌하면 폭파 불꽃과 사운드를 재생하고 로켓을 제거하는 처 리이다. 사운드는 PlaySoundAtLocation으로 재생하고, 액터를 제거하는 것은 DestroyActor 노드를 이용한다.

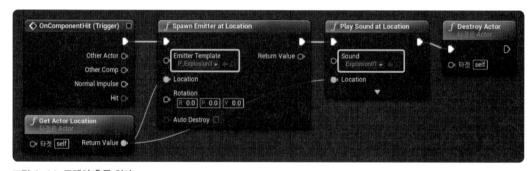

그림 6-14 로켓의 충돌 처리

이제 게임을 실행하면 로켓이 바닥에 충돌할 때 폭파 불꽃이 나타난다. 불꽃이 너 무 작아 효과가 미미해 보이지만, 이것 역시 파티클을 수정할 때 처리할 것이다.

그림 6-15 로켓이 지면과 충돌하면 폭파 불꽃과 사운드가 재생된다(노란색 동그라미)

씬에 바위를 몇 개 설치하고 로켓으로 바위를 파괴하는 기능을 추가한다. 로켓이 바위에 명중하면 바위가 여러 조각으로 분해되어야 하는데, 스태틱 메시를 여러 조각으로 분해할 수 있도록 만든 것을 디스트럭터블 메시Destructible Mesh라고 한다. 언리얼 엔진은 NVIDIA의 APEX PhysX Lab을 이용해서 파괴되는 메시를 만든다. 스태틱 메시를 여러 조각으로 분해하려면 스태틱 메시를 디스트럭터블 메시로 변환하는 과정이 필요하다.

6.3.1 디스트럭터블 메시 만들기

[StarterContent/Props] 폴더에 바위가 수록되어 있는데 이름이 SM_Rock으로 되어 있다. 이것을 우클릭하고 [디스트럭터블 메시 생성] 메뉴를 실행한다.

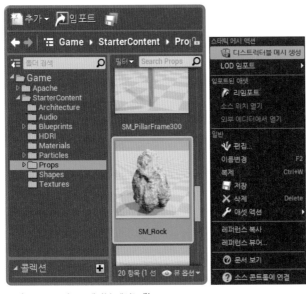

그림 6-16 [디스트럭터블 메시] **메뉴**

디스트럭터블 메시를 만들면 스태틱 메시 이름 뒤에 '_DM'이 붙는 메시가 만들어지
며 디스트럭터블 메시 에디터가 실행된다.

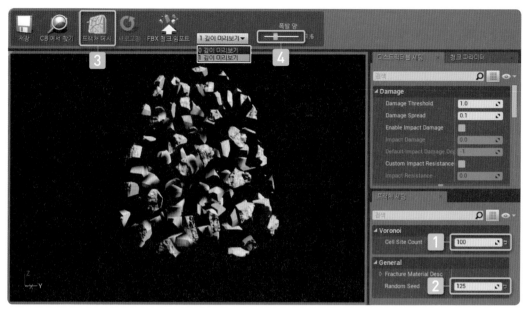

그림 6-17 디스트럭터블 메시 에디터

1. **Cell Site Count**　생성하는 파편의 수
2. **Random Seed**　파편이 흩어지는 형태
3. **프랙처 메시**　파편 생성
4. **폭발양**　파편이 흩어지는 형태 미리보기

[프랙처 메시] 버튼을 누른 후 '1 깊이 미리보기' 옵션을 선택하고 슬라이더를 좌우로
이동하면 파편이 흩어지는 상태를 확인할 수 있다.

6.3.2 디스트럭터블 메시 파라미터

디스트럭터블 메시를 만든 후에는 디스트럭터블 세팅 탭
에서 속성을 설정해야 폭파시킬 수 있다. **1**의 속성을
On으로 설정하고 **2**와 **3**을 설정한다. **2**는 기본값이 0
으로 되어 있으므로 0보다 큰 값, **3**은 기본값 −1이므
로 0이나 임의의 양수(+)로 설정한다.

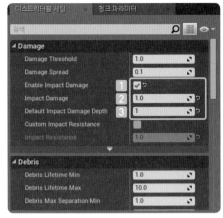

그림 6−18 **디스트럭터블 메시 속성**

6.3.3 디스트럭터블 메시 배치

SM_Rock을 디스트럭터블 메시로 만들면 SM_Rock_DM이 만들어진다. 이것을 씬
에 배치하고 크기를 적당히 키운다. 여기에서는 스케일을 (3, 3, 4)로 설정했다. 씬
에 배치한 SM_Rock_DM을 몇 개 복사해서 여기저기 배치한다. 씬에 설치되어 있는
Player Start의 위치를 (0, 0, 600) 정도로 설정해서 아파치 헬기의 초기 고도를 조금
높이는 것이 좋다. 이제 게임을 실행하면 로켓을 발사해서 디스트럭터블 메시를 파
괴할 수 있을 것이다.

그림 6−19 **로켓으로 디스트럭터블 메시를 파괴한다**

6.3.4 디스트럭터블 메시 머티리얼

현재 디스트럭터블 메시가 파괴될 때 파편에는 머티리얼이 반영되지 않고 있다. 디스트럭트블 메시의 머티리얼은 디스트럭터블 세팅 탭에서 설정한다. 다음 그림은 M_Rock_Basalt로 설정하고 게임을 실행한 화면이다.

그림 6-20 **엘리먼트1이 파편의 머티리얼이다**

디스트럭터블 메시는 물체가 파괴될 때의 파편 효과를 줄 수 있는 아주 유용한 기능이지만 안타깝게도 모바일 플랫폼에서는 이 기능을 사용할 수 없다. 씬에 배치한 디스트럭터블 메시는 모바일 프리뷰 창에는 보이지 않는다. 따라서 이 프로젝트를 모바일용으로 빌드하려면 디스트럭터블 메시 대신 스태틱 메시를 사용해야 한다. 물론 파편 효과도 줄 수 없다.

6.4 마우스로 헬기 회전하기

게임을 실행해 보면 아파치 헬기로 목표물을 조준하는 것이 까다롭다는 것을 알 수 있다. 현재 아파치 헬기는 Ⓐ Ⓓ Ⓦ Ⓢ키로 이동하고, Ⓠ Ⓔ키로 회전한다. 이 기능은 그대로 두고, 마우스를 좌우로 이동해서 아파치 헬기를 회전하는 기능을 추가하는 것이 좋을 것 같다. 현재는 마우스를 좌우로 이동하면 카메라의 시점이 바뀌는데, 이 기능을 제거하고 아파치 헬기가 좌우로 회전하는 기능을 추가할 것이다. Apache 블루프린트에 작성한다.

6.4.1 마우스로 좌우 회전

가장 기본적인 기능은 마우스가 좌우로 이동하는 값을 회전량(Yaw)으로 변환해서 액터의 회전량에 누적시키는 것이다. 앞에서 작성한 마우스 좌우 회전 이벤트를 모두 삭제하고 다음과 같이 작성한다.

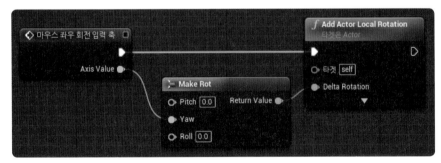

그림 6-21 마우스로 아파치 헬기 좌우로 회전하기

블루프린트를 컴파일하고 게임을 실행하면, 마우스를 좌우로 이동할 때 아파치 헬기가 좌우로 회전하는 것을 확인할 수 있을 것이다. 스프링 암의 Yaw 회전을 없앴으므로 아파치 헬기는 항상 정면을 향한 상태로 회전한다.

6.4.2 회전할 때 지평선 기울이기

마우스로 회전할 때 지평선이 기울어지는 기능을 추가한다. 이 과정은 조금 복잡하다. 마우스를 이동하면 지평선이 기울어지지만, 이동을 멈추면 수평 상태로 돌아와야 하기 때문이다. 지평선을 기울이는 것은 스프링 암을 회전하는 동작인데, 변수 ArmRoll에 설정된 값이 지평선을 기울인다. 따라서 마우스의 이동 값을 ArmRoll에 누적시켜서 스프링 암의 회전 값으로 설정한다.

그런데 아파치 헬기가 회전하는 것과 스프링 암이 회전하는 것은 서로 반대 방향이므로 마우스의 이동 값을 음수로 처리한다. 결국 ArmRoll에서 마우스 이동량을 뺀 값이 회전 각도가 되는 셈이다. 여기에 ArmYaw, ArmPitch를 참조하는 부분을 추가해야 마우스의 상하 움직임이 제대로 반영될 것이다. 다음 그래프는 앞에서 작성한 그림 6-21의 그래프에 노드를 추가한다. 마우스의 이동은 아날로그 값이어서 선형보간이 필요하지는 않지만 그래프의 흐름선은 조금 복잡하다.

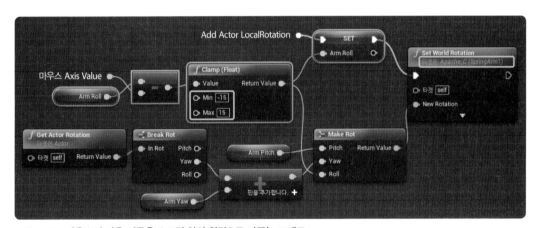

그림 6-22 **마우스의 좌우 이동을 스프링 암의 회전으로 바꾸는 그래프**

이제 게임을 하면 마우스를 좌우로 이동할 때 아파치 헬기가 회전하면서 지평선이 기울어지는 것을 확인할 수 있을 것이다. 마우스로 아파치 헬기를 좌우로 회전할 수 있으므로 게임의 조작이 훨씬 쉬워졌다.

그림 6-23 마우스로 회전할 때도 지평선이 기울어진다

이 기능은 모바일 기기에서는 별로 필요하지 않을 것 같으므로 모바일용으로 구현 하지는 않는다. 굳이 구현할 경우에는 마우스 이벤트에 연결된 모든 노드를 하나의 함수로 만들고, Tick 이벤트에서 그 함수를 호출하도록 하면 될 것이다. 이 부분은 각자 만들어 보기 바란다.

이 장에서 지금까지 작업한 과정은 다음 사이트에서 동영상으로 볼 수 있다.

 ▶ http://youtu.be/q-9pDlKGCx4

제 **7** 장

파티클 다루기

이 장의 개요 – 이 장은 파티클의 기본 구성과 원리, 새로운 파티클을 만드는 과정이다. 제5장과 제6장에서 사용한 파티클을 수정하고, 새로운 파티클을 만들어서 로켓에 추가하는 과정에 대해 알아본다.

7.1 파티클의 구성

파티클은 연기나 안개와 같은 미세한 입자들의 움직임을 구현한 것이다. 파티클은 다음의 요소로 구성된다.

- **Emitter**   입자 생성을 담당하는 부분이다. 입자 종류마다 하나씩 사용하므로 파티클에 따라 여러 개의 이미터를 사용할 수 있다.
- **Module**   입자의 세부적인 속성을 설정하는 기능을 모아둔 것이다. 이미터는 여러 개의 모듈로 구성된다.
- **Type Data Modules**   레이저 빔이나 리본 타입 등의 특수한 용도의 파티클을 만드는 모듈이다.

콘텐츠 브라우저에서 StarterContent/Particles/P_Explosion2를 더블클릭해서 캐스케이드 에디터를 연다. 캐스케이드 에디터는 파티클을 만들고 수정하는 편집 툴이다.

그림 7-1 캐스케이드 에디터. 파티클이 다섯 개의 이미터로 구성되어 있다

P_Explosion2는 다섯 개의 이미터로 구성되어 있는데, 이미터 이름 아래에 있는 ⑤ 버튼을 누르면 그 이미터의 동작만 표시한다. 이미터 아래에 세로로 나열되어 있는 항목들이 모듈이다. 각각의 모듈은 상수(값)나 그래프로 설정한다.

7.2 로켓 발사 파티클 수정

P_Explosion2의 불꽃 크기를 줄이고, 연기가 빨리 사라지도록 수정할 것이다. P_Explosion2는 다섯 개의 이미터를 사용하고 있는데, 다음과 같이 구성되어 있다.

- **ShockWave**   퍼지는 불꽃 효과
- **FireBall**   타오르는 불꽃 효과
- **Spark**   사방으로 퍼지는 파편 효과
- **fire_light**   파티클의 조명 효과
- **Smoke**   퍼지는 연기 효과

여기에서는 ShockWave와 Smoke만 사용할 것이므로 나머지 세 개는 삭제한다.

1 불꽃의 크기 변경

파티클 입자는 시간에 따라 크기가 변하는데, Size By Life 모듈이 기능을 담당한다. 불꽃의 크기를 줄이기 위해 입자의 최댓값과 최솟값을 설정한다. ShockWave의 Size By Life 모듈을 선택하고 디테일 패널에서 Size 카테고리를 열면, Distribution에서 설정하는 값의 종류를 지정할 수 있다.

Distribution^{분포}에서 설정하는 값의 종류는 float와 Vector가 있으며, float는 하나의 값을 설정하는 것이고, Vector는 (x, y, z) 세 요소를 개별적으로 설정하는 것이다. 모듈에서 사용하는 분포의 종류는 다음과 같은 것이 있다.

- **DistributionVectorConstant**   하나의 벡터(x, y, z)로 값을 설정한다.
- **DistributionVectorConstantCurve**   벡터의 (x, y, z)를 각각 그래프로 설정한다.
- **DistributionVectorParticleParameter**   파티클 변수 파라미터를 만든다.
- **DistributionVectorUniform**   두 개의 벡터를 범위로 설정한다.
- **DistributionVectorUniformCurve**   두 개의 벡터를 각각 그래프로 만들어 범위를 설정한다.

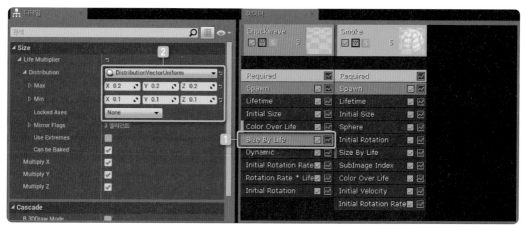

그림 7-2 시간의 흐름에 따른 입자 크기의 변화

우리는 불꽃 입자의 최대 크기와 최소 크기를 설정할 것이므로 VectorUniform 분포를 사용한다. 최댓값과 최솟값에 각각 (0.2, 0.2, 0.2), (0.1, 0.1, 0.1)을 입력한다.

2 연기의 크기 줄이기

입자의 크기를 줄이는 다른 방법으로 입자의 초기 크기를 줄이는 방법을 사용할 수 있다. Smoke 이미터의 Initial Size를 열면 연기 입자의 크기가 설정되어 있다. 이것을 절반으로 줄이면 연기의 크기가 절반으로 줄어들 것이다.

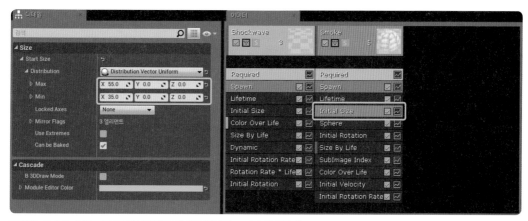

그림 7-3 Initail Size의 크기를 줄여도 파티클 입자의 크기가 줄어든다

3 연기의 Lifetime 설정

Lifetime은 입자가 화면에 나타났다 사라지는 초 단위 수명이다. 이 값을 (0.5, 0.8)로 설정해서 최대 0.8초 후에는 연기가 사라지도록 한다.

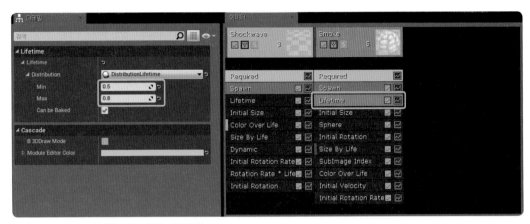

그림 7-4 **Lifetime은 입자의 초 단위 수명이다**

수정한 내용을 저장하고 게임을 실행하면 로켓을 발사할 때의 불꽃이 아주 작아지고, 연기가 빨리 사라지는 것을 확인할 수 있을 것이다.

그림 7-5 **로켓의 발사 불꽃과 연기의 크기가 많이 줄어들었다**

7.3 폭파 불꽃 파티클 수정

로켓이 목표물과 충돌할 때 표시되는 폭파 불꽃은 크기를 많이 키워서 시각적인 효과가 충분히 나타나도록 한다. P_Explosion3은 이미터가 다섯 개나 되므로 전부 수정해야 한다. 이미터에 여러 가지 모듈을 사용하고 있으므로 먼저 모듈의 개략적인 기능을 알고 시작하자.

표 7-1 **모듈의 기능**

모듈명	기 능
Spawn	입자의 수와 입자의 방출하는 방식 등의 설정
Lifetime	입자의 초 단위 수명
Color Over Life	시간의 흐름에 따라 변하는 입자의 색상
Size By Life	시간의 흐름에 따라 변하는 입자의 크기
Dynamic	다이나믹 파라미터 생성
Initial Rotation Rate	초기의 회전 속도
Rotation Rate Life	시간의 흐름에 따라 변하는 입자의 회전 속도
Initial Rotation	초기의 회전 각도
SubImage Index	여러 개의 조각그림으로 구성된 이미지인 경우 조각그림의 인덱스 번호
Const Acceleration	가속도의 방향
Sphere	입자의 방출이 시작될 가상의 구의 크기
Collision	입자의 충돌 시 반사 여부(GPU 파티클)
Light	파티클의 조명
Initial Velocity	초기의 운동 방향

이 외에도 아주 다양한 모듈이 있는데, 모듈의 종류와 세부적인 기능은 언리얼 에디터 매뉴얼을 참고하기 바란다.

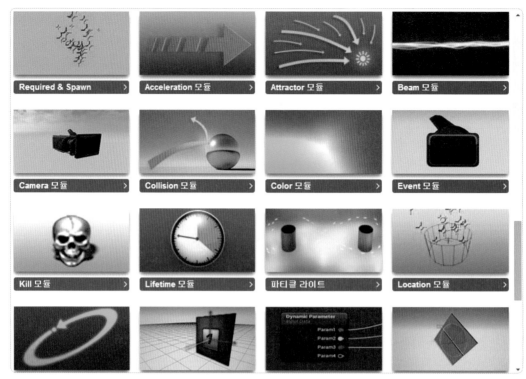

그림 7-6 언리얼 엔진 4 문서 ➡ 언리얼 에디터 매뉴얼 ➡ 파티클 시스템 ➡ 파티클 시스템 참고서

참고 GPU 파티클

파티클은 CPU 파티클과 GPU 파티클이 있는데, 이것은 파티클을 만들고 방출하는 주체에 의한 구분이다. CPU 파티클은 초당 1000 단위의 입자를 처리하는 데 비해 GPU 파티클은 초당 10만 단위 입자를 처리할 수 있다. CPU 파티클을 GPU 파티클로 변환하려면 파티클 이미터에서 우클릭하고 [**타입 데이터**➡**새 GPU Sprites**] 메뉴를 실행한다. GPU 파티클을 CPU 파티클로 변환할 경우에는 이미터 이름 아래에 있는 GPU Sprites를 우클릭하고 [**모듈 삭제**] 메뉴를 실행한다. GPU 파티클은 모바일 플랫폼에서는 작동하지 않는다.

1️⃣ ShockWave 키우기

ShockWave는 불덩어리를 감싸는 원형의 이미터이다. 모듈의 속성을 다음과 같이 설정한다.

표 7-2 ShockWave 모듈의 속성

모듈명	속 성	값	비 고
Lifetime	Lifetime/Constant	1.0	입자의 초 단위 수명
Size By Life	O / Out Val	(5, 5, 5)	시간에 따른 입자의 크기
	1 / Out Val	(8, 8, 8)	

그림 7-7 ShockWave의 Size By Life 모듈 속성

2️⃣ FireBall 키우기

FireBall은 불덩어리 모양의 이미터이다. 속성을 다음과 같이 설정한다. Lifetime은 분포를 Float Uniform으로 설정하고 값을 입력한다.

표 7-3 FireBall 모듈의 속성

모듈명	속 성	값	비 고
Lifetime	Lifetime/Min Max	(1, 1.5)	입자의 초 단위 수명
Size By Life	O / Out Val	(20, 20, 20)	시간에 따른 입자의 크기

❸ Spark 키우기

Spark는 파편 모양의 빛줄기가 흩어지는 형상의 이미터인데, GPU 스프라이트이므로
모바일 기기에는 표시되지 않을 것이다. 모듈의 속성을 다음과 같이 설정한다.

표 7-4 **Spark 모듈의 속성**

모듈명	속 성	값	비 고
Lifetime	Distribution Min, Max	(0.8, 1)	입자의 초 단위 수명
Initial Size	Distribution Constant	(20, 200, 0)	입자의 초기 크기
Sphere	Velocity	Off	구체의 표면에서만 발산
	Distribution Float Uniform Min, Max	(30, 50)	발산 속도

그림 7-8 **Spark Sphere 모듈 속성. Sphere 모듈은 입자를 방출하는 구체를 설정하는 기능이다**

❹ Smoke 키우기

Smoke는 화염과 함께 나타나는 연기 파티클이다. 모듈의 속성을 다음과 같이 설정
한다.

표 7-5 **Smoke 모듈의 속성**

모듈명	속 성	값	비 고
Lifetime	Lifetime Min/Max	(1, 2)	입자의 초 단위 수명
Initial Size	Constant	(220, 200, 0)	입자의 초기 크기
Sphere	Velocity/Distribution Float Constant	50	구체의 크기
Size By Life	Points 1 In Val	3	시간에 따른 입자의 크기
	Out Val	(10, 10, 10)	

그림 7-9 **Smoke Size By Life 모듈 속성. 입자가 넓게 퍼지도록 설정한다**

이제 게임을 실행하면 로켓이 지면이나 목표물에 충돌할 때 화려한 폭파 불꽃을 볼
수 있다.

그림 7-10 **로켓이 지면이나 목표물에 충돌하면 커다란 화염이 발생한다**

7.4 로켓 연기 만들기

이제 로켓을 발사하면 하얀 연기를 내뿜으며 날아가는 기능을 추가한다.

7.4.1 새 파티클 만들기

콘텐츠 브라우저에서 [생성 ➡ 파티클 시스템] 메뉴를 실행해서 새로운 파티클을 만들고 이름을 RocketSmoke로 작성한다. RocketSmoke를 더블클릭하면 캐스케이드 에디터가 열릴 것이다.

1 이미터 이름 바꾸기

캐스케이드 에디터에 기본으로 Particle Emitter가 만들어져 있다. 이것을 우클릭하고 [이미터 ➡ 이미터 이름 변경] 메뉴를 실행하면 이미터의 이름을 바꿀 수 있으므로 Smoke로 바꾼다.

그림 7-11 이미터 이름 변경

② 파티클 머티리얼 설정

파티클을 만들려면 먼저 파티클용 머티리얼을 만들어야 하는데, 여기에서는 언리얼 에디터에 내장되어 있는 머티리얼을 사용하기로 한다. Required 모듈에서 이미터의 머티리얼을 설정할 수 있다. 머티리얼을 M_Dust_Particle로 바꾼다. 이 머티리얼은 SubUV로 만든 것이라서 두 줄기 연기가 표시될 것이다.

그림 7-12 이미터의 머티리얼 설정

③ SubUV 설정

SubUV는 2D 스프라이트 이미지처럼 조금씩 변하는 조각그림을 한 장의 이미지에 모아둔 것이다. 현재 사용하는 M_Dust_Particle는 2×2 이미지를 사용한다. 참고로 앞에서 작업한 폭파 불꽃의 Smoke는 8×8 이미지이다. 디테일 탭의 아래쪽에 Sub UV 카테고리가 있다. 수평Horizontal과 수직Vertical 이미지 수를 각각 2로 설정하고, Interpolation Method를 Linear Blend로 설정한다. 이렇게 하면 2×2의 이미지가 한 장씩 순서적으로 나타나므로 연기 모양이 순차적으로 변한다.

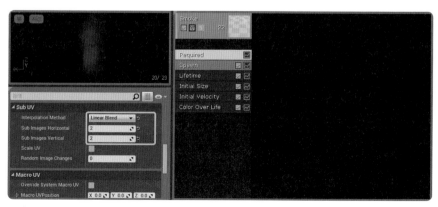

그림 7-13 Sub UV 설정

4 이미터의 입자 수 설정

입자의 수는 Spawn 모듈에서 설정한다. Distribution을 FloatUniform으로 설정하고 Min과 Max에 (50, 100)을 입력한다. 이렇게 하면 초당 50~100개의 입자가 방출될 것이다.

그림 7-14 이미터의 입자 수 설정

5 입자의 수명 설정

입자의 초 단위 수명은 Lifetime 모듈에서 설정한다. Min과 Max에 (2, 3)을 입력한다.

6 입자의 크기 설정

입자의 크기는 Initial Size 모듈에서 설정한다. 연기가 불규칙한 크기로 나타나도록 Max (40, 40, 40), Min (20, 20, 20)을 입력한다.

그림 7-15 입자의 크기 설정

7 입자의 기본 이동 방향 설정

입자가 기본적으로 퍼지는 방향과 속도는 Initial Velocity 모듈에서 설정한다. Max
(10, 10, 10), Min (−10, −10, −10)을 입력한다. 이렇게 하면 연기가 한자리에 동그랗
게 뭉쳐질 것이다.

그림 7−16 입자의 기본 이동 방향 설정

8 시간에 따른 입자의 색상 설정

Color Over Life 모듈에서 시간에 따라 변하는 입자의 색상을 설정할 수 있다. 여기
에서는 검은색(0, 0, 0)에서 회색(0.4, 0.4, 0.4)으로 변하도록 설정할 것이다. 분포를
VectorUniform으로 바꾸고 Max (0.4, 0.4, 0.4), Min (0, 0, 0)을 설정한다. (x, y, z)가
RGB 컬러이다. 그 아래에 있는 Locked Axes는 XYZ으로 설정한다. 이것은 Min에서
Max로 값이 변할 때 (x, y, z)가 같은 비율로 변하게 하는 옵션이다. 이 옵션을 설정
하지 않으면 컬러풀한 연기를 보게 될 것이다.

그림 7−17 시간에 따른 입자의 색상 설정

9 시간에 따른 입자의 크기 설정

시간에 따른 입자의 크기를 변경하는 모듈은 Size By Life인데, 이 모듈이 없으므로 이미터를 우클릭하고 [Size ➡ Size By Life] 메뉴를 실행해서 새로 추가한다. 분포를 VectorUniform으로 바꾸고 Max (5, 5, 5), Min (1, 1, 1)로 설정한다. 이 값은 초기 크기에 대한 스케일 비율이다.

그림 7-18 **Size By Life 모듈의 속성 설정**

10 썸네일 만들기

툴바의 썸네일 버튼을 누르면 현재의 이미터 상태를 파티클의 썸네일 이미지로 만들 수 있다. 앞에서 작업한 내용은 온통 검은색이므로 썸네일도 검은색으로 표시될 것이다. 작업이 끝나면 [저장] 버튼을 눌러 파티클을 저장하고 캐스케이드 창을 닫는다.

그림 7-19 **파티클의 썸네일 만들기**

7.4.2 파티클을 로켓에 연결

앞에서 만든 파티클을 로켓에 연결한다. Rocket 블루프린트에서 작업한다. 컴포넌트 탭에서 Rendering/Particle System을 하나 추가하고 이름을 Smoke로 바꾼다. Particles/Template을 앞에서 만든 RocketSmoke로 설정하고, 로켓의 꼬리 부분으로 이동한다. 로켓에 비해 연기가 아주 커 보이지만, 로켓은 작은 물체이므로 연기가 커야 제대로 보일 것이다. 추가한 파티클의 Lighting/Cast Shadow 속성을 설정하면 로켓을 발사할 때 파티클의 그림자가 나타난다.

그림 7-20 로켓의 뒤에 연기 파티클을 추가한다

이제 게임을 실행하고 로켓을 발사하면 로켓이 검은 연기를 내뿜으며 날아가는 것을 확인할 수 있을 것이다.

그림 7-21 로켓이 날아갈 때 연기가 나타난다

🔶 로켓 파괴 후에 파티클 남기기

로켓을 발사하여 로켓이 목표물이나 바닥과 충돌하면, 폭파되는 것과 동시에 로켓의 연기도 함께 사라져서 자연스럽지 않다. 로켓이 폭파되더라도 일정 시간은 연기가 남아있으면 좀 더 현실적일 것이다. 로켓의 Hit 이벤트의 맨 마지막 노드가 Destroy Actor인데, Destroy Actor는 블루프린트 액터 자체를 제거하므로 파티클도 함께 사라진다.

Destroy Actor 대신 Destroy Component로 Trigger와 Bullet을 삭제하면 트리거와 캡슐만 제거된다. 따라서 파티클은 로켓이 제거된 후에도 계속 남아 있게 될 것이다. Rocket의 Initial Life Span이 3초이므로 3초 후에는 블루프린트 자체가 제거되어 연기도 함께 사라진다. 즉, 로켓의 충돌 유무와는 상관없이 파티클은 3초간 생존한다. OnComponentHit 이벤트를 다음과 같이 바꾼다. DoOnce 노드는 충돌 이벤트가 여러 번 발생할 수 있으므로 처음 이벤트가 발생할 때 한 번만 처리하라는 의미이다.

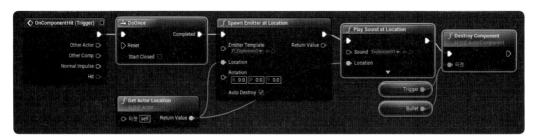

그림 7-22 **Destroy Component 노드**

이제 게임을 실행하면 로켓이 파괴된 후에도 연기가 남아 있다 점점 희미하게 사라지는 것을 확인할 수 있을 것이다.

그림 7-23 로켓이 파괴된 후에도 연기는 천천히 사라진다

지금까지 이 장에서 작업한 과정은 다음 사이트에서 동영상으로 볼 수 있다.

 ▶ http://youtu.be/JmXaQ7W-a74

제 8 장

머티리얼

이 장의 개요 – 이 장에서는 머티리얼의 개본 개념에 대해 알아본다. 머티리얼에 대한 설명은 제11장에서 조금 더 자세히 다루므로 이 장에서는 아파치 헬기와 로켓의 머티리얼을 변경하는 수준의 작업만 하게 될 것이다.

8.1 머티리얼의 개요

언리얼 엔진은 물리 기반 머티리얼을 사용한다. 물리 기반 머티리얼의 중요한 개념은 다음의 세 가지이다.

❶ 베이스 컬러

물체의 기본 색상 및 텍스처를 설정한다.

❷ 메탈릭

물체가 어느 정도 금속성을 띄는지를 설정한다. 물질은 금속과 비금속으로 구분할 수 있는데, 금속의 표면에는 원자 주변을 자유롭게 이동하는 공유 전자가 퍼져 있다. 금속에 빛이 닿으면 빛 에너지에 의해 표면의 전자가 들뜬 상태가 되어 특정한 가시광선 대를 흡수하고 나머지를 반사한다. 이러한 이유로 금속 표면은 고유한 반사율과 독특한 색을 가진다. 메탈릭은 0~1의 값으로 설정하며, 0은 비금속, 1은 완전한 금속이다.

그림 8-1 메탈릭 0~1   출처: 언리얼 엔진 4 물리 기반 머티리얼

❸ 러프니스

표면의 거칠기이다. 매끈한 표면은 빛을 정반사하지만, 거친 표면은 난반사를 일으킨다. 0~1의 값으로 설정하며, 0은 거울 반사, 1은 완전한 무광^{디퓨즈, 확산}이다.

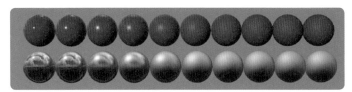

그림 8-2 러프니스 0~1. 위는 넌메탈, 아래는 메탈
출처: 언리얼 엔진 4 물리 기반 머티리얼

8.2 로켓의 머티리얼 수정

이제 로켓의 머티리얼을 수정한다. 로켓의 머티리얼은 [StarterContent/Materials] 폴더의 M_Basic_Wall2이다. 이것을 더블클릭해서 머티리얼 에디터를 연다. 머티리얼 에디터는 블루프린트처럼 노드 기반으로 되어 있다. 오른쪽 팔레트 탭에 표시된 목록이 머티리얼에 사용하는 노드들이다.

그림 8-3 머티리얼 에디터

위의 그래프를 보면 M_Basic_Wall2는 베이스 컬러와 러프니스만 사용하고 있다는 것을 알 수 있다.

1️⃣ Constant 노드 만들기

Constant 노드는 하나의 실수 값을 설정하는 노드이다. 팔레트 목록에서 새로 만들려는 노드를 그래프 패널로 끌고 오거나, 오른쪽 버튼을 클릭한 후 목록에서 선택한다. 팔레트 탭의 목록 중에 단축키가 표시되어 있는 것이 있다. 단축키는 그 키를 누른 상태에서 그래프 패널을 클릭한다는 의미이다. Constant의 단축키가 '1'이므로 키보드의 1을 누른 상태에서 그래프 패널을 클릭하면 Constant 노드가 만들어진다.

2️⃣ 이미시브 컬러 설정

이미시브 컬러는 태양이나 전구와 같이 내부에서 빛을 방출하는 물체의 밝기를 설정하는 것이다. 앞에서 만든 Constant 노드의 값을 20 정도로 설정하고 이미시브 컬러에 연결하면 머티리얼이 태양처럼 빛나는 것을 확인할 수 있을 것이다. [적용] 버튼을 누르면 머티리얼이 스태틱 메시에 반영된다.

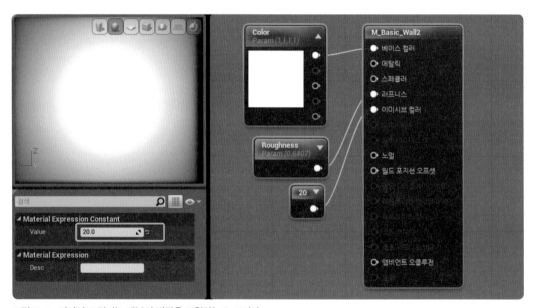

그림 8-4 **이미시브 컬러는 내부의 발광을 표현하는 노드이다**

이제 게임을 실행하고 로켓을 발사하면 로켓이 아주 밝은 빛을 내면서 날아가는 것을 확인할 수 있다.

그림 8-5 로켓이 밝은 빛을 내면서 날아간다

8.3 아파치 헬기의 머티리얼

앞에서 임포트한 아파치 헬기는 각각의 부품에 사용된 머티리얼이 함께 추가되어 있다. 추가된 머티리얼은 그 머티리얼이 적용된 부품 이름이 표시되어 있으므로 쉽게 구별할 수 있을 것이다.

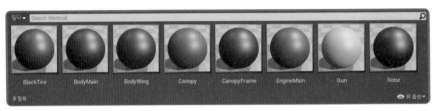

그림 8-6 **3D 오브젝트와 함께 추가된 머티리얼**

🢒 머티리얼의 텍스처

텍스처^{Texture}는 머티리얼에 사용하는 이미지이다. 이제 제5장에서 임포트한 'Camouflage. tga'를 사용해서 아파치 헬기에 무늬를 입힐 것이다. 먼저 BodyMain 머티리얼을 더블 클릭해서 머티리얼 에디터를 연다. 현재는 베이스 컬러만 사용하고 있는 상태이다.

그림 8-7 **BodyMain 머티리얼**

1 텍스처 추가

제5장에서 아파치 헬기 모델을 임포트할 때 다운로드한 위장무늬 이미지를 그래프 패널로 끌고 오면 텍스처가 추가된다. 베이스 컬러를 삭제하고 텍스처를 연결하면 머티리얼에 위장무늬가 표시될 것이다. **[적용]** 버튼을 누른 후 **[Apache/Meshes]** 폴더의 Apache_Body를 더블클릭해서 스태틱 메시 에디터를 열면 아파치 헬기 본체에 위장무늬가 적용된 것을 확인할 수 있다.

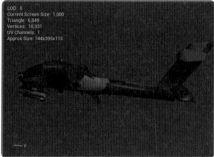

그림 8-8 텍스처를 베이스 컬러로 사용하면 스태틱 메시에 텍스처가 매핑된다

2 무늬 크기 줄이기

위장무늬 이미지가 너무 크게 표시되고 있으므로 이미지의 크기를 줄인다. 실제로는 이미지의 크기를 줄이는 것이 아니라 이미지를 가로 세로로 타일링하여 여러 번 적용하는 것이다. 이미지를 타일링하기 위해 TextureCoordinate 노드를 하나 추가하고 타일링 속성을 (6, 6)으로 설정한다. 검색어로 'coord'를 입력하면 찾을 수 있을 것이다.

이것을 텍스처 노드의 UVs에 연결하면 가로 세로로 타일링된 결과가 표시된다. 같은 면적에 같은 이미지를 여섯 번 적용하면 무늬는 1/6 크기로 작아진다.

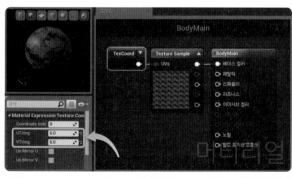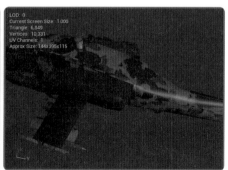

그림 8-9 **TextureCoordinate**의 타일링으로 무늬의 크기를 설정한다

③ 메탈릭과 러프니스 설정

Constant 노드 두 개를 만들고 값을 (0.9, 0.3)으로 설정한 후 이것을 메탈릭과 러프니스에 연결한다. [적용] 버튼을 누르면 반짝반짝 빛나는 동체를 보게 될 것이다.

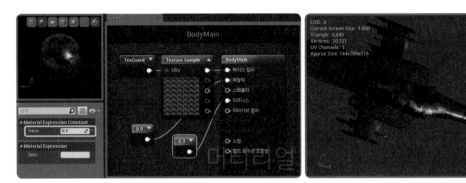

그림 8-10 메탈릭과 러프니스로 재질과 반사율을 설정한다

앞에서와 같은 방법으로 BodyWing, EngineMain 머티리얼을 수정한다. 이 부분은 각자 처리하기 바란다. TextureCoordinate는 각각 (3, 3), (2, 2) 정도로 설정한다. 완성된 결과는 Apache 블루프린트의 컴포넌트 탭에서 확인할 수 있다.

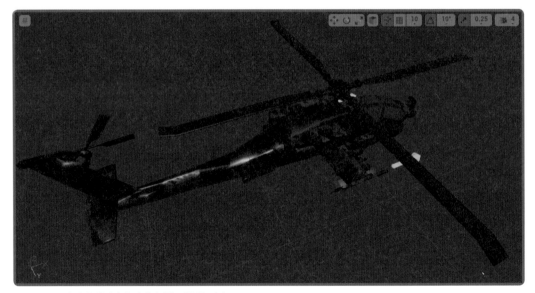

그림 8-11 날개와 엔진까지 머티리얼을 적용한 결과

8.4 모바일 플랫폼의 머티리얼

모바일 플랫폼은 PC에 비해 CPU의 처리 능력과 메모리가 부족하기 때문에 PC 기반의 프로젝트가 제대로 작동하지 않는 경우가 많다.

8.4.1 파티클의 머티리얼

모바일 프리뷰 창에서 이 프로젝트를 실행하면 어느 정도 시간이 지난 다음에는 연기와 폭파 불꽃 등의 파티클이 이상하게 표시되는 경우가 있다. 언리얼 엔진의 버전에 따라 이런 증상이 나타나기도 하고 나타나지 않기도 한다. 모바일 기기에서도 같은 증상이 나타나는 경우가 있다. 실제의 게임에서 이런 경우가 발생하면 참으로 난감할 것이다. 참고로 다음 그림의 바위는 디스트럭터블 메시가 아니라 SM_Rock이다.

그림 8-12 모바일 프리뷰 창에서는 파티클이 이상하게 보이는 경우가 있다

모바일 플랫폼에서 파티클이 검게 나타나는 현상은 파티클에 사용된 머티리얼의 문제이다. 파티클의 머티리얼이 디폴트Default Lit 모델인 경우에는 모바일 플랫폼에서 문제를 일으키는 경우가 있다(항상 문제를 일으키는 것은 아니다). 문제가 발생한 파티클은 머티리얼을 라이팅 제외Unlit 모델로 바꾸어서 문제를 해결한다. 언리얼 엔진 4.6 버전부터는 파티클의 머티리얼을 모두 Unlit 모델로 바꾸어 두었으므로 내장된 파티클을 사용하는 경우에는 이와 같은 문제가 발생하지는 않을 것이다. 그러나 모바일용 파티클의 머티리얼을 새로 만드는 경우에는 머티리얼의 모델을 Unlit로 설정하는 것이 좋을 것 같다.

■1 파티클의 머티리얼 찾기

이 프로젝트에서 사용하는 파티클은 모두 세 개인데, 우선 아파치 헬기의 로켓 발사 불꽃으로 사용된 P_Explosion2를 더블클릭해서 캐스케이드 에디터를 연다. 파티클 이미터의 Required 모듈을 선택하면 디테일 탭의 첫 번째 항목에 파티클의 머티리얼이 표시된다.

그림 8-13 **파티클에 사용된 머티리얼**

2 머티리얼 수정

디폴트 탭에 표시된 머티리얼을 더블클릭하면 머리티얼 에디터가 열린다. 머티리얼을 선택한 후 Shading Model을 Unlit로 바꾼다. Shading Model을 Unlit로 바꾸면 몇 개의 핀을 제외한 대부분의 핀이 비활성화될 것이다. 이 과정을 프로젝트에서 사용하고 있는 세 개의 파티클의 모든 모듈에 적용해야 한다.

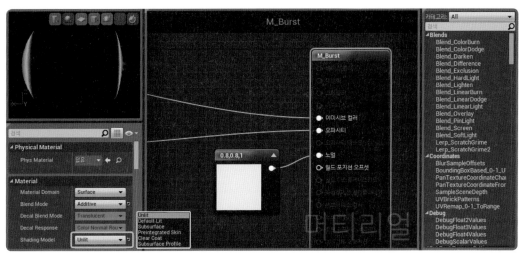

그림 8-14 파티클의 모듈에 사용된 머티리얼의 **Shading Model**을 **Unlit**로 바꾼다

그림 8-15 모바일 기기에는 파티클의 **GPU** 이미터가 표시되지 않는다

8.4.2 Customized UV

앞에서 우리는 아파치 헬기에 텍스처를 매핑하기 위해 머티리얼을 수정한 바 있다.

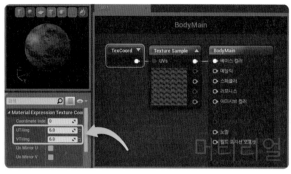

그림 8-16 **TextureCoordinate의 타일링으로 무늬의 크기를 설정한다**

텍스처를 타일링하기 위해 사용한 TextureCoordinate는 모바일 플랫폼에서 상당한 퍼포먼스 저하를 가져온다. 그 이유는 TextureCoordinate의 옵션이 모든 픽셀에 적용되어 연산량이 대폭 늘어나기 때문이다. PC에서는 GPU가 처리하므로 아무 문제가 없지만, 모바일 플랫폼은 CPU가 담당하므로 부하가 많아진다.

Customized UV는 TextureCoordinate의 연산을 버텍스^{Vertex}에만 적용하도록 하여 연산 회수를 대폭 줄여주는 방식이다. 대부분의 경우 버텍스의 수는 픽셀보다 훨씬 적으므로 모바일 플랫폼에서 Customized UV를 사용하면 퍼포먼스가 좋아진다.

Customized UV를 사용하는 방법도 아주 간단하다. 머티리얼을 선택하면 Material 속성에 Num Customized UVs 항목이 있는데, 이 값을 0보다 크게 설정하면 머티리얼에 Customized UV 핀이 추가된다. TextureCoordinate를 이 핀에 연결하면 베이스 컬러에 연결된 텍스처에 TextureCoordinate가 적용된다. 참고로, 모바일 플랫폼의 머티리얼은 텍스처를 최대 다섯 개까지 사용할 수 있으며, Customized UV는 세 개까지 만들 수 있다(PC는 최대 여덟 개).

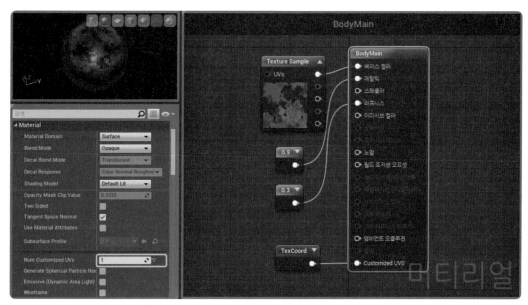

그림 8-17 **Customized UV를 활성화시키고 TextureCoordinate를 Customized UV에 연결한다**

이 프로젝트에서는 아파치 헬기에 세 개의 머티리얼을 사용하고 있으므로 모두 변경해야 한다. Customized UV는 PC에서도 잘 작동하므로 PC용과 모바일용 머티리얼을 따로 만들 필요는 없다.

머티리얼은 디자인에 대한 높은 전문성이 요구되는 분야이지만, 전문적인 머티리얼을 만드는 것은 디자이너 영역에 포함될 것이므로 이 장에서는 아파치 헬기와 파티클의 머티리얼을 수정하는 수준으로 간단하게 마친다. 머티리얼의 제작은 제11장에서 게임의 UI를 만들 때 추가로 설명할 것이다.

제 9 장

대공포 설치

이 장의 개요 - 이 장에서는 대공포 오브젝트를 임포트하고, 대공포를 블루프린트 액터로 만든 후 대공포가
아파치 헬기를 탐지하고 공격하는 기능을 추가한다.

9.1 대공포 오브젝트 import

대공포로 사용할 FBX 파일을 임포트한다. FBX 파일은 다음 사이트에서 다운로드
할 수 있다.

리소스 다운로드 URL   http://afterglow.co.kr   [자료실 ⇒ Unreal Engine Resource]

1 스태틱 메시 임포트

다운로드한 파일을 [Apache/Meshes] 폴더로 끌고 와서 임포트한다. [FBX 임포
트 옵션] 창이 나타나면 Combine Meshes메시 합침 옵션을 해제하고 모두 임포트한다.
Gun과 Truck 두 개의 오브젝트가 임포트될 것이다.

그림 9-1 **Combine Meshes** 속성을 해제해야 스태틱 메시가 개별적으로 동작한다

2 스태틱 메시의 콜리전 제거

스태틱 메시를 임포트하면 기본적으로 26면체 콜리전이 적용된다. 추후 Gun[포탑]과 Truck을 디스트럭터블 메시로 만들 것이므로 콜리전이 필요하지 않다. 포탑을 더블 클릭해서 스태틱 메시 에디터를 열고 [콜리전➡콜리전 제거] 메뉴를 실행해서 콜리전을 제거한다. 같은 방법으로 트럭에 설치된 콜리전도 제거한다.

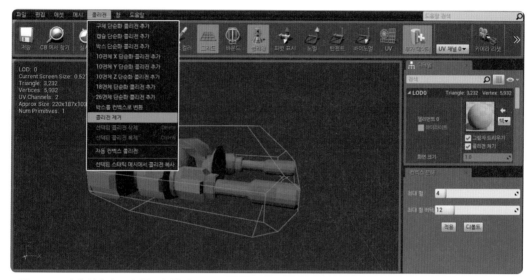

그림 9-2 포탑에 설치된 콜리전을 제거한다

9.2 대공포의 머티리얼 설정

임포트한 오브젝트는 머티리얼이 없는 상태이므로 직접 설정한다.

1 포탑의 머티리얼 설정

포탑은 [StarterContent/Materials] 폴더의 M_Metal_Steal을 사용할 것이므로 콘텐츠 브라우저에서 이 머티리얼을 우클릭하고 [복제] 메뉴를 실행해서 미리 복제해 둔다. 사본이 만들어지면 임포트해 둔 포탑을 더블클릭해서 스태틱 메시 에디터를 연다. LOD 카테고리에서 머티리얼을 설정할 수 있다.

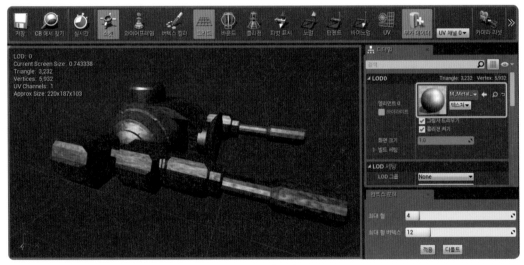

그림 9-3 머티리얼의 텍스처가 너무 거칠어서 포탑이 녹슨 느낌이 난다

2 포탑의 머티리얼 수정

포탑 표면의 무늬가 너무 작아보이므로 무늬를 키울 것이다. 위의 화면에서 머티리얼을 더블클릭하면 머티리얼 에디터가 나타난다. 무늬의 크기는 TextureCoordinate 노드의 타일링으로 설정할 수 있다. 머티리얼 에디터에 TextureCoordinate 노드를 하

나 추가한 후 타일링을 (0.2, 0.2)로 설정하고, TextureSample에 연결한다. BaseColor
와 NormalTexture 두 군데에 연결해야 한다.

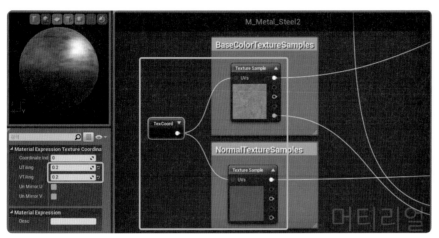

그림 9-4 머티리얼의 **TextureCoordinate**로 무늬의 크기를 조절한다

모바일 플랫폼에서 퍼포먼스를 높이려면 위의 TextureCoordinate를 텍스처에 직접
연결하지 않고 Customized UV를 만들어서 연결하는 것이 좋을 것이다.

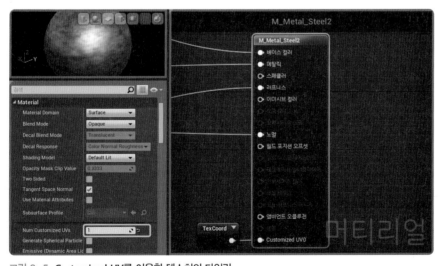

그림 9-5 **Customized UV**를 이용한 텍스처의 타일링

작업한 내용을 저장하고 스태틱 메시 에디터로 돌아오면, 포탑 표면의 요철이 줄어
들고 무늬가 커져서 전체적으로 매끈한 느낌을 주는 것을 확인할 수 있다.

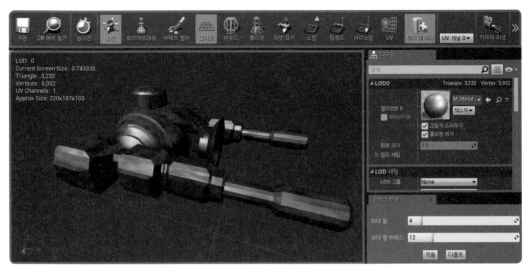

그림 9-6　머티리얼의 텍스처가 많이 부드러워졌다

3　트럭의 머티리얼 설정

트럭의 머티리얼은 [StarterContent/Props/Materials] 폴더의 M_Frame을 사용할
것이므로 미리 사본을 만들어 둔다. 트럭을 더블클릭해서 스태틱 에디터를 열고 사
본을 만들어 둔 머티리얼을 적용한다. M_Frame은 창문의 알루미늄 새시에 사용하
는 머티리얼이므로 이것을 대공포_Truck에 사용하면 트럭과 바퀴 표면에 요철 무늬
와 볼트 구멍이 나타난다.

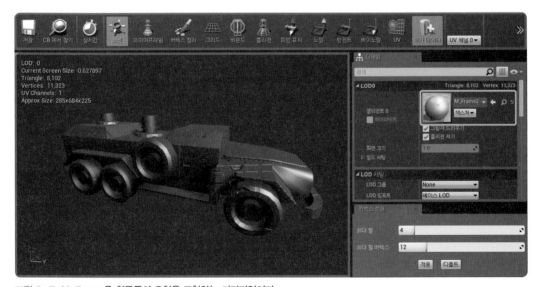

그림 9-7　M_Frame은 창문틀의 요철을 표현하는 머티리얼이다

4 트럭의 머티리얼 수정

트럭에 적용한 머티리얼을 더블클릭해서 머티리얼 에디터를 연다. TextureCoordinate 노드를 하나 추가하고 타일링을 (0.1, 0.1)로 설정한 후 Texture Sample 노드에 연결한다. Texture Sample이 두 개이므로 둘 다 연결해야 한다. 타일링을 (0.1, 0.1)로 설정하면 텍스처 이미지의 1/10 부분만 확대되어 매핑되므로 볼트 구멍을 어느 정도 줄일 수 있다.

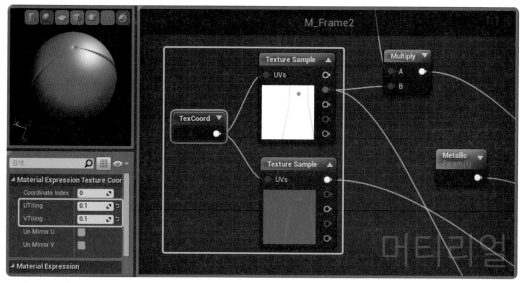

그림 9-8 트럭의 머티리얼 수정

이 머티리얼 역시 Customized UV를 만들어서 연결할 수도 있는데, 이 과정은 직접 처리해 보기 바란다.

대공포를 블루프린트 액터로 만들어서 아파치 헬기와 전투하는 상황을 만들 것이다.

1 디스트럭터블 메시 만들기

먼저 포탑과 트럭이 로켓과 충돌하면 폭발할 수 있도록 각각 디스트럭터블 메시로 만든다. 파편을 너무 많이 만들어도 좋지 않을 것이므로 Cell Site Count를 50 정도로 하고, Impact Damage와 Default Impact Damage를 각각 1로 설정한다.

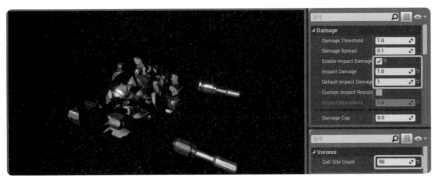

그림 9-9 **포탑의 디스트럭터블 메시**

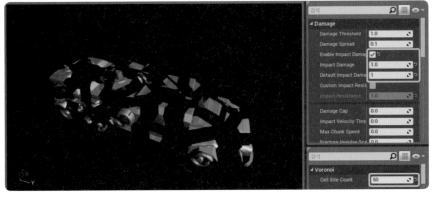

그림 9-10 **트럭의 디스트럭터블 메시**

2 새 클래스 블루프린트 만들기

[**블루프린트 ➡ 새 클래스 블루프린트 ➡ 액터**] 메뉴를 실행하고 블루프린트 이름을 Turret으로 작성한다. 대상 폴더는 [**Apache/Blueprints**]이다. 블루프린트 이름을 한글로 작성하면 모바일 기기에서는 블루프린트 액터가 표시되지 않는 경우가 있으므로 주의한다. 모바일 프리뷰 창에서는 한글 블루프린트 액터가 표시되지만, 실제의 기기에서는 나타나지 않는 경우가 많다.

3 루트 추가

루트로 사용할 컴포넌트를 추가한다. Utility/Scene을 추가하고 이름을 Root로 바꾼다.

4 트럭과 포탑 추가

디스트럭터블 메시는 [**컴포넌트 추가 ➡ Physics/Destructible**] 메뉴로 추가한다. 다른 방법으로는 콘텐츠 브라우저에서 Gun_DM, Truck_DM을 차례로 컴포넌트 탭으로 끌고 온다. 스태틱 메시의 피벗을 맞춘 상태로 디자인되어 있으므로 컴포넌트 탭으로 끌고 오면 자동으로 조립될 것이다. 컴포넌트 이름을 각각 Gun과 Truck으로 설정한다. 컴포넌트를 추가한 후에는 그 컴포넌트가 x축(게임의 전방)을 향하고 있는지 확인하는 것이 좋다. 뷰 패널의 좌표계를 월드로 표시해야 좌표축이 제대로 보일 것이다.

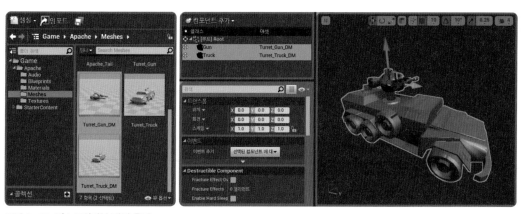

그림 9-11 **디스트럭터블 메시 추가**

5 **Spawn Point 설치**

포탑에서 로켓을 발사할 수 있도록 포신 앞에 발사 위치를 만든다. Arrow를 설치한 후 속성을 설정한다. Arrow 위치에서 로켓이 발사될 것이므로 Arrow의 위치를 최소한 로켓 길이의 절반 이상 포구에서 멀리 설치해야 한다. 로켓이 발사될 때 포신과의 충돌을 방지하기 위해서이다. 대공포는 Pawn이 아니므로 로켓과 포신의 충돌을 자동으로 방지하는 방법이 없다. 물론 충돌 이벤트에서 판정할 수는 있지만, 절차가 번거로우므로 컴포넌트를 구성할 때 미리 충돌을 방지한다.

표 9-1 **Arrow의 속성**

카테고리	속 성	값	비 고
변수	변수 이름	SpawnRight	오른쪽 발사 위치
트랜스폼	위치	(220, 57, 7)	화살표 위치
	크기(스케일)	(0.5, 1, 1)	화살표 크기
Arrow Component	Arrow Color	적당한 색	화살표 색상

SpawnRight를 복사해서 이름을 SpawnLeft로 바꾸고 위치를 (220 −57, 7)으로 설정해서 왼쪽 포신 앞에 배치한다. 배치한 SpawnRight와 SpawnLeft는 Gun의 하위 개체로 만들어야 한다. 하위 개체로 만들어야 포탑이 회전할 때 SpawnRight와 SpawnLeft도 함께 회전하기 때문이다.

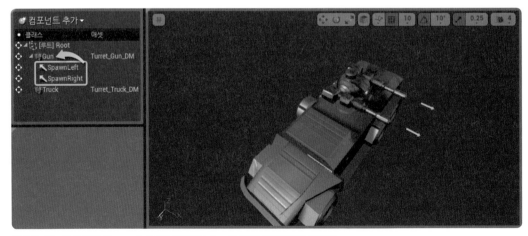

그림 9-12 **포신 앞에 Spawn Point를 설치하고 Gun의 하위 컴포넌트로 만든다**

이제 씬에 Turret을 몇 개 설치한 후 게임을 실행하고 로켓으로 대공포를 파괴할 수 있는지를 테스트하자. 다음 그림은 Rocket 블루프린트에 있는 ProjectileMovement의 Initial Speed를 2000으로 설정하고 테스트한 화면이다.

그림 9-13 로켓이 트럭에 맞으면 트럭만 파괴되고 포탑은 파괴되지 않는 경우가 있다

6 Hit 이벤트 속성 설정

대공포가 포탑과 트럭의 두 부분으로 구성되어 있으므로 로켓으로 각각 파괴해야 한다. 그런데 포탑이 먼저 파괴되면 상관이 없지만, 트럭이 먼저 파괴된 경우에는 포탑이 공중에 떠 있는 상태가 된다. 이렇게 공중 부양 상태에서 대공포를 발사하면 곤란하다. 로켓이 트럭에 명중하더라도 포탑이 함께 파괴되는 기능을 추가한다.

트럭의 Collision/Simulation Generates Hit Event 속성을 설정하면 로켓이 트럭에 명중할 때 Hit 이벤트가 발생하는데, 이때 물리 처리를 하므로 트럭의 파편이 포탑을 파괴한다. 추후 Hit 이벤트는 부서진 대공포의 파편을 제거하는 데에 사용할 것이지만, 지금은 이벤트 그래프를 만들 필요는 없다.

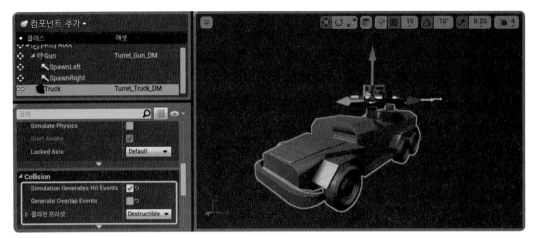

그림 9-14 트럭에 **Hit** 이벤트를 발생하는 속성을 설정한다

이제 게임을 실행하면 로켓이 대공포의 어느 부분에 명중하더라도 포탑과 트럭이 함께 파괴되는 것을 확인할 수 있을 것이다.

그림 9-15 로켓이 대공포에 명중하면 포탑과 트럭이 함께 파괴된다

대공포는 포탑^{Gun}과 트럭^{Truck}으로 구성되어 있지만, 아파치 헬기를 탐지하고 로켓을 발사하는 컴포넌트는 포탑이다. 포탑이 아파치 헬기를 향해 로켓을 발사하려면 먼저 아파치 헬기의 위치를 찾은 후 포탑을 그 방향으로 회전시켜야 한다.

1. 탐색 및 회전 알고리즘

포탑이 아파치 헬기를 탐색하는 절차를 간단하게 구성하면 다음과 같다.

① 대공포의 위치를 구한다(Get Actor Location).

② 아파치 헬기의 위치를 구한다(Get Player Pawn–Get Actor Location).

③ 포탑의 위치에서 아파치 헬기의 방향과 거리를 구한다(Find Look at Rotation).

④ ③의 방향으로 포탑을 회전한다(Gun–Set World Rotation).

다음은 위의 절차를 블루프린트로 작성한 것이다. 블루프린트를 작성할 때에는 데이터부터 시작하면 다음 노드를 빨리 찾을 수 있다. Start와 Target이 있는 노드는 Start에 연결된 핀을 드래그한 후 노드를 추가하고, Target만 있는 노드는 Target에 연결된 핀을 드래그한 후 노드를 추가한다. 서로 연결된 노드는 핀을 드래그한 후 액션 목록을 검색하면 관련 데이터가 곧바로 표시될 것이다.

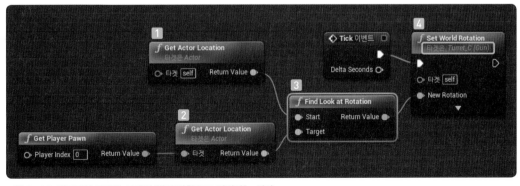

그림 9-16 대공포의 포탑을 아파치 헬기 방향으로 회전하는 처리

Tick 이벤트는 매 프레임마다 호출된다. 앞의 블루프린트는 포탑의 위치를 기준으로 아파치 헬기 방향을 구한 후 그 방향으로 포탑을 회전시키는 것이다. 블루프린트 대공포를 몇 개 씬에 배치하고 게임을 실행하면, 포탑이 회전하는 것이 아니라 대공포가 모두 파괴되어 버린다.

2 포탑과 트럭의 콜리전 설정

위와 같은 상황이 발생하는 것은 포탑과 트럭의 콜리전이 서로 충돌하기 때문이다. 포탑과 트럭에 설정된 콜리전 프리셋 Destructible을 BlockAllDynamic으로 바꾼다. 포탑과 트럭 모두 바꿔야 한다. 또한, 포탑과 트럭의 Simulation Generates Hit 속성을 켜고, Generate Overlap Events는 해제한다.

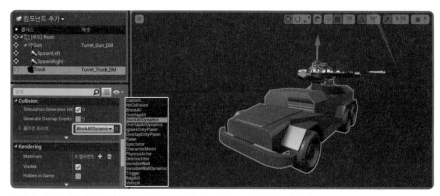

그림 9-17 트럭과 포탑의 콜리전 프리셋을 BlockAllDynamic으로 바꾼다

이제 게임을 실행하면 모든 포탑이 항상 아파치 헬기 방향으로 회전하는 것을 확인할 수 있다. Find Look at Rotation 노드가 포탑을 회전시키는 것이다.

그림 9-18 대공포의 포탑이 항상 아파치 헬기 방향으로 회전한다

❸ 탐색 알고리즘의 개선

앞의 블루프린트는 파괴된 포탑의 파편이 회전한다든지 아파치 헬기가 포탑의 위에
있으면 포탑이 90°로 번쩍 들리는 등 비현실적인 상황이 발생한다. 포탑이 아파치 헬
기를 탐색하고 포탄^{로켓}을 발사하는 과정을 조금 더 세밀하게 표시하면 다음 그림과
같다.

그림 9-19 대공포의 포탑이 항상 아파치 헬기 방향으로 회전한다

❹ 변수 추가

위의 흐름도를 참고로 해서 변수를 몇 개 만들자. 다음의 변수를 추가하고 초깃값을
할당한다.

표 9-2 변수의 기능과 초깃값

변수명	Type	값	비 고
canFire	bool	On	로켓을 발사할 수 있는가?
isDestroyed	bool	Off	대공포가 파괴되었는가?
DelayTime	float	3	로켓 발사 간격(3초에 1회 발사)
SearchRange	float	5000	아파치 헬기 탐지 가능 거리
FireRange	float	4000	로켓 발사 가능 거리
TargetRotation	Rotator		아파치 헬기의 방향
TargetDist	float	0	아파치 헬기의 거리

9.5 Custom 이벤트

Custom Event는 특정한 처리 절차를 사용자가 정의해 둔 이벤트로, 함수와 같은 방식으로 호출할 수 있다. 함수는 매개변수를 통해 처리 결과를 주고받지만, Custom Event는 단순히 정해진 처리만 한다. 포탑이 아파치 헬기를 추적하고, 아파치 헬기가 사정권 안에 들어오면 3초에 1발씩 포탄을 발사하는 등의 절차를 하나의 그래프로 만들면 너무 복잡해서 이해하기 곤란해진다. 따라서 처리 절차를 몇 개의 Custom 이벤트로 나눌 것이다. Custom 이벤트 대신 함수로 만들어도 된다.

1 포탄 발사 이벤트

Custom 이벤트를 하나 추가하고 이름을 포탄 발사로 바꾼다. Custom 이벤트는 액션 목록에서 검색어로 'cust'를 입력하면 찾을 수 있다. Custom 이벤트는 별도의 탭이 있는 것이 아니므로 그래프 패널의 적당한 곳에 작성한다. 포탑이 발사하는 포탄은 Rocket 블루프린트를 수정해서 사용할 것이므로 미리 Rocket 블루프린트의 사본을 만들어 둔다.

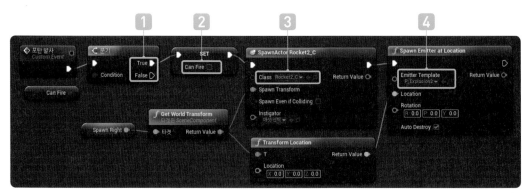

그림 9-20 포탄 발사 Custom Event

1 포탄을 발사하기 전에 먼저 발사 가능한 상태인지를 조사한다.

2 포탄을 발사한 후에는 canFire를 false로 설정해서 연속으로 발사되지 않도록 한다.

3 발사할 포탄은 사본을 만들어 둔 Rocket2 블루프린트 액터를 사용한다. 검색어로 'spawn'
을 입력한 후 '클래스에서 액터 스폰' 노드를 추가한다.

4 화염 파티클은 사본을 만들어 둔 P_Exposion2를 사용한다. 검색어로 'emit'를 입력해서
추가한다.

다음은 왼쪽 대포에서 발사하는 과정과 발사 시간을 지연하는 부분이다. 위의 4에
이어서 작성한다.

그림 9-21 왼쪽 포탄 발사와 발사 시간 지연

5의 Delay는 지정한 시간 동안 실행을 지연시키는 노드이다. Delay 이후의 노드는
Delay로 지정한 시간(초) 이후에 실행된다. 위의 그래프는 좌우의 포탄을 모두 발사
하고 3초가 지나면 canFire를 true로 해서 다음 포탄을 발사할 수 있도록 하는 것이
다. 위의 이벤트는 다른 노드에서 호출하지 않으면 단독으로 실행되지는 않는다.

2 이벤트 테스트

위의 커스텀 이벤트가 제대로 작동하는지를 테스트
한다. 앞에서 작성한 Tick 이벤트의 끝에 포탄 발사
를 호출하는 노드를 추가한다. 포탄 발사 이벤트는
액션 목록에서 검색어로 '포탄'을 입력하면 찾을 수
있을 것이다.

그림 9-22 커스텀 이벤트의 호출

이제 게임을 실행하면 대공포가 3초 간격으로 아파치 헬기를 향해 로켓을 발사하는
것을 확인할 수 있다. 그런데 로켓은 전부 아파치 헬기 아래쪽으로 날아간다. 이것
은 로켓이 중력의 영향으로 낙하하기 때문인데, 이 문제는 대공포를 최적화할 때 수
정할 것이다.

그림 9-23 대공포의 로켓은 대부분 아파치 헬기의 아래쪽으로 지나간다

3 아파치 헬기와의 거리 계산

대공포에서 아파치 헬기의 방향과 거리를 계산한 다음, 변수 TargetRotation과 TargetDist에 저장한다. 여기에서 구한 값은 포탑 회전 이벤트에서 사용할 것이다. Custom 이벤트를 하나 만들고 이름을 거리 계산으로 바꾼 후 다음 내용을 입력한다. 포탑의 회전 각도는 앞에서 사용한 방법으로 처리하며, 포탑과 아파치 헬기와의 거리는 GetDistanceTo 함수로 구한다. 이렇게 구한 값을 일단 변수에 저장한다. 책의 폭에 맞도록 그래프를 작성해서 흐름선이 조금 복잡하다.

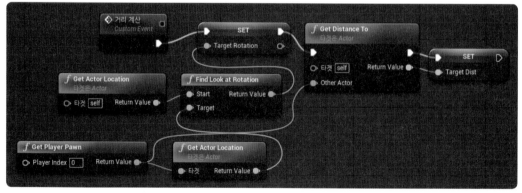

그림 9-24 포탑과 아파치 헬기의 방향과 거리를 구하는 이벤트

3 포탑 회전

아파치 헬기가 SearchRange 범위 이내로 접근하면 앞에서 구한 TargetRotation 방향으로 포탑을 회전한다. 이때 포탑이 지나치게 위로 들리지 않도록 상하회전[Pitch]의 각도를 Clamp(0, 40)으로 제한한다.

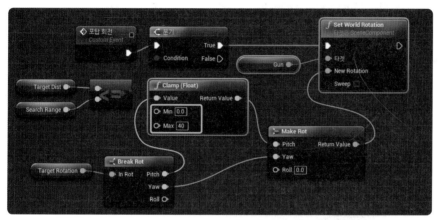

그림 9-25 **포탑 회전 이벤트**

4 Tick 이벤트 작성

앞서 작성한 Tick 이벤트를 삭제하고 다음과 같이 작성한다. Tick 이벤트는 앞에서 작성한 Custom 이벤트를 호출하는 역할을 한다. 대공포가 파괴되지 않았으면 아파치 헬기와 거리 및 각도를 계산하고 포탑을 회전한 후 아파치 헬기가 사정거리 안에 접근하면 포탄을 발사한다.

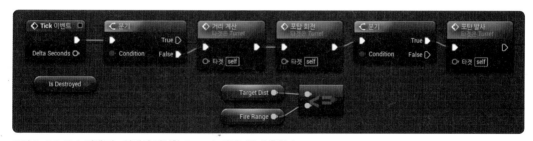

그림 9-26 **Tick 이벤트는 앞에서 작성한 Custom 이벤트를 호출한다**

이제 게임을 실행하면 아파치 헬기가 포탑의 사정거리 이내로 접근하면 로켓을 발사하는 것을 볼 수 있을 것이다.

그림 9-27 아파치 헬기가 대공포의 사정거리 범위로 접근하면 포탄을 발사한다

9.6 대공포 최적화

대공포에서 발사하는 로켓은 대부분 아파치 헬기의 아래쪽으로 날아가서 명중률이 떨어진다. 그 이유는 로켓이 중력의 영향을 받아 조금씩 추락하기 때문이다. 이와 같은 문제를 해결하는 방법은 두 가지가 있다.

① 아파치 헬기의 조금 위쪽으로 로켓을 발사한다.
② 로켓이 중력의 영향을 받지 않도록 한다.

①의 방법을 사용할 경우에는 대공포에 설치된 SpawnRight와 SpawnLeft를 y축으로 3~5° 정도 회전시킨다. 이렇게 하면 로켓은 아파치 헬기 위쪽으로 발사되는데, 중력의 영향을 받아 로켓이 추락하면서 아파치 헬기와 충돌할 것이다. 이 방법을 사용해도 아파치 헬기가 대공포에 근접할 경우 로켓이 아파치 헬기 위로 날아가서 역시 명중률에 문제가 있다.

실제의 대공포는 목표물의 위치와 진행 방향, 비행 속도, 포탄의 발사 속도 등을 계산해서 포탑의 회전각을 정한다. 이 방법을 사용하려면 삼각함수를 이용한 계산 등 처리할 내용이 많으므로 게임에서는 권장할 방법이 아니다.

9.6.1 대공포 로켓의 중력 제거

대공포에서 사용하는 Rocket2 블루프린트를 열고 Trigger의 Physics/Enable Gravity 속성을 끈다. 이렇게 하면 로켓은 아파치 헬기를 향해 직선으로 비행한다.

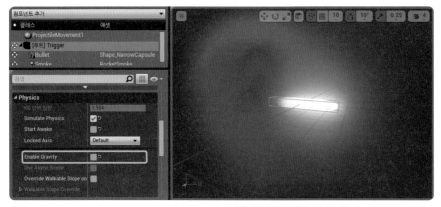

그림 9-28 **Trigger의 Enable Gravity 속성을 끄면 로켓은 중력의 영향을 받지 않는다**

9.6.2 로켓의 컴포넌트와 트리거 수정

대공포의 로켓이 너무 길어 보이므로 길이를 절반으로 줄인다. Trigger의 Shape/Box Extent 속성을 (12, 3, 3)으로 설정한 후 Bullet의 크기와 위치를 조절한다.

표 9-3 **Bullet의 속성**

카테고리	속 성	값	비 고
트랜스폼	위치	(−13, 0, 0)	포탄의 위치
	크기(스케일)	(0.15, 0.15, 0.25)	포탄의 크기

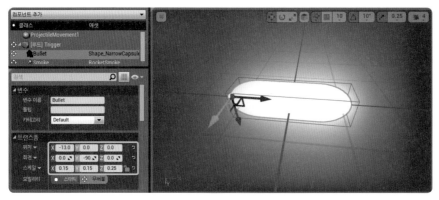

그림 9-29 **포탄의 크기 및 위치 설정**

Rocket2는 Rocket을 복사해서 만든 것이므로 Trigger의 콜리전 프리셋이 Custom으로 되어 있을 것이다. 이것은 6.2절에서 아파치 헬기에서 로켓을 발사하는 순간 서로 충돌하는 것을 방지하기 위해서 설정한 것인데, Rocket2는 아파치 헬기와 충돌해야 하므로 콜리전 프리셋을 BlockAllDynamic으로 바꾼다.

9.6.3 로켓의 블루프린트 수정

Rocket2 블루프린트의 충돌 이벤트를 다음과 같이 바꾼다.

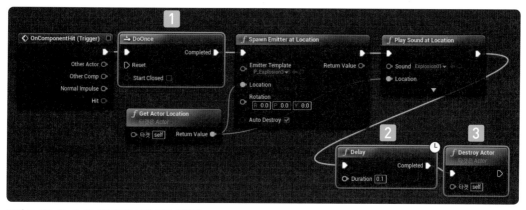

그림 9-30 **Rocket2 블루프린트의 충돌 이벤트**

1️⃣ 충돌 이벤트가 계속해서 발생할 수 있으므로 이후의 노드는 한 번만 처리하도록 한다. DoOnce 노드를 사용하면 동일한 충돌 이벤트가 발생하는 경우 이후의 충돌 이벤트는 모두 무시할 것이다.

2️⃣ 충돌 여부를 상대방이 알 수 있도록 약간의 시간을 지연한다.

3️⃣ 로켓을 제거한다.

로켓이 목표물에 충돌하는 즉시 로켓을 제거해 버리면 충돌당하는 측의 충돌 이벤트가 발생하지 않는 경우가 있으므로 약간의 시간을 지연한 후 제거한다. 이제 게임을 실행하면 대공포의 로켓이 아파치 헬기로 직선 비행하는 것을 확인할 수 있다.

그림 9-31 **대공포의 로켓이 아파치 헬기를 향해 직선으로 날아온다**

포탄이 아파치 헬기에 명중하면 강렬한 섬광이 나타난다. 아직 아파치 헬기의 충돌
이벤트를 처리하지 않고 있으므로 로켓이 아파치 헬기에 명중해도 특별한 상황이 발
생하지는 않을 것이다.

그림 9-32 **대공포의 로켓이 아파치 헬기와 충돌하는 화면**

9.6.4 파괴된 대공포의 로켓 발사 금지

대공포가 파괴되어도 대공포 블루프린트는 여전히 실행 중이므로 파괴된 대공포가 계속해서 로켓을 발사한다. 대공포가 로켓이나 바위의 파편과 충돌할 때, 즉 Hit Event가 발생할 때 DestroyActor로 대공포를 제거하면 되겠지만, 이렇게 하면 충돌 이벤트가 발생하는 순간 대공포(블루프린트)가 메모리에서 제거되므로 대공포의 파편이 화면에 표시되지 않는다. 따라서 파괴된 대공포는 일정한 시간이 지난 후에 제거한다.

Turret 블루프린트를 열고 트럭을 선택한 후 [Truck에 대한 이벤트 추가] 버튼을 누르고 OnComponentHit 이벤트를 추가한다. 이 이벤트는 트럭이 다른 물체와 충돌할 때 발생한다. 컴포넌트 목록의 Truck을 우클릭하면 단축 메뉴에서도 이벤트를 추가할 수 있다.

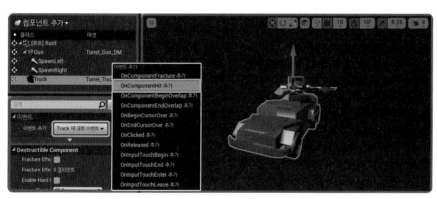

그림 9-33 Truck에 OnComponentHit 이벤트 추가

추가한 이벤트에 변수 isDestroy의 값을 true로 바꾸는 처리를 작성한다. 다음 그래프에도 DoOnce 노드를 추가해서 불필요한 계산을 하지 않도록 했다. OnComponent Hit 대신 Hit 이벤트를 사용해도 결과는 같다.

그림 9-34 트럭이 피격되면 isDestroyed를 true로 설정한다

9.6.5 파괴된 대공포 잔해 제거

씬에 대공포가 많이 설치된 경우 대공포의 잔해로 어지러울 수 있다. 대공포가 파괴
된 후 일정한 시간이 지나면 잔해가 사라지도록 하는 처리는 앞의 그래프에 이어서
작성한다. Delay로 3초 정도 지연한 후 액터를 제거하는 것이다.

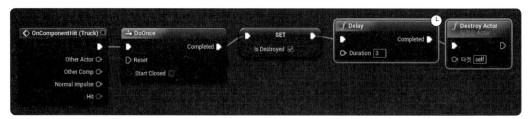

그림 9-35 **3초 후에 파괴된 대공포를 제거한다**

이제 씬에 대공포를 여러 개 설치하고 게임을 실행하면 박진감 있는 전투를 즐길 수
있을 것이다. 변수 SearchRange로 설정한 탐지 거리와 FireRange로 설정한 유효 사거
리의 값을 키우면, 대공포가 먼 곳에서도 아파치 헬기를 탐지하고 로켓을 발사하므
로 게임의 난이도가 더 높아진다.

그림 9-36 **대공포 파괴 미션**

9.6.6 대공포 로켓의 공중 폭파

실제의 대공포는 포탄이 목표물을 직접 타격하는 것이 아니라 포탄이 일정한 고도에 접근하면 스스로 폭파되어 그 파편으로 목표물을 격추시킨다. 이와 같은 처리를 추가하면 아파치 헬기 근처에서 로켓이 폭파되는 불꽃이 나타나므로 게임 화면이 좀 더 현실감이 있을 것이다. 물론 로켓의 파편으로 아파치 헬기가 격추되지는 않는다. 이와 같은 기능은 몇 가지 방법으로 처리할 수 있다.

① 로켓 발사 후 일정한 시간이 지나면 로켓을 폭파시킨다. Delay 노드를 이용해서 처리한다.
② 로켓이 지정한 고도에 접근하면 로켓을 폭파시킨다. Tick 이벤트를 이용해서 매 루프마다 로켓의 높이를 조사한다.
③ 로켓 두 개를 공중에서 충돌시켜 스스로 폭파되게 한다.

①과 ②는 실제의 전투 상황에서 사용하는 방법이고, ③은 현실 세계에서는 구현하기 곤란하지만 여기에서는 아주 쉽게 처리할 수 있다. 대공포는 로켓을 양쪽에서 한 발씩 평행하게 발사한다. 로켓의 발사 각도를 안쪽으로 조금 모아주면 로켓은 일정한 거리를 비행한 후 공중에서 교차되어 서로 충돌하며 폭파될 것이다. 고속으로 이동하는 작은 물체는 Hit 이벤트가 발생하지 않는 경우가 있으므로 모든 로켓이 공중에서 충돌하는 것은 아니다.

로켓의 SpawnLeft와 SpawnRight를 z축으로 ±0.5~±1.2° 정도 회전시켜야 한다. 대공포의 컴포넌트 탭에서 SpawnLeft와 SpawnRight의 회전 각도를 설정하면 되는데, 이렇게 하면 모든 로켓이 같은 위치에서 충돌하므로 회전 각도를 랜덤하게 설정한다. 회전 각도는 대공포가 만들어질 때 한 번만 설정하면 되므로 대공포의 컨스트럭션 그래프에서 처리한다. 컨스트럭션 그래프는 블루프린트 액터가 씬에 배치될 때 한 번 실행된다.

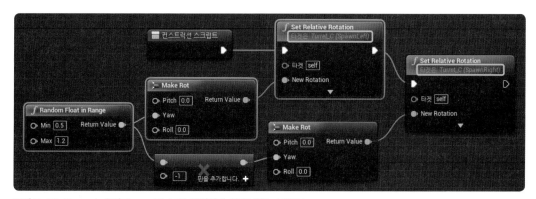

그림 9-37 **SpawnLeft와 SpawnRight를 랜덤하게 회전시키는 그래프**

앞의 그래프는 0.5~1.2 사이의 난수를 만든 후 SpawnLeft와 SpawnRight의 회전각으로 설정한다. SpawnRight는 반대 방향으로 회전해야 하므로 난수에 −1을 곱해서 처리했다. 씬의 대공포를 임의의 방향으로 회전시켜 배치할 수도 있으므로 Spawn Point의 회전 각도에 절대좌표(Set World Rotation)를 사용하면 안 된다. 이제 게임을 실행하면 가끔씩 대공포의 로켓이 아파치 헬기 근처에서 폭발하는 것을 볼 수 있을 것이다.

그림 9-38 대공포의 로켓이 아파치 헬기 근처에서 폭발한다

9.7 파괴한 대공포 계산

이제 파괴한 대공포의 수를 화면에 표시하는 기능을 추가한다. 이것은 충돌의 판정과 처리에 관한 문제인데, 충돌의 판정과 처리를 어디에서 하느냐에 따라 블루프린트의 처리 방식이 달라진다. 이 프로젝트의 충돌은 다음과 같은 경우에 발생한다.

아파치 로켓 ➡ 대공포, 지면이나 바위

대공포 로켓 ➡ 아파치 헬기, 바위나 장애물, 바위의 파편

바위의 파편 ➡ 아파치 헬기, 대공포, 로켓

아파치 헬기 ➡ 대공포 로켓, 지면이나 바위, 바위의 파편, Pickup(게임에서 획득하는 아이템. 아직 만들지 않음)

충돌을 하는 측이나 당하는 측 모두 충돌 속성이 설정되면 Hit 또는 Overlap 이벤트가 발생한다. 따라서 충돌의 판정과 처리를 어느 쪽에서 하더라도 상관이 없지만, 대부분의 경우 충돌을 당하는 측에서 처리하는 것이 전체적인 구조가 간단해진다. 따라서 파괴한 대공포 수를 저장하는 변수는 Apache 블루프린트에 추가하고, 그 값을 증가시키는 것은 로켓에 피격당한 대공포에서 처리할 것이다.

1 변수 추가

Apache 블루프린트에 변수를 두 개 추가한다.

표 9-4 **아파치 헬기가 파괴한 대공포를 처리하기 위한 변수**

변수명	Type	초깃값	편집 가능
KillCount	int(인티저)	0	On
EnemyCount	int(인티저)	20	On

EnemyCount는 추후 게임 종료$^{Mission Complete}$를 판정할 용도로 사용할 것이다. 씬에는 EnemyCount의 수만큼 대공포를 배치해야 하지만, 아직 게임오버나 종료 처리를 하

지 않고 있으므로 우선 변수만 추가해 둔다. 앞에서의 변수는 편집 가능 속성을 설정해서 다른 블루프린트에서도 참조할 수 있도록 한다.

2 KillCount 증가함수 추가

대공포가 파괴되면 Apache 블루프린트의 변수 KillCount를 1씩 증가하는 처리가 필요하다. 전체적인 흐름을 간결하게 하기 위해 파괴한 대공포의 수를 처리하기 위한 함수를 하나 만든다. 함수명은 SetKillCount이다. 이 함수는 정해진 처리만 하므로 매개변수와 반환 노드가 없다. 이 함수는 Turret 블루프린트에서 작성한다.

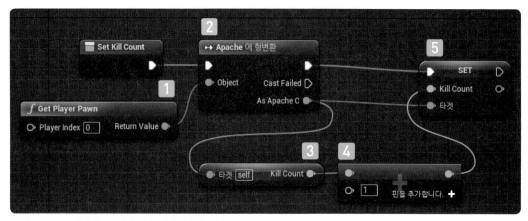

그림 9-39 파괴된 대공포의 수를 증가하기 위한 함수

위의 그래프는 다음 순서대로 작성한다.

1 검색어로 'pawn'을 입력하고 Get Player Pawn 노드를 추가한다.

2 Return Value를 드래그한 후 검색어로 'apache'를 입력하고 Apache에 형변환 노드를 추가한다.

3 As Apache C 노드를 드래그한 후 검색어로 'kill'을 입력하고 Get Kill Count 노드를 추가한다. 이것은 Apache 블루프린트의 변수 KillCount의 값을 읽는 노드이다.

4 검색어로 '+'를 입력하고 Integer+Integer 노드를 추가한 후 1을 입력한다.

5 As Apache C 노드를 드래그한 후 검색어로 'kill'을 입력하고 Set Kill Count 노드를 추가한다. 이것 역시 Apache 블루프린트의 변수 KillCount에 값을 쓰는 노드이다.

위의 그래프와 같이 [Get Player Pawn ➡ Apache에 형변환] 노드만 있으면 어느 블루프린트에서든지 Apache 블루프린트 변수의 값을 읽고 쓸 수 있으며, Apache 블루프린트의 함수를 실행시킬 수도 있다. 물론 참조하려는 변수는 편집 가능 속성이 설정되어 있어야 하며, 함수도 퍼블릭으로 선언되어야 한다(퍼블릭은 함수의 기본 속성이다).

트럭은 아파치 헬기의 로켓에 의해서도 파괴되지만, 근처 바위의 파편이 트럭을 파괴할 수도 있다. 어떤 형태의 파괴든 트럭이 파괴되면 트럭의 파편이 포탑을 파괴하고, 변수 KillCount의 값이 하나 증가될 것이다.

③ 대공포 블루프린트 수정

대공포가 아파치 헬기의 로켓과 충돌할 때 발생하는 OnComponentHit 이벤트에 위의 함수를 끼워 넣는다.

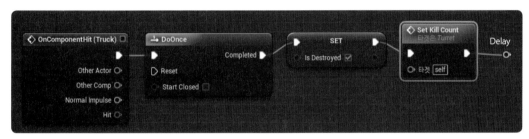

그림 9-40 **대공포가 파괴될 때 KillCount를 증가시킨다**

변수 KillCount를 대공포 블루프린트에 추가하면 위와 같은 번거로운 절차가 필요 없을 것 같지만, 대공포는 로켓에 맞으면 Destroy되는데 이때 변수 KillCount도 함께 사라져버린다. 따라서 이와 같은 처리는 게임 실행 중에 Destroy되지 않는 액터가 처리한다.

④ Apache 블루프린트 수정

Apache 블루프린트에서 변수 KillCount의 값을 화면에 표시하는 부분을 추가한다. 게임의 UI와 메시지, 버튼 등은 HUD^Head-Up Display 시스템에서 처리해야 하지만, HUD 시스템은 제10장에서 다루게 되므로 우선 Print String으로 디버그 출력한다. 디버그 출력은 시퀀스의 1번 핀을 이용한다.

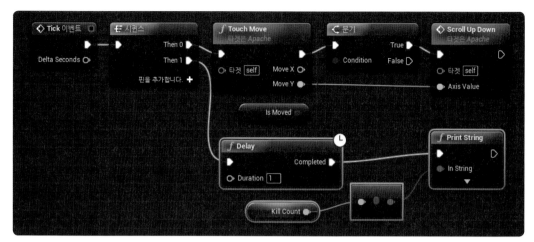

그림 9-41　**1초에 한 번씩 파괴한 대공포의 수를 디버그 출력한다**

이제 게임을 실행하면 대공포를 파괴할 때마다 KillCount가 증가하는 것을 확인할
수 있을 것이다.

그림 9-42　**대공포가 파괴되면 KillCount가 증가한다**

앞에서 만든 대공포는 디스트럭터블 메시를 사용하므로 모바일 플랫폼에서는 로켓
과의 충돌 이벤트가 발생하지 않는다. 모바일 프리뷰 창에는 로켓과 충돌 후 대공포
가 파괴된 것으로 보이지만, 모바일 프리뷰 창과 실제의 단말기에는 차이가 있으므
로 모바일 프리뷰 창은 참고용으로만 사용해야 한다.

그림 9-43 모바일 프리뷰 창의 게임 화면

1 **트럭에 박스 트리거 추가**

현재의 대공포에 Box 트리거를 추가해서 콜리전으로 사용한다. [**컴포넌트 추
가⇒Box**] 메뉴를 실행해서 Box 트리거를 하나 추가한 후 다음과 같이 속성을 설정
한다. 트리거가 로켓 발사 부분을 덮지 않도록 해야 한다.

표 9-5 **Box Trigger의 속성**

속 성	값
변수 이름	Trigger
위치	(0, 90, −100)
Box Extent	(140, 330, 160)
콜리전 프리셋	BlockAllDynamic
Simulation Generate Hit Event	On
Generate Overlap Event	Off
Simulate Physics	On
Start Awake	Off
Enable Gravity	Off

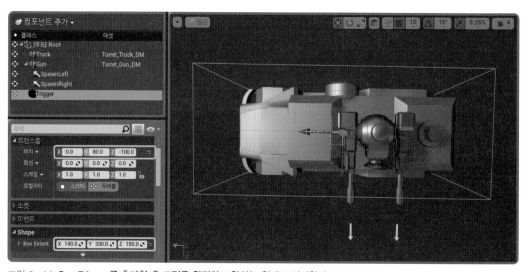

그림 9-44 **Box Trigger**를 추가한 후 트럭을 완전히 포함하는 형태로 설정한다

2 모바일 디바이스 판정하기

추가한 박스 트리거는 Physics 컴포넌트이므로 게임이 실행되면 트럭이나 포탑과 충돌을 일으켜 Hit 이벤트가 발생할 수 있다. 따라서 모바일 플랫폼에서는 트럭과 포탑에 설정된 콜리전을 제거할 필요가 있다. 이것을 처리하는 함수를 하나 만든다. 함수 이름은 RemoveCollision이다.

그림 9-45 트럭과 포탑의 콜리전을 제거한다

박스 트리거는 모바일 디바이스에만 사용할 것이므로 게임이 실행 중인 플랫폼이 모바일이 아니면 박스 트리거를 제거하고, 모바일이면 트럭과 포탑의 콜리전을 제거하는 부분을 작성한다. 이 부분은 게임이 시작할 때 한 번만 실행하면 되므로 Begin Play 이벤트를 이용한다.

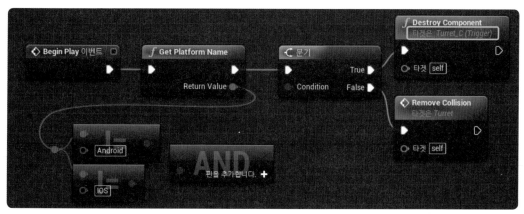

그림 9-46 게임이 실행 중인 플랫폼이 모바일 디바이스인지 알아내기

앞의 그래프는 실행 중인 플랫폼이 Android가 아니고(!=) IOS도 아니면 트리거를 제거한다. 참고로 컨스트럭션 스크립트는 게임이 실행될 때 호출되는 것이 아니라, 액터가 씬에 배치될 때 실행되므로 위의 그래프를 컨스트럭션 스크립트에서 처리하면 Get Platform Name은 Windows 또는 Mac을 반환하게 될 것이다.

3 Trigger에 이벤트 추가

트리거에 OnComponentHit 이벤트를 추가하고 다음과 같이 그래프를 작성한다. 트리거는 모바일 플랫폼에만 나타날 것이므로 PC에서는 이 이벤트가 호출되지 않을 것이다.

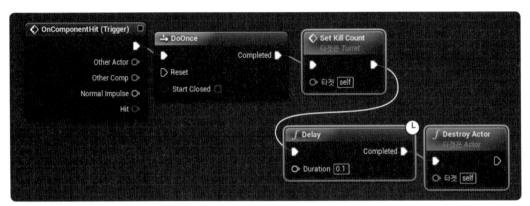

그림 9-47 모바일 플랫폼의 충돌 이벤트

이제 게임을 모바일 기기에서 실행하면 대공포가 파괴될 때마다 KillCount가 디버그 출력되는 것을 확인할 수 있다.

그림 9-48 모바일 기기의 게임 실행 화면. 로켓과 충돌 시 대공포가 파괴된다

실제의 개발 현장에서는 타겟 플랫폼을 정해 두고 개발하므로 다른 플랫폼은 신경 쓸 필요가 없지만, 이 책에서는 학습 목적상 PC와 모바일 플랫폼에서 함께 구동되도록 한 것이다. 모바일 환경은 화면이 작으므로 로켓의 발사 속도를 낮추고, 대공포의 탐지 거리도 줄여야 게임이 쉬워질 것이다. 이것으로 대공포와 관련된 작업은 모두 끝났다.

이 장에서 작업한 과정은 다음 사이트에서 동영상으로 볼 수 있다.

 ▶ http://youtu.be/0im-7_hdyyk

제 10 장

HUD 시스템

이 장의 개요 – 게임의 인터페이스는 플레이어에게 정보를 전달하고 사용자에게 지시된 입력을 받기 위한 수단이다. HUD$^{\text{Heads-Up Display}}$는 게임의 인터페이스를 만드는 블루프린트이다.

10.1 HUD 만들기

HUD는 게임 화면을 2D 평면으로 취급하며, 사용하는 단위는 픽셀이다. HUD에서 출력하는 글자나 이미지는 게임 화면보다 우선적으로 출력된다. 게임 화면에 스코어나 메뉴 등을 표시하려면 HUD 블루프린트를 만들어서 프로젝트에 연결해야 한다.

1 HUD 블루프린트 만들기

[**블루프린트 ⇒ 새 클래스 블루프린트**] 메뉴를 실행하고, 커스텀 클래스에 검색어로 'hud'를 입력하면 Object 카테고리에 HUD가 있으므로 그것을 선택한다. 블루프린트 이름은 MyHUD로 작성하면 될 것이다.

그림 10-1 **HUD 블루프린트 만들기**

② GameMode 블루프린트 설정

HUD는 GameMode 블루프린트에 설정해야 사용할 수 있다. 제5장에서 만들어
서 둔 MyGameMode 블루프린트를 더블클릭해서 연다. HUD Class에 방금 만든
MyHUD를 설정하고 컴파일한다.

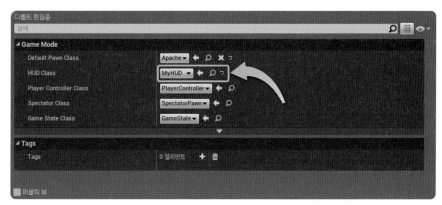

그림 10-2 GameMode 블루프린트에 HUD 설정

HUD를 이용해서 게임 화면에 텍스트를 출력해 본다.

10.2.1 HUD 블루프린트 작성

HUD는 Receive Draw HUD 이벤트로 시작한다. Receive Draw HUD 이벤트를 추가
한 후 화면에 글자를 표시하기 위해 DrawText 노드를 추가하고 연결한다.

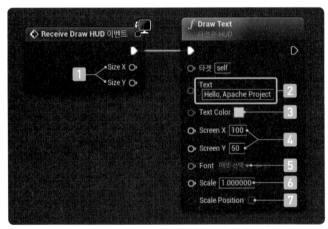

그림 10-3 Draw Text는 HUD에 글자를 출력하는 노드이다

위 그래프의 입출력 파라미터는 다음과 같은 의미이다.

1 **Size (x, y)** 게임 화면의 해상도를 구해준다. 픽셀 단위이다.

2 **Text** 화면에 출력할 문자열을 입력한다. 문자열은 자동 줄바꿈되지 않으므로 여러 행의
   문장을 출력할 경우에는 여러 번 출력해야 한다.

3 **Text Color** 출력할 문자열의 색상을 설정한다.

4 **Screen (x, y)** 문자를 출력할 좌표로서 단위는 픽셀이며, 화면 왼쪽 위가 (0, 0)이다.

5 **Font** 프로젝트에 설치되어 있는 글꼴을 지정한다. 글꼴을 지정하지 않으면 기본 글꼴이 사용된다.

6 **Scale** 글자의 확대 비율이다.

7 **Scale Position** 글자를 확대할 때 기준 좌표도 함께 확대하는지 여부를 설정한다. 이 옵션을 켜고 Scale을 2로 설정하면 위의 좌표 (100, 50)은 두 배 확대된 (200, 100)이 될 것이다.

위의 파라미터는 필요한 것만 입력하면 되지만, Text Color는 반드시 설정해야 한다. Text Color의 기본값은 null값 없음이지만, Draw Text 노드에는 검은색으로 표시된다. 이것을 검은색과 혼동하지 말기 바란다. 만일 Text Color를 설정하지 않으면 화면에는 아무것도 나타나지 않을 것이다. 블루프린트를 컴파일하고 게임을 실행하면 화면에 Text로 지정한 문자열이 표시되는 것을 확인할 수 있다.

그림 10-4 **HUD의 Draw Text로 출력한 문자열**

10.2.2 텍스트를 화면 중앙에 정렬

문자열을 일정한 영역의 중앙에 출력하려면 다음의 두 가지 정보가 필요하다. 여기에서는 가로 방향의 중앙만 생각하기로 한다.

① 출력할 영역의 너비(HUD에서 구해 줌)

② 출력할 문자열의 길이(GetTextSize 함수로 구한다.)

문자열의 출력 위치는 (①–②)÷2가 될 것이다. 결국 좌우 여백의 크기가 출력 위치를 결정한다.

1 변수 추가

화면의 폭과 높이는 다른 용도로도 사용할 수 있을 것이므로 이것을 저장할 변수를 먼저 추가한다. float형의 변수 ScreenWidth와 ScreenHeight가 필요하다.

2 화면의 사이즈를 저장하는 함수 작성

앞에서 추가한 변수에 화면의 폭과 높이를 저장하는 함수를 만든다. 함수 이름은 SetScreenSize이다. 새로운 함수가 만들어지면 입력 파라미터를 두 개 추가하고, 이름을 각각 Width와 Height로 작성한다. 파라미터의 type은 int이다. 그래프는 다음과 같이 작성한다. 그래프의 ███ 노드는 자료를 형변환Type Casting하는 것으로, 입출력 핀을 서로 이으면 자동으로 추가된다.

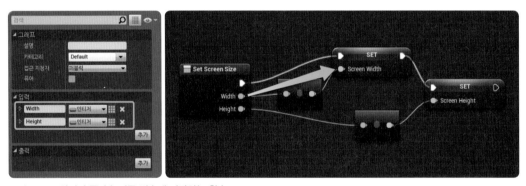

그림 10-5 화면의 폭과 높이를 변수에 저장하는 함수

3 화면의 중앙 위치 계산 함수 작성

추후 텍스트나 메뉴, 버튼 등을 화면의 중앙에 배치할 때 텍스트나 버튼의 폭을 입력받아 출력 시작 위치를 리턴하는 함수를 하나 만든다. 함수 이름은 GetCenterPos로 작성하고 입력 파라미터와 출력 파라미터를 각각 하나씩 추가한다. 파라미터의 타입은 float이다. 함수는 다음과 같이 작성한다.

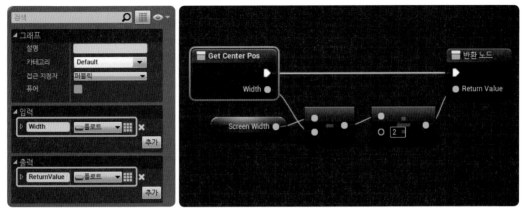

그림 10-6 화면의 중앙 위치를 계산하는 함수

일반적인 수학식은 ScreenWidth-Width÷2의 연산에 대해 곱하기와 나누기를 먼저 계산하므로 ScreenWidth-(Width÷2)로 계산한다. 그러나 블루프린트의 수식은 왼쪽에서부터 오른쪽으로 순서적으로 계산해 가므로 왼쪽에 있는 연산자의 우선순위가 더 높다.

4 텍스트 출력 함수 작성

이제 문자열을 화면의 중앙에 정렬해서 출력하는 함수를 작성한다. 새로운 함수를 하나 추가하고 이름을 DrawTextCenter로 입력하자. 이 함수의 입력 값은 표 10-1과 같이 작성한다. LinearColor 타입은 파라미터의 타입을 선택하는 창에서 검색어로 'color'를 입력하면 찾을 수 있을 것이다. 같은 방법으로 Font도 목록에서 찾아 입력한다.

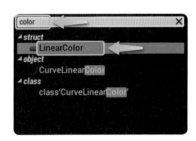

그림 10-7 구조체 타입의 변수 검색

표 10-1 함수 파라미터

입력 파라미터	Type	비 고
Text	string	출력할 문자열
Color	LinearColor	문자열의 색상
ScreenY	float	출력할 세로 좌표
Font	오브젝트 레퍼런스/Font	글꼴
Scale	float	스케일 비율

함수의 그래프는 다음과 같이 작성한다. 입력 파라미터가 GetTextSize 노드와 DrawText로 각각 연결되고 있어 흐름선이 조금 복잡하지만 원리는 간단하다. GetTextSize로 픽셀 단위의 문자열의 길이를 구한 후, 앞에서 작성한 GetCenterPos 함수로 출력 위치를 계산해서 DrawText로 출력하는 것이다. 이렇게 하면 문자열의 길이에 상관없이 항상 화면의 가운데에 출력될 것이다.

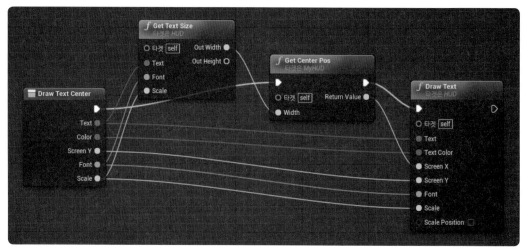

그림 10-8 **문자열을 화면의 중앙에 출력하는 함수**

5 함수 테스트

위의 함수를 테스트하기 위해 HUD의 이벤트 그래프를 다음과 같이 수정한다.

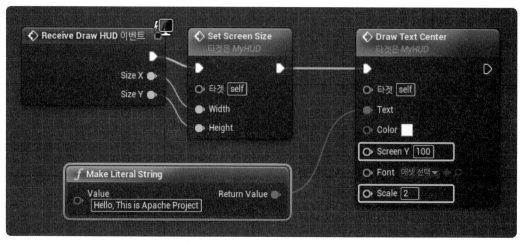

그림 10-8 **문자열을 화면의 중앙에 출력하는 함수**

Make Literal 노드는 int, float, string 등 여러 형태가 있으며, 연산 결과를 변수에 저장할 필요가 없는 일회성 연산에 사용한다. 노드 검색 창에서 검색어로 'literal'을 입력하면 노드를 찾을 수 있을 것이다. 블루프린트를 컴파일한 후 게임을 실행하면 예상과는 달리 텍스트가 화면 오른쪽에 출력된다. 게다가 글자의 스케일이 적용되지 않고 있다. 글자의 시작 위치가 화면의 중앙인 것으로 보아 GetTextSize 함수가 문자열의 길이를 구하지 못하는 것이 분명하다. 이것은 함수에 글꼴을 지정하지 않아서이다.

그림 10-10 텍스트가 화면의 오른쪽에 치우쳐서 출력된다

6 글꼴 추가

콘텐츠 브라우저에서 [Fonts] 폴더를 하나 만든 후 4장에서 한글 글꼴을 추가한 것과 같은 방법으로 글꼴을 추가한다. 굳이 한글을 사용할 필요가 없으므로 한글 문자셋과 텍스트 머티리얼을 수정하지 않아도 된다. 4장의 프로젝트에서 사용한 한글 글꼴을 이주해서 추가하는 것도 괜찮은 방법이다.

콘텐츠 브라우저에서 [생성 ➡ 유저 인터페이스 ➡ 폰트] 메뉴를 실행한 후 새로운 폰트가 추가되면 이름을 MyFont로 바꾼다. MyFont를 더블클릭해서 폰트 에디터를 열고, Font Cache Type을 Offline으로 설정해서 폰트를 추가한다. 한글을 사용하지 않을 경우에는 이것으로 작업 끝이다.

그림 10-11 **글꼴 추가**

HUD의 이벤트 그래프에서 앞에서 추가한 글꼴을 선택한 후 Scale을 0.5 정도로 적당히 줄이고 컴파일한다. 이제 게임을 실행하면 텍스트가 화면의 가운데에 출력되는 것을 확인할 수 있을 것이다.

그림 10-12 **글꼴을 설정하면 HUD의 함수가 제대로 동작한다**

10.3 이미지 출력

이 장에서는 HUD에서 2D 이미지를 출력하는 방법에 대해 알아본다.

10.3.1 이미지 출력 노드

HUD에서 이미지를 출력하는 방법은 다음과 같은 네 가지이다. 함수명 뒤에 Simple
이 붙어 있는 것은 이미지 처리를 단순하게 하기 위한 것으로 기본적인 기능은 같다.

- **Draw Texture**   2D 이미지를 출력한다.
- **Draw Material**   머티리얼을 출력한다.
- **Draw Texture Simple**   2D 이미지를 출력한다.
- **Draw Material Simple** 머티리얼을 출력한다.

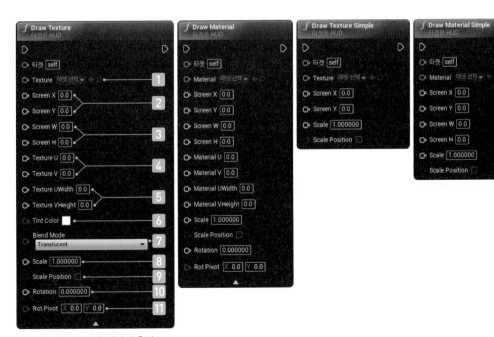

그림 10-13 **HUD의 이미지 출력 노드**

1 **Texture** 출력할 2D 이미지

2 **Screen (X, Y)** 이미지의 출력 위치로 픽셀 단위이며, 화면 왼쪽 위가 (0, 0)이다.

3 **Screen (W, H)** 이미지의 폭과 높이(픽셀 단위)로, 실제 화면에 표시되는 이미지의 크기이다.

4 **Texture (U, V)** 출력할 이미지의 기준 위치. 이미지의 왼쪽 위가 (0, 0), 오른쪽 아래를 (1, 1)로 하는 UV 좌표계이다.

5 **Texture (UWidth, VHeight)** 이미지 반복(타일링) 횟수. (1, 1)이 이미지 전체 출력이다.

6 **TintColor** 이미지에 덧씌울 색상

7 **BlendMode** 이미지 표시 방법. 투명색 적용, 완전 불투명 등 몇 가지 옵션이 있다.

8 **Scale** 이미지 확대 비율

9 **Scale Position** 이미지를 확대할 때 화면의 좌표(②)도 확대하는지의 여부

10 **Rotation** 이미지 회전각도. 시계 방향으로 회전하며 60분법 각도^{Degree}를 사용한다.

11 **Rot Pivot (x, y)** 이미지 회전 시 중심점. UV 좌표계를 사용한다.

이미지를 회전할 경우 언리얼 엔진은 이미지를 화면에 표시한 상태에서 Rot Pivot을 기준으로 회전하므로 이미지의 출력 위치가 바뀐다. 다음 그림은 회전 없는 이미지와 Rotation 90, Rot Pivot(1, 1)로 회전한 이미지를 같은 좌표에 출력한 화면이다. 이미지가 Rot Pivot을 중심으로 90도 회전해서 표시되는 것을 확인할 수 있다.

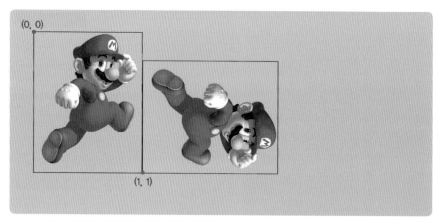

그림 10-14 **이미지를 회전하면 출력 위치를 벗어난다**

10.3.2 UV 좌표

매핑^{Mapping}은 3D 오브젝트의 표면을 2D 이미지^{텍스처}로 감싸는 것이다. 오브젝트를 매핑할 때에는 텍스처의 기준점과 그리는 방향, 텍스처의 반복 횟수 등이 필요하다. 이와 같은 처리를 하기 위해 오브젝트의 3차원 축인 (x, y, z)에 대응해서 생겨난 개념이 2D 텍스처의 축을 (u, v, w)로 정의하는 방법이다. 그런데 2D 이미지인 텍스처는 공간을 의미하는 z축이 필요하지 않다. 따라서 z축에 해당하는 w를 없애고 (x, y)에 대응하는 (u, v)를 사용한다.

UV는 텍스처 내부의 위치를 표시하는 논리적인 좌표로, 텍스처의 크기와 상관없이 이미지의 좌측 상단을 (0, 0), 우측 하단을 (1, 1)로 정의한다. 따라서 UV (0.5, 0.5)는 텍스처의 한가운데 지점이다. 오브젝트를 매핑할 때 텍스처 전체를 사용하기도 하지만, 텍스처의 일부분만 사용하거나 텍스처를 타일처럼 반복해서 사용할 수도 있다. 텍스처를 반복 사용할 때 타일링의 값이 1보다 크면 반복해서 사용하며, 1보다 작으면 텍스처의 일부분만 사용한다. 반복되는 위치는 UV 좌표가 기준이다.

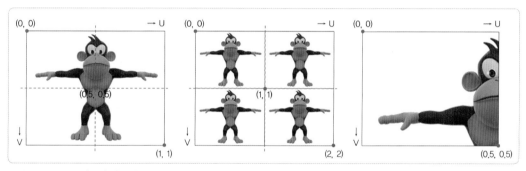

그림 10-15 **UV 좌표와 타일링**

언리얼 엔진은 텍스처의 타일링을 다음과 같은 두 가지 방식으로 표시한다.

- **HUD의 Draw**　　Texture UWidth, VHeight로 표시
- **머티리얼 에디터**　　UTiling, VTiling으로 표시

DrawTexture로 프로그레스바 이미지를 그릴 때 Texture UWidth, VHeight의 값에 따라 이미지가 다르게 표시된다. 다음 그림은 Texture UWidth, VHeight가 (1, 1)일 때에는 이미지 전체가 축소되어서 표시되지만, Texture UWidth, VHeight가 (0.5, 1)이면 이미지의 절반이 표시되는 것을 나타낸 것이다.

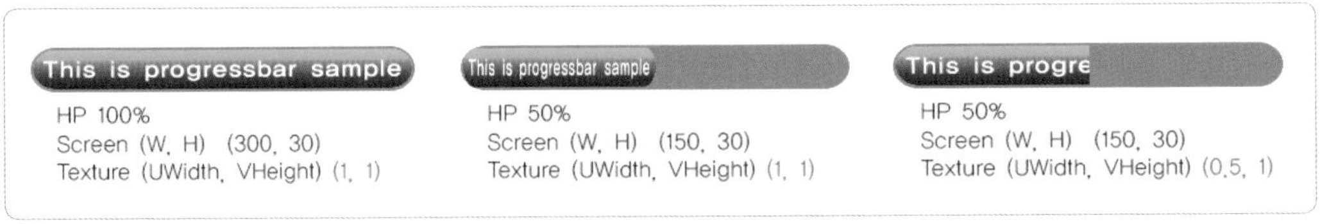

그림 10-16 **프로그래스바는 Texture UWidth에 따라 다른 형식으로 그려진다**

프로그레스바의 내부에 무늬가 없는 경우라면 전체 이미지를 축소하는 것이 편하겠지만, 무늬가 있는 프로그레스바를 사용할 때에는 프로그레스바의 비율만큼 Texture UWidth를 줄여주는 것이 좋을 것이다.

10.3.3 Draw Material

Draw Material은 머티리얼을 게임 화면에 표시하는 기능이다. 모든 머티리얼을 출력할 수는 있지만, 이미시브 컬러에 설정된 값만 반영된다. 따라서 이미시브 컬러가 없는 머티리얼은 전부 검은색으로 나타난다. 다음은 콘텐츠 브라우저의 [**Materials**] 폴더의 M_Tech_Hex_Tile_Pulse와 M_Metal_Copper를 각각 출력한 화면이다.

그림 10-17 **이미시브 컬러가 없는 머티리얼은 검은색으로 표시된다**

그림 10-18 머티리얼의 이미시브 컬러

10.4 HUD용 머티리얼 만들기

텍스처를 머티리얼로 만들면 머티리얼의 다양한 기능을 이용해서 텍스처에 특수한 효과를 줄 수 있다.

10.4.1 파란색 네모 머티리얼

간단한 머티리얼을 하나 만들어서 HUD로 출력해 본다. 콘텐츠 브라우저에서 [생성 ➡ 머티리얼] 메뉴를 실행해서 새로운 머티리얼을 만든다. 머티리얼의 이름은 BlueRect로 입력하고 이것을 더블클릭해서 머티리얼 에디터를 연다. 머티리얼의 이름에 한글을 사용할 수는 있지만 한글 이름은 모바일 기기에서 문제를 일으킨다.

❶ BlendMode 세부 설정

디테일 패널에서 BlendMode를 Translucent로 설정한다. Translucent는 반투명한 재질을 반영하는 옵션인데, 이것을 설정하면 굴절 핀이 활성화된다. 굴절Refraction은 오브젝트가 반투명할 때 다른 오브젝트가 머티리얼의 내부에서 렌더링되는(다른 오브젝트가 비쳐 보이는) 기능이지만 HUD와는 관계가 없다.

❷ Shading Model 설정

Shading Model을 Unlit으로 설정한다. Unlit은 라이트에 영향을 받지 않는 머티리얼이다. 이 옵션을 설정하면 이미시브 컬러와 오파시티불투명도만 남고, 색상 및 재질과 관련된 핀은 모두 비활성화될 것이다. HUD에 반영되는 속성은 이미시브 컬러와 오파시티이므로 다른 핀은 모두 무시한다.

그림 10-19 **Translucent와 Unlit를 설정한 머티리얼**

❸ Constant3 Vector 추가

이미시브 컬러에 색깔을 할당하기 위한 노드를 추가한다. 머티리얼에는 Color 노드가 없다. 머티리얼은 컬러를 채널로 취급하므로 벡터로 설정한다. RGB 컬러는 Constant3 Vector, RGBA 컬러는 Constant4 Vector이다. Constant3 Vector 노드를 하나 추가하고 노드를 더블클릭해서 파란색으로 설정한다. Constant3 Vector는 키보드에서 ③을 누른 상태로 좌클릭하면 추가할 수 있다.

❹ Constant 노드 추가

머티리얼의 불투명도^{오파시티}를 지정하기 위한 Constant 노드를 하나 추가한다. 키보드에서 ①을 누른 상태로 좌클릭하면 추가할 수 있을 것이다. 이 값을 0.5로 설정하고 오파시티 노드에 연결한다.

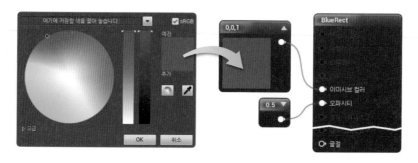

그림 10-20 **이미시브 컬러와 오파시티 속성 설정**

HUD 블루프린트에서 앞의 머티리얼을 출력하면 게임 화면 위에 반투명한 파란 네모가 나타날 것이다.

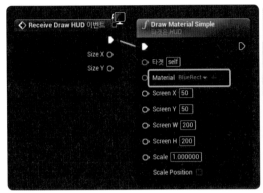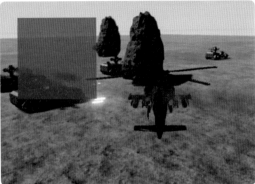

그림 10-21 게임 화면에 반투명한 사각형이 출력된다

HUD는 주로 게임의 UI에 사용하는데, 작업 환경이 비주얼하지 않고 다루기도 복잡하므로 UI를 만드는 데 많은 시간과 노력이 필요하다. 언리얼 엔진 4.4에 추가된 UMG^Unreal Motion Graphic는 비주얼한 환경에서 UI를 만들 수 있고, 사용하기도 쉬우므로 HUD보다 활용도가 더 높다. 이 책에서도 게임의 UI는 모두 UMG로 만들 것이므로 활용도가 떨어지는 HUD의 세부적인 부분에 대한 설명은 모두 생략하기로 한다.

지금 만들어 둔 HUD는 게임의 타이틀과 프로그레스바를 만들 때 테스트용으로 사용할 것이므로 HUD 블루프린트를 삭제하면 안 된다.

제 11 장

게임오버와 게임 UI

이 장의 개요 – 이 장은 화면에 스코어와 연료 게이지 등의 UI와 메뉴를 표시하고, 게임 오버를 처리하는 과정이다. 메뉴 타이틀과 연료 게이지는 머티리얼로 만들고, UI는 UMG로 만든다.

11.1 게임 UI의 구성

이 게임의 UI는 다음과 같이 구성할 것이다. 프로그레스바와 게임오버 메시지는 머티리얼로 만들고, 메뉴의 배경과 버튼은 이미지로 처리한다.

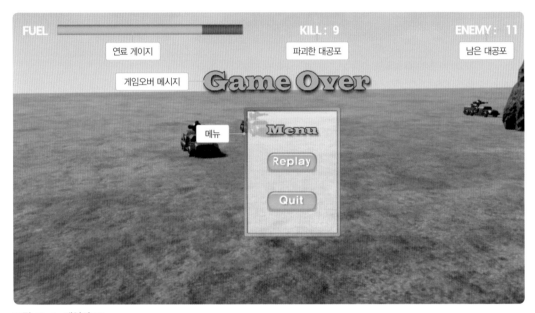

그림 11-1 게임의 UI

메뉴 구성에 필요한 이미지는 다음 사이트에서 다운로드한 후 압축을 풀고 [Texture] 폴더에 저장한다. '임포트하려는 텍스처의 크기가 2의 제곱수가 아닙니다…'라는 메시지 창이 나타나면 [예] 버튼을 눌러서 메시지를 무시하고 계속 진행한다.

［이미지 파일 다운로드 URL］　http://afterglow.co.kr ［자료실 ➡ Unreal Engine Resource］

다운로드한 파일의 압축을 풀면 다음과 같은 이미지가 있다.

그림 11-2 게임의 UI 구성에 필요한 이미지

텍스처 속성 설정

다운로드한 이미지를 더블클릭하면 텍스처 에디터가 열린다. 이 이미지는 UI에 사용할 것이므로 다음과 같이 속성을 설정한다. 다운로드한 파일 모두 같은 속성을 적용한다.

그림 11-3 텍스처의 속성

1　**Mip Gen Settings**　　NoMipmaps

2　**Texture Group**　　UI

11.2 게임오버 처리

이제 게임오버에 필요한 처리를 하자.

11.2.1 게임오버의 조건

이 프로젝트에서 게임오버는 다음의 경우로 제한한다.

① 아파치 헬기가 대공포의 로켓에 피격되거나 지형 또는 바위 등과 충돌할 때

② 연료가 모두 소진되었을 때

③ 대공포를 모두 파괴했을 때(Mission Complete)

게임오버 처리에 필요한 변수를 몇 개 추가하고 초깃값을 설정한다. Apache 블루프
린트에 추가한다.

표 11-1 게임오버 처리를 위한 변수

변수명	Type	편집 가능	초깃값	비 고
isDead	bool	On	false	아파치 헬기 피격?
isComplete	bool	Off	false	미션 완료?
Fuel	float	On	5000	현재의 연료량
FuelMax	float	On	5000	연료 최대량
HP	float	On	0	프로그레스바의 HP

위의 표에서 편집 가능 옵션이 설정된 변수는 다른 블루프린트에서 참조될 것이다.
isDead는 대공포, HP는 프로그레스바, Fuel과 FuelMax는 Pickup^{연료 보충 아이템}이 참조
할 예정이다.

11.2.2 게임오버 시 처리할 사항

게임오버 상황이 되었을 때 처리할 내용은 다음과 같다.

① isDead를 true로 설정한다. 대공포는 이 변수를 읽고 포격을 멈출 것이다.

② 아파치 헬기를 보이지 않게 처리하고, 로터와 배경음악을 제거한다.

③ 모든 입력 컨트롤을 Disable시키고 마우스 커서를 표시한다.

④ 배경 음악을 게임오버 음악으로 바꾼다.

⑤ 게임오버 메시지와 게임의 재실행 여부를 선택하는 메뉴를 출력한다.

나중에 처리할 부분은 남겨두고 우선 처리할 함수를 만든다. Apache 블루프린트에서 작업한다.

1️⃣ 사운드를 바꾸는 함수 작성

함수를 하나 추가하고 이름을 ChangeSound로 입력한 후 다음 그래프를 작성한다. 로터 회전 사운드와 배경음악을 멈추고 게임오버 음악을 플레이하는 처리이다. 함수의 노드는 'stop'과 'play'로 검색해서 추가한다.

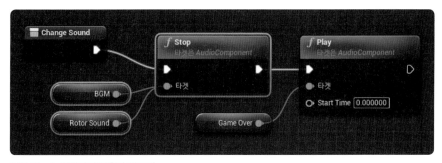

그림 11-4 게임의 배경음악 바꾸기

2️⃣ 커서를 On/Off하는 함수 작성

게임오버가 되면 게임의 입력 컨트롤을 금지하고 마우스 커서를 표시해야 메뉴의 버튼을 클릭할 수 있을 것이다. 메뉴의 버튼을 클릭한 후에는 마우스 커서를 제거하고 입력 컨트롤을 다시 활성화해야 한다. 이와 같은 처리를 하는 함수를 만든다. 이 함수는 입력 컨트롤과 마우스 커서를 On/Off시키는 기능이다. 함수명은 ShowCursor로 작성하고, 입력 파라미터는 불리언 타입의 IsShow를 추가한다.

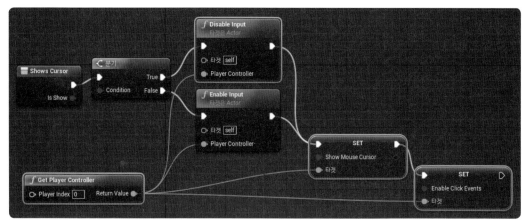

그림 11-5 입력 컨트롤과 마우스 커서를 On/Off하는 함수

데이터의 흐름선이 조금 복잡하다. IsShow가 세 곳, PlayerController가 네 곳에 연결된다. 각각의 노드는 검색어로 'input', 'cursor', 'click'을 입력해서 추가한다. cursor와 click은 PlayerController의 핀을 드래그한 후 입력해야 할 것이다. 이 함수는 입력 파라미터 IsShow가 On이면 커서를 표시하고, Off이면 커서를 제거한다. PlayerPawn의 핀은 Target이 아니라 PlayerController에 연결해야 한다.

③ 메뉴 출력 함수 만들기

게임오버나 미션이 완료되면 메뉴를 출력한다. 함수명은 ShowMenu이다. 아직 메뉴를 만들지 않았으므로 함수만 추가하고 내용은 비워둔다. 이 함수는 내용은 없지만 다른 함수에서 호출하게 될 것이므로 반드시 만들어야 한다.

④ 게임오버 설정 함수 작성

게임오버가 되었을 때 일련의 절차를 처리하는 함수를 만든다. 함수를 하나 추가하고 이름을 SetDestroy로 입력한 후 다음 그래프를 작성한다. 이 함수는 아파치 헬기를 보이지 않게 처리한 후 음악을 바꾸고 커서와 메뉴를 표시한다. DestroyActor로 아파치 헬기를 삭제하면 Apache 블루프린트도 함께 삭제되어 더 이상 게임이 진행되지 않으므로 주의해야 한다.

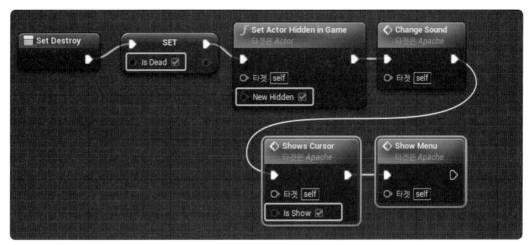

그림 11-6 게임오버 설정 함수

5 미션 완료 처리 함수 작성

대공포가 모두 파괴되었으면 커서와 메뉴를 표시하는 함수를 작성한다. 함수를 하나 추가하고 이름을 CheckComplete로 작성한다. 이 함수는 파괴한 대공포가 전체 대공포 수보다 크거나 같으면 isComplete를 설정하고 커서와 메뉴를 표시한다.

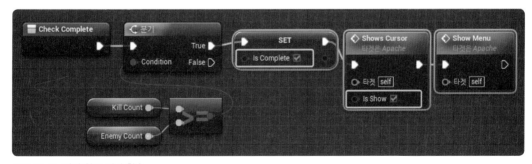

그림 11-7 미션 완료 처리 함수

6 아파치 헬기 파괴 함수 작성

아파치 헬기가 바위의 파편이나 지형과 충돌할 때 폭파 불꽃과 사운드를 표시하는 함수이다. 함수명은 DestroySelf로 입력하고 다음 그래프를 작성한다. 이 함수는 아파치 헬기의 위치에 불꽃 파티클P_Explosion3과 폭파 사운드를 표시한 후에 SetDestroy 함수를 호출한다.

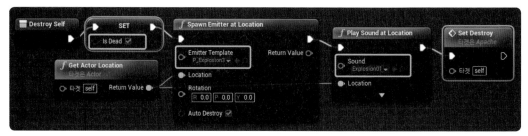

그림 11-8 **아파치 헬기를 파괴하는 함수**

7 아파치 헬기의 충돌 이벤트 만들기

이어서 아파치 헬기의 충돌 이벤트를 만든다. 먼저 Body가 충돌 이벤트를 발생할 수 있도록 Body의 Simulation Generates Hit Event 옵션을 설정한다. 다음에는 Body에 대한 이벤트 버튼을 누르고 OnComponentHit 이벤트를 추가한다.

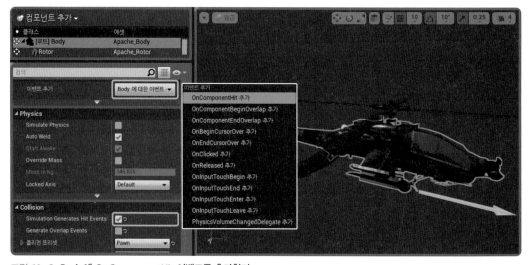

그림 11-9 **Body에 OnComponentHit 이벤트를 추가한다**

OnComponentHit 이벤트에서는 충돌한 액터에 따라 각각 다른 처리가 필요하지만, 우선 DestroySelf로 게임오버시키고 메뉴를 표시한다. 현재 메뉴는 빈 함수이므로 먼저 아파치 헬기와 충돌한 액터의 이름을 디버그 출력하는 것으로 했다. 충돌을 확인한 후에는 블록으로 설정된 노드는 모두 삭제한다.

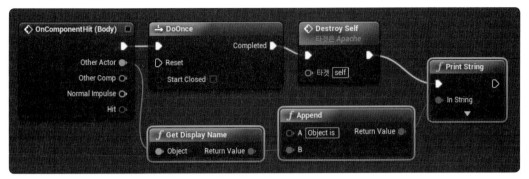

그림 11-10 **아파치 헬기의 충돌 이벤트 그래프**

① 아파치 헬기와 충돌한 액터의 이름을 구한다.

② 문자열 연결(+) 노드이다. ①에서 구한 이름 앞에 'Object is'라는 문자열을 붙이기 위해서 사용했다.

이제 게임을 실행하면 아파치 헬기가 지면이나 대공포의 로켓에 충돌하면 아파치 헬기가 사라지고 게임오버 음악이 나올 것이다.

그림 11-11 **아파치 헬기가 충돌하면 충돌한 액터 이름이 디버그 출력된다**

11.2.3 연료 게이지 처리

연료^{Fuel}는 일정한 속도로 조금씩 줄어들다 0 이하가 되면 게임오버이다. 게임오버가 되면 앞에서 만든 SetDestroy 함수를 호출하면 될 것이다. 이와 같은 처리를 하는 함수를 만든다. 함수명은 SetFuel이다. 이 함수는 Tick 이벤트에서 호출할 것이다.

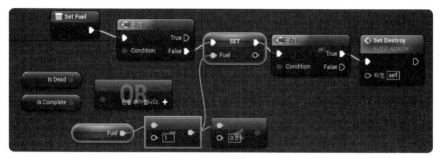

그림 11−12 **Fuel을 1씩 줄이고, 이 값이 0보다 작으면 게임오버 처리를 하는 함수**

위의 함수는 게임오버나 미션 완료 상황이 아니면 Fuel의 값을 1씩 감소해서 변수에 저장하고, 이 값이 0보다 작으면 게임오버 처리를 한다. 얼핏 보면 아무 문제가 없는 그래프처럼 보이지만, 곰곰이 생각해 보면 문제가 있다. 문제가 뭘까?

위의 함수는 Tick 이벤트에서 호출하는데, Tick 이벤트는 매 프레임마다 발생하므로 FPS가 높은 기기는 Tick 이벤트의 발생 빈도가 더 높다. 따라서 Fuel에서 1씩 빼는 처리의 결과는 Tick 이벤트의 발생 빈도에 따라 달라진다. 결국 FPS가 높은 기기는 그만큼 연료가 빨리 소진되는 셈이다. 게임이 이런 식으로 기기의 특성을 타면 곤란하다.

제5장에서 아파치 헬기를 이동할 때 속도에 WorldDeltaSeconds를 곱해서 모든 기기의 이동 속도가 같아지도록 처리했던 것처럼, 연료를 소진하는 부분도 같은 방법으로 처리한다. Fuel의 초깃값이 5000이므로 1초에 50씩 소진하도록 하면 100초간 비행할 수 있을 것이다. 그래프의 Fuel 부분을 다음과 같이 수정한다. WorldDeltaSeconds는 직전 프레임과의 시간차이므로 여기에 곱해지는 값은 1초 후의 결과인 셈이다.

그림 11−13 **1초에 50씩 연료를 소모하는 그래프**

11.2.4 프로그레스바 처리

연료 게이지^{Fuel}를 프로그레스바의 HP로 변환하는 함수를 만든다. HP=Fuel÷FuelMax 이므로 연산 결과는 0~1 사이의 값이 될 것이다. 함수명은 SetHP로 작성한다.

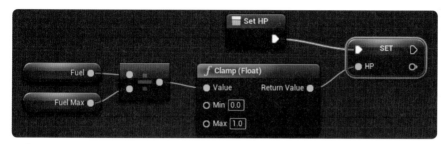

그림 11-14 **Fuel을 HP로 변환하는 함수**

11.2.5 대공포의 포격 금지

대공포의 블루프린트에서 Apache 블루프린트의 변수 isDead를 읽고 이 값이 참이면 포격을 금지하는 기능을 추가한다. Turret 블루프린트에 새로운 함수를 추가하고 함수명을 CheckApache로 작성한다. 대공포 블루프린트에서 Apache의 변수 isDead를 참조하려면 isDead의 속성이 편집 가능으로 설정되어 있어야 한다.

그림 11-15 **Apache 블루프린트의 변수 isDead를 읽고 canFire 변수를 해제하는 함수**

1 아파치 헬기를 찾는다.

2 자료를 형변환하는 Cast 함수이다. 액션 목록에서 검색어로 'apache'를 입력하면 추가할 수 있다.

3 Apache 블루프린트의 변수 isDead이다. 검색어로 'isDead'를 입력하고 Get IsDead 노드를 추가한다.

4 isDead가 true이면 CanFire를 해제한다.

다음에는 대공포의 Tick 이벤트에 위의 함수를 호출하는 부분을 추가한다.

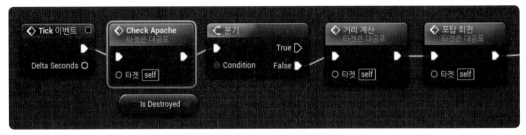

그림 11-16 대공포의 메인 루프에서 아파치 헬기가 파괴되었는지를 조사하는 함수를 호출한다

11.2.6 Apache 블루프린트의 게임 루프

이제 Apache 블루프린트에서 게임 루프를 추가한다. 게임 루프는 앞에서 만들어 둔
Tick 이벤트의 시퀀스 1번 핀을 사용한다. 처리할 내용을 모두 함수로 만들어 두었
으므로 필요한 함수를 호출하는 구조이다.

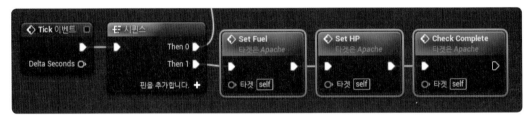

그림 11-17 대공포의 메인 루프에서 아파치 헬기가 파괴되었는지를 조사하는 함수를 호출한다

이제 Apache의 처리는 메뉴와 UI를 표시하는 부분만 남기고 모두 끝났다.

메뉴 타이틀에 출력할 이미지는 다음과 같다. GamePause는 팝업 메뉴에서 사용할 것이다.

그림 11-18 메뉴 타이틀 이미지

11.3.1 메뉴 타이틀 머티리얼

메뉴 타이틀은 이미지를 직접 출력해도 되지만, 이미지를 깜박이게 하는 등 이미지에 특정한 처리가 필요한 경우에는 머티리얼이 필요하다.

1 머티리얼 만들기

콘텐츠 브라우저에서 [생성 ➡ 머티리얼] 메뉴를 실행해서 새로운 머티리얼을 만든다. 머티리얼의 이름은 MenuTitle이다.

2 머티리얼의 속성 설정

머티리얼의 Blend Mode Translucent, Shading Model Unlit으로 설정한다. 머티리얼 속성의 Usage의 맨 아래에 있는 Used with UI 옵션을 설정하면 머티리얼의 퍼포먼스와 메모리 사용량을 줄일 수 있다.

머티리얼 에디터에 텍스처 추가

앞에서 임포트해 둔 이미지를 머티리얼 에디터로 끌고 와서 추가하고, 텍스처를 이
미시브 컬러, 알파 채널을 오파시티에 연결한다.

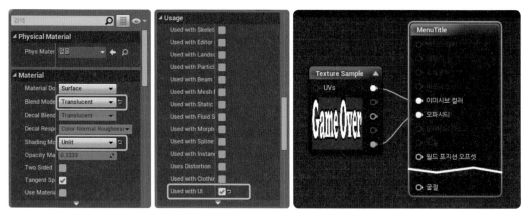

그림 11-19 **텍스처를 이미시브 컬러, 알파 채널을 오파시티에 연결한다**

MyHUD에서 DrawMaterial(Simple)로 이 머티리얼을 적당한 위치에 적당한 크기로
출력하면 화면에 Game Over 메시지가 출력될 것이다. 여기에서는 Screen (x, y) (200,
100), Screen (W, H) (400, 80)으로 출력했다.

그림 11-20 **이미시브 컬러에 텍스처를 연결하면 그 텍스처가 출력된다**

11.3.2 깜박거리는 머티리얼

이제 글자가 일정한 주기로 깜박거리는 기능을 추가할 것이다. 이미시브 컬러와 오파시티는 값이 0보다 클 때 화면에 나타난다. 따라서 텍스처가 안 보이게 하려면 이미시브 컬러나 오파시티의 값이 0보다 작은 경우를 만들어야 한다. 머티리얼에는 Time 노드가 있는데, 이것은 일정하게 증가하는 시간이다. 이 값을 Sine(또는 Cosine) 함수에 적용하면 −1.0~1.0이 된다. Sine은 주기 함수이므로 어떤 값을 입력해도 그 결과는 −1.0~1.0이다. 이 값을 텍스처에 곱하면 텍스처의 RGB 값은 0 이하~0 이상의 값으로 주기적으로 변할 것이다.

머티리얼에는 수학의 사칙 연산자에 해당하는 Add, Subtract, Multiply, Divide뿐만 아니라 다양한 수학적인 함수가 마련되어 있으므로 블루프린트와 같은 개념으로 머티리얼을 만들 수 있다. 앞의 머티리얼에 다음의 노드를 추가하고 연결한다.

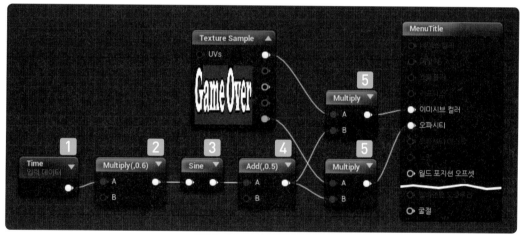

그림 11-21 텍스처를 일정한 주기로 깜박거리게 하는 노드

1️⃣ Time 값을 구한다.

2️⃣ Time에 1보다 작은 값을 곱해서 값을 조금 줄인다. 작은 값을 곱할수록 깜박이는 속도가 늦어진다. 여기에서는 0.6을 곱했다. Multiply 노드의 B핀에 0.6을 입력한다. Multiply 노드는 키보드의 M키를 누른 상태로 그래프 패널을 클릭하면 곧바로 추가할 수 있다.

3️⃣ Sine 함수를 이용해서 2️⃣의 값을 −1.0~1.0으로 변환한다.

4️⃣ 위의 값에 0.5를 더해서 −0.5~1.5로 변환한다. 글자가 깜박일 때 화면에 보이는 시간을 조금 더 길게 처리하기 위한 것이다. Add 노드의 B핀에 0.5를 입력한다.

5 앞에서 구한 값을 텍스처와 알파 채널에 곱한다. 텍스처에 어떤 값을 곱하면 각 채널별로 곱해진다.

앞의 노드는 텍스처에도 Sine 값을 곱하고 있지만, 오파시티가 0보다 작으면 화면에는 아무것도 나타나지 않으므로 텍스처는 Multiply를 사용하지 않고 곧바로 이미시브 컬러에 연결해도 된다. 이제 게임을 실행하면 게임 화면의 글자가 일정한 주기로 깜박거리는 것을 볼 수 있을 것이다. Blink처럼 반짝이는 것이 아니라 밝아졌다 어두워졌다를 반복한다.

그림 11-22 게임 화면의 글자가 일정한 주기로 깜박거린다

11.3.3 텍스처 블렌딩

블렌딩^{Blending}은 텍스처에 다른 텍스처(또는 컬러)를 혼합하는 것이다. 두 텍스처(또는 컬러)에 Multiply^{곱하기} 연산을 적용하면 텍스처가 블렌딩된다. 텍스처나 컬러는 벡터이므로 Multiply 연산은 RGB 컬러를 채널별로 곱해서 새로운 컬러를 만든다. Multiply 연산 결과는 $(R_1{\times}R_2,\ G_1{\times}G_2,\ B_1{\times}B_2)$ 컬러이다.

Multiply 연산은 곱해지는 컬러와 곱하는 컬러의 채널 수가 같아야 하지만, Constant 노드는 RGB 채널 전체에 곱해진다. 즉, RGB 컬러에 Constant를 곱하면 연산 결과는

(R×C, G×C, B×C) 컬러가 된다. 언리얼 엔진은 RGB 컬러를 0~1.0 사이의 값으로 표시하지만, RGB 채널의 값이 꼭 1 이하일 필요는 없다. 채널의 값이 1보다 크면 밝은 색이 만들어진다.

텍스처를 블렌딩할 때 두 RGB 채널 중 밝은 색을 취하는 것이 Lighten, 어두운 색을 취하는 것은 Darken인데, Multiply는 단순하게 두 값을 곱한다. Lighten이나 Darken 등 블렌딩에 특수한 효과를 줄 경우에는 Blend 노드를 사용한다. Blend 노드는 ColorBurn, ColorDodge 등 10여 가지 이상 별도의 블렌딩 노드가 있으므로 포토샵에서 레이어를 블렌딩해 본 경험이 있다면 쉽게 사용할 수 있을 것이다.

1 색깔로 블렌딩하기

머티리얼의 텍스처에 어떤 색을 Multiply로 곱하면 두 색이 서로 혼합된다. Game Over 텍스처는 흰색(1, 1, 1)이므로 블렌딩하는 색이 100% 반영될 것이다. 키보드의 ³을 누르고 좌클릭해서 Constant3 Vector 노드를 하나 추가하고 적당한 색을 설정한다. 이것을 텍스처에 곱한 후 이미시브 컬러에 연결하면 컬러가 들어간 글자가 깜박거릴 것이다.

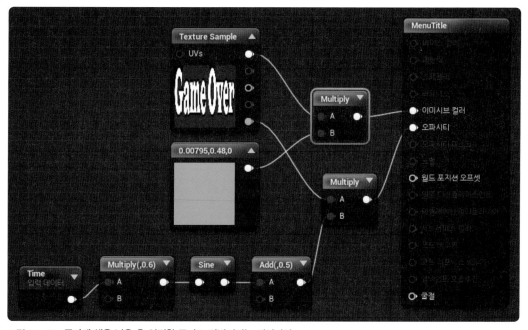

그림 11-23 글자에 색을 넣은 후 일정한 주기로 깜박거리는 머티리얼

그림 11-24 게임 화면에 연두색 글자가 깜박거린다

2 텍스처로 블렌딩하기

Game Over 텍스처는 글자 내부가 흰색이므로 블렌딩하는 텍스처가 100% 반영되어 글자 내부를 무늬 형태로 채운다. 예를 들어, 앞의 컬러 대신 위장무늬 텍스처를 곱하면 글자 내부가 위장무늬로 채워진다.

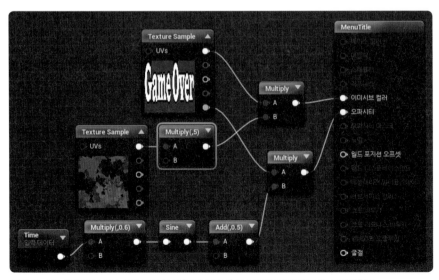

그림 11-25 위장무늬 텍스처에 적당한 값(위의 경우 5)을 곱해서 밝게 만든 후 블렌딩한다

그림 11-26 글자를 텍스처로 블렌딩한 결과

11.3.4 텍스처 스크롤

스크롤Scroll은 게임의 배경 등을 좌우로 이동하는 기능이다. 갤러그 등의 게임을 보면 어두운 밤하늘이 천천히 이동한다. 이와 같은 처리를 할 때 배경 자체를 이동하면 매 루프마다 배경이 화면을 벗어나는지를 판정하고, 화면을 벗어나기 직전에 배경을 원래 위치로 이동하는 등의 번거로운 처리가 필요하다.

머티리얼을 이용하면 텍스처의 UV를 조금씩 바꿔서 화면이 이동하는 것과 같은 효과를 줄 수 있는데, 언리얼 엔진은 Panner라는 노드를 제공한다. 사용법도 아주 간단해서 스크롤하려는 텍스처 앞에 Panner를 추가하고, SpeedX와 SpeedY로 스크롤 방향과 속도만 설정하면 된다. SpeedX와 SpeedY를 음수(-)로 지정하면 반대 방향으로 스크롤되므로, 이 값만 적절히 설정하면 텍스처를 상하좌우, 대각선 등 임의의 방향으로 스크롤시킬 수 있다. 타이머나 타임라인 등이 필요하지 않는 간편하면서도 아주 강력한 기능이다.

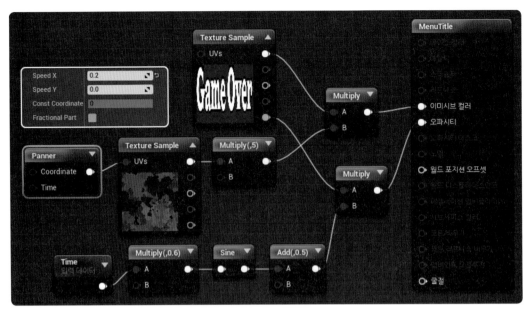

그림 11-27 **Panner**는 텍스처를 상하좌우로 스크롤시키는 노드이다

위의 그래프는 Panner 노드의 SpeedX를 0.2로 설정하고 있다. 이 값이 양수(+)이면 오른쪽에서 왼쪽으로 스크롤된다. 위의 그림처럼 팝업 창에서 설정하는 것이 아니라 디테일 패널에서 설정한다. 이제 게임을 실행하면 Game Over 내부의 텍스처가 오른쪽에서 왼쪽으로 천천히 스크롤되는 것을 볼 수 있을 것이다. 물론 일정한 주기로 깜박이는 기능은 여전히 작동한다.

글자의 내부 이미지가 스크롤되는 머티리얼은 실제의 게임에서 사용하기에는 적합하지 않으므로 Panner와 텍스처를 모두 제거하고 그림 11-23의 상태로 돌려놓는 것이 좋을 것이다.

11.3.5 Texture Parameter

머티리얼의 파라미터는 블루프린트의 변수와 같은 개념이다. MenuTitle에서 사용한 이미지를 Texture Parameter로 만들면 필요에 따라 이미지를 교체할 수 있다. 이렇게 하면 하나의 머티리얼로 Game Over, Mission Complete, Game Pause 이미지를 모두 출력하는 것이 가능하다. 파라미터를 가지고 있는 머티리얼을 Dynamic 머티리얼이라고 한다.

1️⃣ Texture Parameter 추가

팔레트에서 검색어로 'param'을 입력하고 TextureSampleParameter2D 노드를 찾아
추가한다. 추가한 노드의 Parameter Name을 TitleImage, Texture에 GameOver 이미
지를 할당한다.

그림 11-28 머티리얼에 **Texture Parameter**를 추가하고 이름과 이미지를 할당한다

2️⃣ Texture Sample 교체

머티리얼의 GameOver 이미지를 삭제하고 그 자리에 파라미터 TitleImage를 넣어서
노드를 다시 구성한다. 이 머티리얼은 메뉴를 출력할 때 이미지를 바꾸는 과정이 추
가될 것이다.

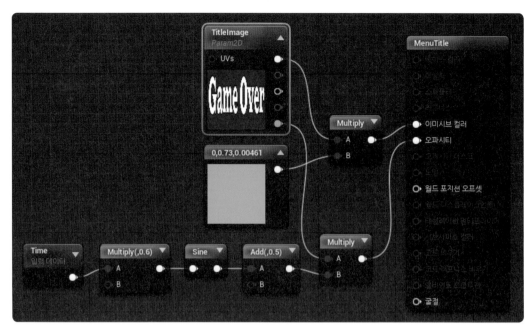

그림 11-29 **Texture Parameter**를 이용해서 구성한 머티리얼

11.4 프로그레스바 만들기

프로그레스바는 체력이나 남은 시간 등의 게이지^{Gauge}를 표시하는 데 사용한다. 프로그레스바는 바탕 이미지를 먼저 출력한 후 체력이나 남은 시간의 비율을 계산해서 이미지의 크기를 결정하고, 그것을 바탕 이미지 위에 겹쳐서 출력하는 방식으로 구현한다.

프로그레스바는 머티리얼로 만들 수도 있다. 프로그레스바를 머티리얼로 만들면 복잡한 블루프린트 그래프를 만들지 않아도 되므로 전체적인 구조가 단순해진다.

11.4.1 프로그레스바 이미지 만들기

프로그레스바 이미지를 만드는 작업은 조금 번거로운데, RGB 채널을 편집할 수 있는 그래픽 에디터가 필요하다. 대부분 포토샵을 사용하므로 여기에서는 포토샵으로 만드는 과정을 설명한다.

1 새 이미지 만들기

포토샵에서 [File ➡ New] 메뉴를 실행해서 새로운 이미지 파일을 만든다. 이미지의 크기는 128×128 정도면 적당할 것이다. 이미지의 크기를 2의 제곱수로 설정하면 퍼포먼스가 좋아진다는 것을 기억하자.

2 프로그레스바 채널 만들기

채널 탭을 열고 Red 채널만 활성화시킨 후 이미지 전체를 흑백의 그라데이션으로 채운다. 이것은 프로그레스바에 볼륨을 주기 위한 것이며, 다른 컬러와 블렌딩할 용도로 사용할 것이다. 그라데이션을 채운 후에는 이미지의 테두리를 1~2 픽셀 정도 검은색으로 칠한다.

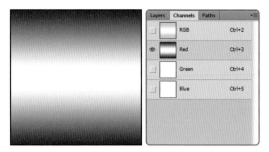

그림 11-30 **Red** 채널의 흑백 그라데이션

3 오파시티용 채널 만들기

머티리얼의 오파시티에 사용할 채널을 만든다. Green 채널을 이용할 것이다. 프로그레스바의 밝은 부분이 화면에 잘 보이도록 이미지의 가장자리만 어두운 그라데이션을 만들어서 채우고, 이미지의 테두리는 1~2픽셀 정도 검은색을 칠한다.

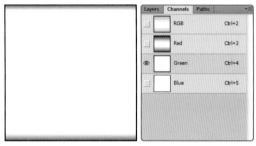

그림 11-31 오파시티용 채널의 그라데이션

4 Blue 채널의 처리

Blue 채널은 사용하지 않을 것이므로 전체를 검은색으로 채운다. RGB 채널을 켜면 이미지는 다음 그림과 같이 보일 것이다.

작업이 끝나면 psd나 png 파일로 저장하고 포토샵을 닫는다. 앞에서 다운로드한 파일에 ProgressTexture가 있으므로 여기에서는 이 파일을 사용한다.

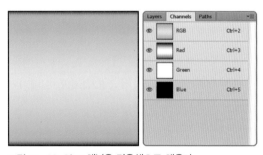

그림 11-32 **Blue** 채널은 검은색으로 채운다

11.4.2 텍스처 속성 설정

앞에서 저장한 이미지를 프로젝트로 임포트하고 그것을 더블클릭해서 텍스처 에디
터를 연다. [뷰] 버튼을 누르면 텍스처를 채널별로 볼 수 있다. 디테일 패널에서 다음
옵션을 설정한다.

그림 11-33 **임포트한 텍스처의 속성 설정**

1. **Mip Gen Settings** NoMipMaps
2. **LOD Group** UI
3. **sRGB** 해제

언리얼 엔진은 텍스처를 화면에 출력할 때 감마^{Gamma} 보정을 하는데, sRGB는 텍스
처의 감마 보정을 금지하는 옵션이다. 텍스처 채널의 색상(값)이 중요한 경우에는 이
옵션을 해제하고 사용한다. 이 옵션을 해제하면 텍스처가 머티리얼로 임포트될 때
LinearColor 타입이 되므로 픽셀을 RGB 컬러와 같은 방식으로 다룰 수 있다.

11.4.3 머티리얼 만들기

콘텐츠 브라우저에서 [생성➡머티리얼] 메뉴를 실행해서 새로운 머티리얼을 만들고
이름을 Progressbar로 입력한다. Progressbar를 더블클릭해서 머티리얼 에디터를 열
고 Blend Mode Translucent, Shading Model Unlit로 설정한다. 물론 Used with UI
옵션도 설정한다. 여기에 앞에서 임포트한 텍스처를 추가한다.

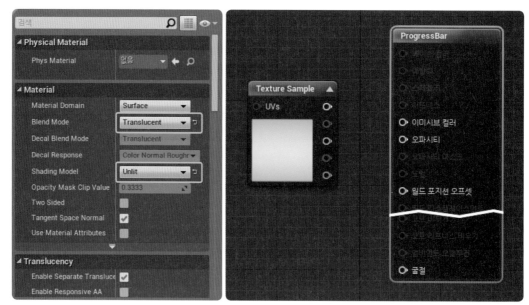

그림 11-34 머티리얼 속성

1 텍스처의 속성

추가한 텍스처를 선택한 후 Sampler Source를 Shared Clamp로 설정한다. 이 속성은
UV 좌표가 1보다 클 때 텍스처를 벗어난 범위는 출력하지 않는 속성이다.

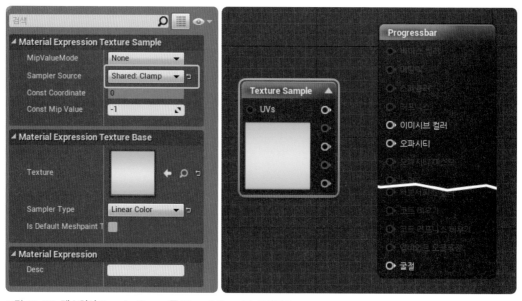

그림 11-35 텍스처의 **Sampler Source**를 **Shared Clamp**로 설정한다

② Texture Coordinate 노드 추가

Texture Coordinate 노드를 하나 추가한 후 UTiling과 VTiling를 (3, 1)로 설정한다. 이것을 텍스처에 연결하면 텍스처가 1/3만 표시되는 것을 확인할 수 있다. 화면에 변화가 없으면 Texture Sample 노드를 우클릭하고 [실시간 미리보기 켜기] 메뉴를 실행하면 제대로 보일 것이다. 이렇게 해도 화면에 변화가 없으면 이미지의 Sampler Source가 Shared Clamp로 되어 있는지 다시 확인한다.

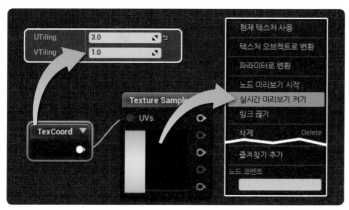

그림 11-36 텍스처의 타일링 결과

위의 텍스처는 타일링 값의 역수만큼 표시된다. 즉, 타일링을 (10, 1)로 설정하면 1/10의 길이로 표시될 것이다.

③ Scalar Parameter 추가

Scalar Parameter는 하나의 값^{float}을 전달받는 파라미터이다. 이것을 추가하고 이름을 HP로 바꾼다. 추후 블루프린트에서 HP로 0~1의 값을 전달해 줄 것이다. 우리가 할 일은 0~1로 입력되는 값을 Texture Coordinate 노드의 UTiling으로 변환해서 텍스처의 길이를 0~100%로 만드는 것이다.

④ HP를 Texture Coordinate의 UTiling으로 변환

현재 텍스처는 UTiling의 역수가 텍스처의 길이가 되므로 HP에서 입력되는 값을 역수로 만든다. 역수로 만드는 것은 1÷HP 연산이다. 이렇게 하면 HP로 0.2가 전달되면 5로 변환되고, 0.5를 전달하면 2로 변환될 것이다. 이 값을 Texture Coordinate에 곱한다.

그런데 HP는 하나의 값이고, Texture Coordinate는 (UTiling, VTiling) 두 개의 값이다. 두 개의 값에 하나의 값을 곱하면 두 개의 값에 모두 곱해져버린다. 이렇게 되면 곤란하다. UTiling은 곱하되, VTiling은 변경하지 않아야 하기 때문이다. 이럴 때에는 Append Vector 노드를 사용한다. Append Vector는 지정한 값을 가진 노드를 하나 추가해 준다. HP에 1의 값을 갖는 노드를 추가하면 (HP, 1)이 되므로 이것을 (UTiling, VTiling)과 곱하면 HP는 UTiling, 1은 VTiling에 곱해져서 결과적으로 VTiling의 값은 변하지 않을 것이다. Multiply는 같은 채널끼리 곱하는 것이지 행렬의 곱하기 연산이 아니다.

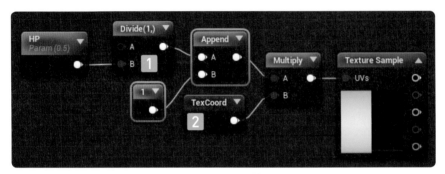

그림 11-37 **HP를 Texture Coordinate의 UTiling으로 변환하는 노드**

1️⃣ Divide 노드의 A핀에 1을 입력해 둔다. HP는 B핀에 연결한다.

2️⃣ Texture Coordinate는 (UTiling, VTiling)을 각각 (1, 1)로 설정한다.

파라미터 HP의 Default Value를 0.5로 설정하면 텍스처의 이미지가 절반만 그려지는 것을 확인할 수 있을 것이다.

11.4.4 텍스처 블렌딩

이제 텍스처를 전경색과 배경색으로 각각 블렌딩해서 프로그레스바를 완성한다. 배경색은 프로그레스바의 전체 길이만큼 항상 표시되어야 한다. 먼저 Ctrl+W키를 눌러 텍스처를 하나 복사한다. 복사한 텍스처는 Texture Coordinate에 연결하지 않는다. 원본과 복사한 두 텍스처를 각각 적당한 색으로 블렌딩한 후 Lerp로 합친다. Lerp는 선형보간Linear Interpolate 노드이다. 텍스처의 Red와 Green 채널의 연결에 유의하기 바란다.

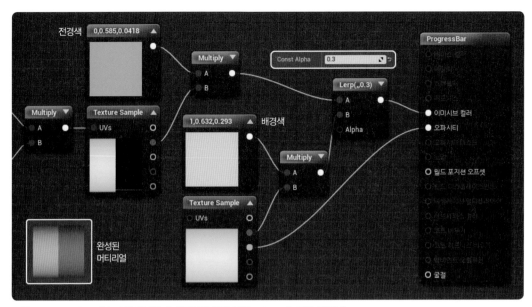

그림 11-38 **프로그레스바의 전경색과 배경색을 각각 만들고 Lerp 노드로 합친다**

Lerp는 Const Alpha가 0이면 A핀, 1이면 B핀의 값을 취한다. 0.5이면 반씩 섞이게 되는데, 이 값을 0.5보다 작게 설정하면 전경색이 강해지고, 0.5보다 크면 배경색이 강조된다. 파라미터 HP의 값을 0~1로 변경하면 그 값에 따라 초록색의 이미지가 길어지는 것을 확인할 수 있을 것이다.

11.5 게임 UI 만들기

이제 게임 화면의 위에 표시할 부분을 만든다. UI는 UMG로 만들 것이다.

그림 11-39 게임 화면 위의 UI

1 위젯 블루프린트 만들기

콘텐츠 브라우저에서 [생성 ➡ 유저 인터페이스 ➡ 위젯 블루프린트] 메뉴를 클릭하고, 새로운 위젯 블루프린트가 만들어지면 이름을 GameUI로 입력한다.

2 CanvasPanel 추가

GameUI를 더블클릭해서 UMG 에디터를 열면 점선으로 된 사각형 영역이 표시되어 있다. 점선 영역은 게임 화면의 크기를 나타내는 CanvasPanel이다. UMG는 위젯을 이용해서 계층적으로 구성하는데, CanvasPanel이 Root이다.

CanvasPanel 위에 패널/CanvasPanel을 하나 추가한 후 화면의 폭만큼 키우고 이름을 Container로 바꾼다. 패널에 위젯을 설치하면 화면 왼쪽 위에 국화 모양의 아이콘이 표시되는데, 이것은 위젯의 기준 위치를 설정하는 앵커 포인트이다. Container의 앵커는 위쪽 중앙으로 설정한다. 앞으로 추가할 위젯은 모두 Container에 설치할 것이다. 설치할 위젯이 여러 개인 경우에는 이처럼 부모^{Container}를 만들어 두면 기준 위치를 설정하거나 위젯 전체를 이동하기 편하다.

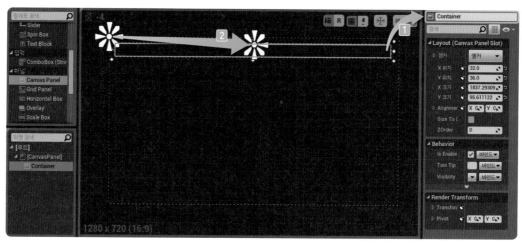

그림 11-40 **Root에 CanvasPanel을 설치하고 앵커를 설정한다**

❸ Text 위젯 추가

Container에 일반/Text를 다섯 개 설치하고 속성을 설정한다. 화면에는 텍스트블록으로 표시될 것이다. 텍스트 위젯은 컨테이너에 설치하는 것이므로 Y 위치는 모두 0으로 설정하고, 숫자 0과 20을 할당한 텍스트 위젯은 이름을 KillCount와 EnemyCount로 바꾼다. 텍스트 위젯의 글자 크기는 적당히 설정한다. 여기에서는 30으로 하였다.

표 11-1 **TextBlock의 속성**

위 젯	Text	이 름	위 치
Text1	FUEL		왼쪽
Text2	KILL :		가운데
Text3	0	KillCount	가운데
Text4	ENEMY :		오른쪽
Text5	20	EnemyCount	오른쪽

KillCount와 EnemyCount는 Apache 블루프린트의 변수를 바인딩연결해서 파괴한 대공포와 남은 대공포 수를 표시할 것이다. UI의 위젯 이름과 Apache 블루프린트의 변수명이 반드시 같아야 하는 것은 아니다.

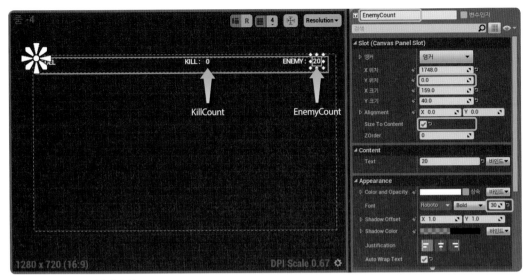

그림 11-41 **Text** 위젯의 속성

4 프로그레스바 만들기

Container에 Image를 하나 추가하고 적당한 크기로 확대한다. Image는 텍스처는 물론 머티리얼도 출력할 수 있다. 출력하려는 머티리얼은 당연히 Unlit 모델이어야 한다. Appearance/Brush/Image에 Progressbar 머티리얼을 할당하면 프로그레스바가 표시될 것이다. Image 위젯의 이름을 Progressbar로 설정하고, 변수인지 옵션을 켠다. 이 옵션을 켜면 Progressbar가 변수로 등록된다. 이것으로 UI 디자인이 모두 끝났다.

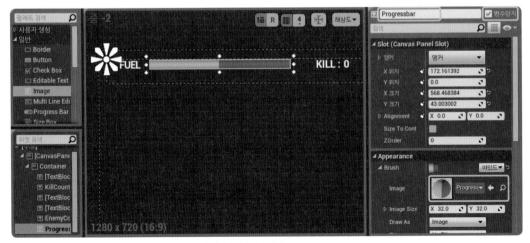

그림 11-42 **Image**를 추가하고 **Progressbar** 머티리얼을 할당한다

11.5.1 KillCount의 바인딩

바인딩은 위젯에 값이나 이벤트를 할당하는 것이다.

1️⃣ 바인딩 생성

KillCount를 선택한 후 바인딩을 생성하면 블루프린트 함수가 추가된다. 바인드 버튼이 여러 개이므로 [Content/바인드] 버튼을 눌러야 한다.

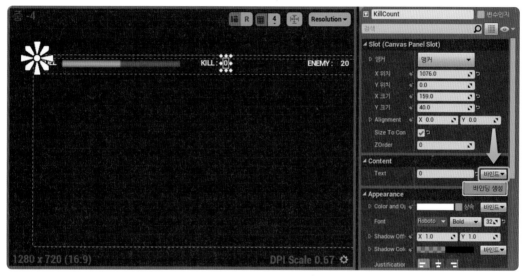

그림 11-43 **KillCount**에 바인딩을 생성한다

2️⃣ 함수 작성

GetKillCountText0과 같은 함수가 만들어지므로 함수 이름을 GetKillCount로 바꾸고 그래프를 작성한다(함수 이름을 바꾸지 않으면 문제가 되는 것은 아니다). 다음 그래프의 ToText(int)는 형변환 노드이므로 KillCount와 Return Value를 이어주면 자동으로 추가된다.

그림 11-44 **KillCount** 위젯에 **Apache** 블루프린트의 변수 **KillCount**를 바인딩하는 함수

1️⃣ Apache 블루프린트의 변수 KillCount를 읽는다. KillCount는 편집 가능 속성이 설정되어 있어야 여기에서 참조할 수 있다.

2️⃣ 형변환 노드이므로 KillCount를 Return Value에 연결하면 자동으로 추가된다.

11.5.2 EnemyCount의 바인딩

같은 방법으로 EnemyCount에 바인딩을 추가하고 다음과 같이 함수 그래프를 작성한다.

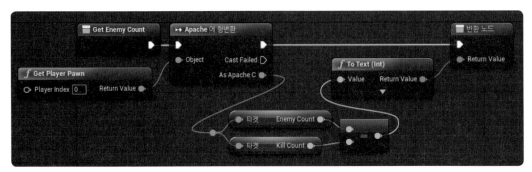

그림 11-45 **EnemyCount에 남은 대공포 수를 바인딩하는 함수**

11.5.3 프로그레스바의 바인딩

프로그레스바는 함수로 바인딩할 수 없으므로 이벤트 그래프에서 Tick 이벤트로 처리한다. 파라미터를 사용한 머티리얼은 다음 그림과 같이 다이나믹 머티리얼을 구한후 파라미터 이름과 값을 설정한다.

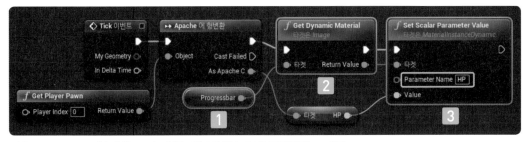

그림 11-46 **프로그레스바에 Apache 블루프린트의 변수 HP를 바인딩하는 그래프**

1️⃣ 변수로 만들어 둔 프로그레스바 이미지이다.

2️⃣ Progressbar의 Dynamic Material을 구한다. 다이나믹 머티리얼은 파라미터가 있는 머티리얼이다.

3️⃣ 2️⃣의 Return Value를 드래그한 후 검색어로 'scalar'를 입력하고 추가한다. 파라미터 이름은 HP이다.

이것으로 게임 UI를 만들고 바인딩하는 모든 과정이 끝났다.

11.5.4 Apache에 UI 연결

이제 Apache에 GameUI를 연결하는 부분을 작성한다. 먼저 위젯 블루프린트를 변수로 만들어야 한다. 앞으로 메인 메뉴와 팝업 메뉴, 1인칭/3인칭 화면 전환 등도 UMG로 만들 것이므로 위젯 블루프린트를 변수로 만드는 함수를 하나 만든다. 함수명은 CreateUI로 작성한다. Apache 블루프린트에서 작업한다. 변수로 만들 항목이 계속 늘어날 것이므로 미리 시퀀스를 추가해 둔다.

그림 11-47 **위젯 블루프린트를 변수로 만드는 그래프**

1️⃣ 검색어로 'create'를 입력하고 위젯 생성 노드를 추가한다. Class는 앞에서 만든 GameUI이다.

2️⃣ 1️⃣의 Return Value를 드래그한 후 변수로 승격하고 변수명을 GameUI로 바꾼다.

위의 함수는 게임이 시작할 때 한 번 호출하면 되므로 컨스트럭션 스크립트에서 호출한다. 컨스트럭션 스크립트에는 위젯 생성 노드를 추가할 수 없으므로 위와 같이 함수를 만들어서 처리한 것이다.

그림 11-48 **컨스트럭션 스크립트**

UI는 Apache 블루프린트의 Begin Play 노드에서 호출한
다. 위젯 블루프린트를 화면에 표시할 때에는 Add To
Viewport, 제거할 때에는 Remove From Parent 노드를
사용한다.

그림 11-49 **위젯 블루프린트를 호출하는 그래프**

MyHUD는 더 이상 사용할 일이 없으므로 MyGameMode의 HUD Class를 초기화
시켜서 MyHUD가 실행되지 않도록 할 필요가 있다.

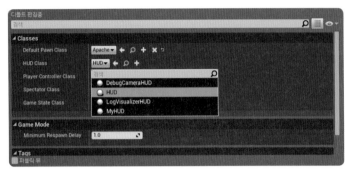

그림 11-50 **MyGameMode의 HUD Class를 초기화시켜서 MyHUD의 실행을 금지한다**

이제 게임을 실행하면 연료 게이지와 파괴한 대공포 수 등이 표시되는 것을 확인할
수 있을 것이다.

그림 11-51 **연료 게이지와 파괴한 대공포, 남은 대공포가 표시되는 Game UI**

11.6 메인 메뉴 만들기

이제 게임의 메인 메뉴를 만든다. 메인 메뉴는 게임오버가 되거나 대공포를 모두 파괴하면 나타날 것이다.

11.6.1 메인 메뉴 위젯 만들기

[생성 ➡ 유저 인터페이스 ➡ 위젯 블루프린트] 메뉴를 실행해서 위젯 블루프린트를 만들고 이름을 MainMenu로 작성한다.

1 Container 추가

MainMenu를 더블클릭해서 UMG 에디터를 연다. CanvasPanel에 Panel/CanvasPanel을 추가한 후 이름을 Container로 바꾸고 앵커를 화면의 위로 설정한다. Container의 크기와 위치는 화면에 표시할 메뉴의 크기와 위치이다.

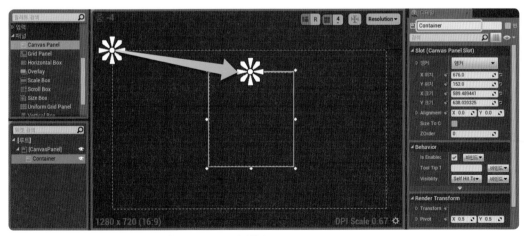

그림 11-52 출력할 메뉴의 크기에 맞게 **Container**를 설정한다

2 메뉴 타이틀 만들기

Container에 Image를 하나 추가하고 Apperance/Brush/Image에 MenuTitle 머티리얼을 할당한다. Image 이름을 MenuTitle로 바꾸고 변수인지 옵션을 설정한다.

그림 11-53 메뉴 타이틀은 Image에 만들고 MenuTitle 머티리얼을 설정한다

3 메뉴 배경 만들기

컨테이너에 일반/Border를 추가하고 Image에 MenuBorder를 할당한다. Border는 이미지를 표시할 수 있는 컨테이너이다.

그림 11-54 Border는 이미지를 표시할 수 있는 컨테이너이다

☑ Vertical Box 추가

Vertical Box는 위젯을 수직으로 배열하는 컨테이너이다. Vertical Box를 Image에 설치하면 Vertical Box가 Image 크기로 확장되므로 화면에는 변화가 없을 것이다. 계층 구조 탭에서 Vertical Box를 선택한 후 Padding(부모로 부터의 여백)을 설정해야 보인다. 여기에서는 (80, 150, 80, 0)으로 설정했다. 버튼의 폭은 Vertical Box의 폭과 같아질 것이므로 추가하려는 버튼의 크기를 고려해서 Padding을 설정한다.

그림 11-55 **Image** 위에 **Vertical Box**를 추가하고 **Padding**을 설정한다

☑ 버튼 설치

Vertical Box 위에 Button을 두 개 설치하고 이름을 각각 ButtonReplay, ButtonQuit으로 바꾼다. 버튼 Style의 Normal, Hovered, Pressed 속성에서 버튼의 이미지를 할당할 수 있으므로 버튼에 각각 이미지 Replay0~2, Quit0~2를 할당한다. 버튼 두 개에 이미지를 모두 할당하면 다음 그림과 같이 보일 것이다. 버튼의 간격은 ButtonQuit의 Top Padding을 설정하면 조절할 수 있다. 버튼을 설치한 후 메뉴 배경의 크기와 Vertical Box의 Padding을 조절해서 보기 좋은 상태로 만든다.

그림 11-56 **Vertical Box**에 버튼을 추가하고 이미지를 설정한다

11.6.2 버튼의 이벤트

이제 버튼의 이벤트를 만든다. 버튼을 선택하면 디테일 탭의 맨 아래에 [**Add OnClicked**] 버튼이 있으므로 그것을 클릭하면 이벤트가 추가될 것이다. 버튼 모두 이벤트를 추가해야 한다.

1 ButtonQuit의 이벤트

[**Quit**] 버튼을 누르면 게임을 종료하면 되므로 다음과 같이 간단히 만들 수 있다.

그림 11-57 게임을 종료하는 노드

2 ButtonReplay 이벤트

게임을 다시 시작하는 것은 저장된 Apache 레벨을 새로 불러오는 것인데, 메뉴가

호출될 때 Apache에서 입력 컨트롤을 비활성화시키고, 커서를 표시하는 일련의 과
정을 수행했을 것이므로 이것을 원래의 상태로 돌려놓는 과정이 필요하다.

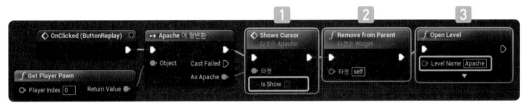

그림 11-58 게임을 다시 시작하는 노드

① Apache 블루프린트의 ShowCursor 함수를 실행해서 커서 표시를 금지한다.

② 메인 메뉴를 화면에서 제거하는 Remove from Parent 노드이다.

③ 레벨을 불러오는 Open Level 노드이다. 레벨 이름은 Apache로 설정한다. 프로젝트의 씬
을 다른 이름으로 저장한 경우 그 레벨 이름으로 설정한다.

11.6.3 Apache에서 메뉴 호출

아파치에서 메인 메뉴를 호출하려면 먼저 메인 메뉴를 변수로 만들어야 한다.

① MainMenu를 변수로 만들기

GameUI를 변수로 만들기 위해 만들어 둔 CreateUI 함수에서 처리한다. 검색어
로 'create'를 입력해서 위젯 생성 노드를 추가하고 Class에 MainMenu를 설정한다.
Return Value를 드래그해서 변수로 승격하고 변수 이름을 MainMenu로 바꾼다.

그림 11-59 메인 메뉴를 변수로 만든다

2 메인 메뉴의 타이틀 이미지 바꾸기

현재 메인 메뉴의 타이틀 이미지는 GameOver로 되어 있는데, 미션이 종료되면 MissionComplete 이미지로 바꿔야 한다. 이것을 처리하는 함수를 하나 만든다. 함수를 추가하고 함수 이름을 SetMenuTitle로 작성한다.

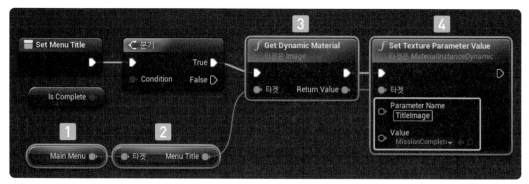

그림 11-60 메인 메뉴의 타이틀 이미지를 바꾸는 함수

1. 앞에서 만들어 둔 위젯 블루프린트 변수이다.
2. 1의 핀을 드래그한 후 검색어로 'Title'을 입력하고 추가한다. 메인 메뉴 위젯 블루프린트에 만들어 둔 타이틀 이미지의 변수명이다.
3. 2핀을 드래그한 후 검색어로 'Dynamic'을 입력해서 추가한다.
4. 3의 Return Value를 드래그해서 검색어로 'param'을 입력하고 추가한다. 파라미터 이름은 TitleImage, Value는 MissionComplete 이미지를 설정한다. 파라미터 이름은 MenuTitle 머티리얼을 만들 때 사용한 파라미터 이름과 같아야 한다.

다이나믹 머티리얼(3)은 파라미터를 가지고 있는 머티리얼이다. 다이나믹 머티리얼은 위와 같이 Set Parameter Value 노드를 이용해서 값을 전달한다.

3 메인 메뉴 호출

메인 메뉴를 표시하는 함수는 ShowMenu로 미리 만들어 두었으므로 여기에서 위의 함수를 호출해서 타이틀 이미지를 바꾸고 메뉴를 화면에 표시한다.

이제 게임을 실행하면 아파치 헬기가 대공포에 피격되면 메뉴가 나타난다.

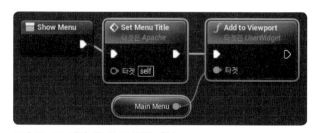

그림 11-61 메인 메뉴를 표시하는 함수

그림 11-62 **아파치 헬기가 대공포에 피격되면 메인 메뉴가 표시된다**

씬의 대공포를 모두 파괴하면 Mission Complete가 출력될 것이다. 다음 그림은
EnemyCount를 5로 설정한 후 테스트한 화면이다.

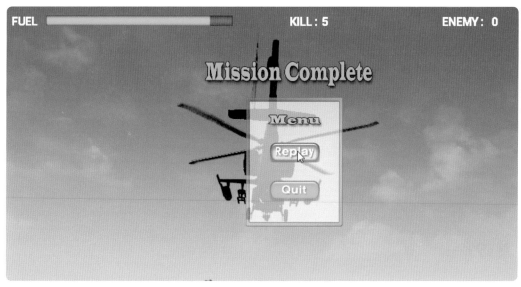

그림 11-63 **대공포를 모두 파괴하면 Mission Complete가 출력된다**

게임 UI와 메인 메뉴는 모바일 기기에서도 정상적으로 출력된다. 메뉴의 크기와 위
치 등은 위젯 블루프린트에서 조절하면 될 것이다.

그림 11-64 **모바일 디바이스에서 게임의 UI와 메인 메뉴가 표시된 화면**

지금까지 작업한 내용은 다음 사이트에서 동영상으로 볼 수 있다.

 ▶ http://youtu.be/PdB_vKy5o3k

11.7 Popup 메뉴 만들기

게임 실행 중에 종료 버튼을 누르면 종료할 것인지를 확인하는 팝업 메뉴를 만든다.

11.7.1 Popup 상태 처리

팝업 메뉴가 호출되면 게임이 일시 정지 상태가 되어야 하므로 현재 팝업 메뉴가 출력 중인지를 나타내는 변수가 필요하다.

1 Apache 블루프린트에 변수 추가

불리언 변수 isPopup을 추가하고 편집 가능 속성을 설정해서 대공포와 팝업 메뉴에서 참조할 수 있도록 한다.

2 Apache의 SetFuel 함수 수정

아파치 헬기의 연료를 소진하는 SetFuel 함수에서 변수 isPopup을 참조하는 부분을 추가한다.

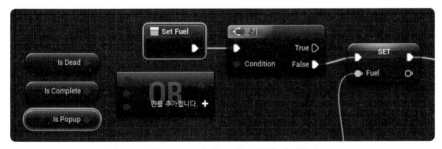

그림 11-65 **SetFuel 함수에서 변수 isPopup을 참조하는 부분을 추가한다**

2 대공포의 함수 수정

Turret 블루프린트에 CheckApache 함수가 있는데, 이것은 Apache 블루프린트의 변수 isDead를 조사하는 함수이다. 이 함수에서 변수 isPopup도 조사하도록 수정한다. 변수 isPopup은 함수의 반환 노드에 노출할 수 있도록 불린 타입의 출력 파라미터를 하나 추가하고 이름을 isPopup으로 설정한다. 분기의 true/false 모두 반환 노드에 연결해야 한다.

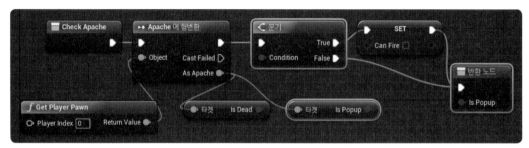

그림 11-66 수정한 함수. Apache 블루프린트의 isPopup은 반환 노드에 노출시킨다

대공포의 Tick 이벤트의 첫 부분에 IsPopup을 참조하는 부분을 추가한다.

그림 11-67 포탄을 발사하기 전에 isPopup 상태를 조사한다

위의 논리식은 or와 and 중 어느 것이 맞는지 헷갈릴 수 있다. 분기의 흐름이 false이므로 위의 노드를 논리식으로 만들면 $\overline{(a+b)}$인데, 이 식을 풀면 $\overline{a} \cdot \overline{b}$(드모르간 정리)가 되어 둘 다 false일 때 포탄을 발사한다. 즉, 둘 중 적어도 어느 하나가 true이면 포탄은 발사되지 않는다.

11.7.2 Popup 메뉴 만들기

팝업 메뉴는 메인 메뉴와 구조가 비슷하므로 MainMenu를 복제해서 PopupMenu
로 이름을 바꾸고 이것을 수정한다.

1 버튼 이름과 이미지 바꾸기

ButtonReplay의 이름을 ButtonContinue로 변경하고, 버튼의 이미지도 Continue0~2
로 바꾼다. 메뉴 타이틀은 팝업 메뉴를 호출할 때 변경할 것이다.

그림 11-68 **ButtonReplay**의 이름을 ButtonContinue로 변경하고 이미지를 설정한다

2 버튼의 Click 이벤트

이벤트 그래프에 만들어져 있는 OnClicked(ButtonReplay) 이벤트 노드를 모두 삭제하
고 OnClicked(ButtonContinue) 이벤트를 새로 만들어서 작성한다. ButtonContinue를
선택하면 디테일 탭의 맨 아래에 이벤트 추가 버튼이 있으므로 그것을 이용해서 만
든다. [Continue] 버튼을 누르면 화면의 팝업 메뉴와 커서가 제거된다.

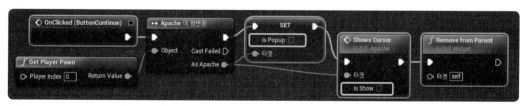

그림 11-69 [Continue] 버튼을 눌렀을 때의 처리

11.7.3 Popup 메뉴 호출

Apache 블루프린트에서 팝업 메뉴를 호출하기 위한 절차이다.

1 **Popup Menu 변수 만들기**

Apache 블루프린트의 CreateUI 함수에서 PopupMenu를 변수로 만든다. 시퀀스에
새로운 핀을 추가한 후 노드를 연결한다.

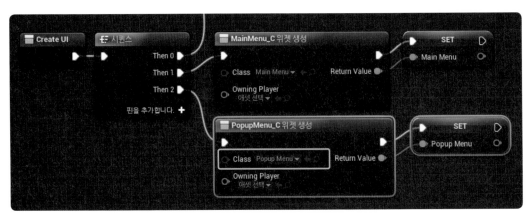

그림 11-70 **PopupMenu 블루프린트 위젯을 변수로 만든다**

2 **Popup Menu 호출 함수**

팝업 메뉴의 타이틀을 바꾸고 커서를 표시하는 함수를 만든다. 함수를 하나 추가하
고 이름을 ShowPopup으로 설정한다.

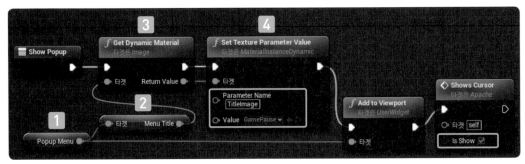

그림 11-71 **팝업 메뉴를 호출하는 함수**

1️⃣ 변수로 만들어 둔 팝업 메뉴 위젯이다.

2️⃣ 1️⃣의 핀을 드래그한 후 검색어로 'title'을 입력하면 추가할 수 있다. 팝업 메뉴의 타이틀 이미지이다.

3️⃣ 2️⃣의 핀을 드래그하고 검색어로 'dynamic'을 입력하고 추가한다. GameTitle 머티리얼이다.

4️⃣ 3️⃣의 핀을 드래그하고 검색어로 'param'을 입력해서 추가하고 Parameter Name은 TitleImage, Value에는 GamePause 이미지를 설정한다. 파라미터 이름은 머티리얼에 추가한 Texture Parameter 이름이다.

3️⃣ Popup 메뉴 호출 이벤트

5장에서 키를 등록할 때 팝업 메뉴 호출 키(M / 안드로이드 뒤로)를 추가로 정해 두었으므로 이것을 이용한다. 이벤트는 다음과 같이 작성한다.

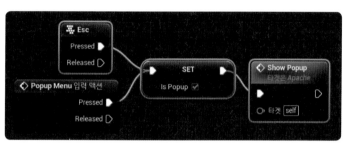

그림 11-72 **팝업 메뉴를 호출하는 이벤트**

이제 게임을 실행한 후 M키를 누르면 팝업 메뉴가 나타나고 게임이 일시 정지될 것이다.

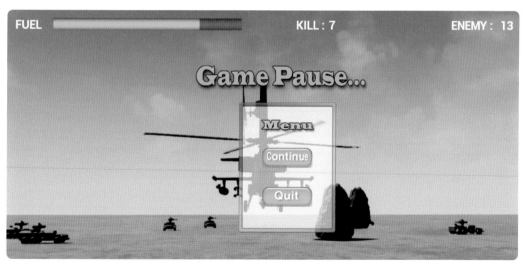

그림 11-73 M이나 Esc키를 누르면 팝업 메뉴가 나타나고 게임이 일시 정지한다

4 뷰포트의 Esc 키 게임 중지 기능 제거

뷰포트에서 게임을 실행할 때 Esc 키를 누르면 게임이 강제로 종료된다. 이 기능이 편하기는 하지만, Esc 키를 다른 용도로 사용할 경우에는 키의 동작을 테스트하기 위해 게임을 매번 독립된 창으로 실행해야 한다. 뷰포트의 Esc 키 게임을 중지시키는 기능을 없애려면 프로젝트의 [Config] 폴더의 DefaultInput.ini 파일에 다음의 2행을 추가한다.

```
[/Script/Engine.PlayerInput]
-DebugExecBindings=(Key=Escape,Command="CloseEditorViewport")
```

```
 1  [/Script/Engine.PlayerInput]
 2  -DebugExecBindings=(Key=Escape,Command="CloseEditorViewport")
 3
 4  [/Script/Engine.InputSettings]
 5  +AxisConfig=(AxisKeyName="Gamepad_LeftX",AxisProperties=(DeadZone=0.250000,Sensitivity
 6  +AxisConfig=(AxisKeyName="Gamepad_LeftY",AxisProperties=(DeadZone=0.250000,Sensitivity
 7  +AxisConfig=(AxisKeyName="Gamepad_RightX",AxisProperties=(DeadZone=0.250000,Sensitivit
 8  +AxisConfig=(AxisKeyName="Gamepad_RightY",AxisProperties=(DeadZone=0.250000,Sensitivit
 9  +AxisConfig=(AxisKeyName="MouseX",AxisProperties=(DeadZone=0.000000,Sensitivity=0.0700
10  +AxisConfig=(AxisKeyName="MouseY",AxisProperties=(DeadZone=0.000000,Sensitivity=0.0700
11  bUseMouseForTouch=False
12  +ActionMappings=(ActionName="발사",Key=LeftControl,bShift=False,bCtrl=False,bAlt=False
13  +ActionMappings=(ActionName="발사",Key=LeftMouseButton,bShift=False,bCtrl=False,bAlt=F
14  +ActionMappings=(ActionName="발사",Key=Touch2,bShift=False,bCtrl=False,bAlt=False,bCmd
15  +ActionMappings=(ActionName="1인칭/3인칭",Key=X,bShift=False,bCtrl=False,bAlt=False,bC
16  +ActionMappings=(ActionName="1인칭/3인칭",Key=Gesture_Pinch,bShift=False,bCtrl=False,b
17  +ActionMappings=(ActionName="Popup Menu",Key=M,bShift=False,bCtrl=False,bAlt=False,bCm
18  +ActionMappings=(ActionName="Popup Menu",Key=Global_Back,bShift=False,bCtrl=False,bAlt
19  +ActionMappings=(ActionName="Popup Menu",Key=Android_Back,bShift=False,bCtrl=False,bAl
20  +ActionMappings=(ActionName="MobileTouch",Key=Touch1,bShift=False,bCtrl=False,bAlt=Fal
21  +AxisMappings=(AxisName="앞뒤 이동",Key=W,Scale=1.000000)
```

그림 11-74 DefaultInput.ini의 설정

이제 언리얼 에디터를 다시 실행하면 Esc 키를 눌러도 게임이 종료되지 않는다.

11.8 1인칭/3인칭 전환

게임에서 1인칭 시점과 3인칭 시점의 구분은 게임 화면을 투영하는 카메라의 위치에 의해 결정된다. 카메라가 주인공의 뒤에 멀찌감치 떨어져 있으면 주인공의 모습이 보이므로 3인칭 시점인 셈이다. 카메라가 주인공의 위치에 근접하거나 주인공보다 앞에 있는 경우에는 주인공의 일부분만 보이거나 아예 보이지 않으므로 1인칭 시점이 될 것이다.

11.8.1 리소스 추가

5장에서 X키와 모바일 기기의 핀치두 손가락 줌를 3인칭 시점과 1인칭 시점을 전환하는 키로 등록한 바 있다. 1인칭 시점이 되면 카메라를 아파치 헬기의 앞에 위치시켜 아파치 헬기가 보이지 않도록 한다. 이때 아파치 헬기가 보이지 않으면 게임 화면이 썰렁해지므로 아파치 헬기의 조종석Cockpit을 표시해서 1인칭 시점으로 전환된 것을 나타낼 것이다.

조종석은 HUD나 UMG 중 어느 것으로 출력해도 상관이 없지만, UMG가 더 작업하기 편하므로 여기에서는 UMG로 출력한다. UMG로 출력할 때 모바일 플랫폼에서 언리얼 엔진의 조이스틱을 사용하는 경우에는 조종석의 이미지가 조이스틱의 영역을 침범하면 조이스틱이 작동하지 않는다. UMG는 HUD보다 우선적(Z Order가 더 크다)으로 표시되는데, 조이스틱은 HUD를 사용하기 때문이다.

그림 11-75 **UMG 이미지가 조이스틱 영역에 겹치면 조이스틱이 작동하지 않는다**

물론, 조이스틱을 사용하지 않고 UMG로 게임의 작동 버튼을 직접 만들면 문제가 되지 않는다. 모바일 플랫폼에서 가상의 조이스틱을 사용하지 않을 경우에는 [**프로 젝트 세팅 ➡ 입력 ➡ Mobile**]에서 Default Touch Interface를 지운다. 가상의 조이스틱 은 [**Engine/MobileResources/HUD**] 폴더에 수록되어 있다.

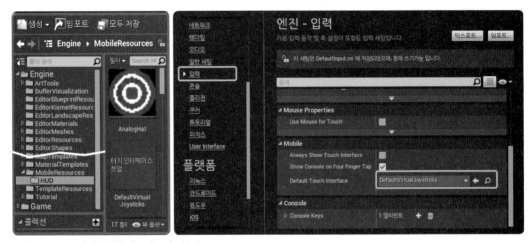

그림 11-76 **모바일 플랫폼의 조이스틱 리소스**

아파치 헬기와 같이 상하좌우 이동 및 회전하는 버튼을 각각 만들어서 처리하려면 아주 번거로운 그래프를 만들어야 한다. 따라서 이 프로젝트에서는 조종석 이미지 의 폭을 좁게 만들어서 모바일 플랫폼에서 발생할 수 있는 문제를 피해 갈 것이다.

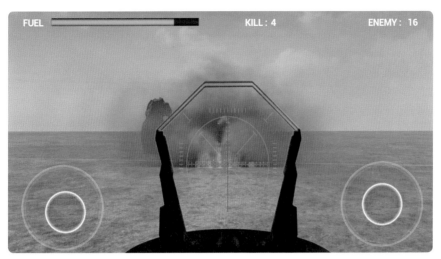

그림 11-77 모바일 프리뷰 화면의 조이스틱 영역을 고려한 조종석 이미지

1 조종석 이미지 추가

프로젝트에 조종석의 이미지를 추가한다. 이미지는 다음 사이트에서 다운로드할 수 있다.

(이미지 다운로드 URL) http://afterglow.co.kr [자료실 ➡ Unreal Engine Resource]

다운로드한 이미지는 [**Apache/Textures**] 폴더에 저장한다.

2 이미지 속성 설정

추가한 이미지를 더블클릭해서 이미지 에디터를 열고 LOD Group을 UI로 설정한다.

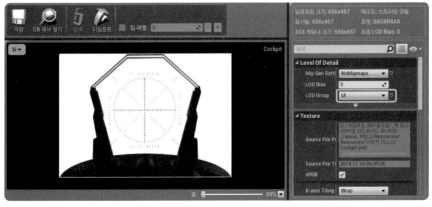

그림 11-78 조종석 이미지의 속성 설정

11.8.2 조종석 UMG 만들기

1 위젯 블루프린트 추가

[생성 ➡ 유저 인터페이스 ➡ 위젯 블루프린트] 메뉴를 실행하고, 새로운 위젯 블루프린트가 만들어지면 이름을 Cockpit으로 작성한다. 이것을 더블클릭해서 UMG 에디터를 연다.

2 Border와 이미지 추가

CanvasPanel에 Border를 하나 추가하고 이미지를 할당한다. 추후 Border가 이벤트를 받지 않도록 Behavior의 Is Enable 옵션을 끄고 앵커를 설정한다. Border의 좌우에 조이스틱 영역을 남겨둬야 한다.

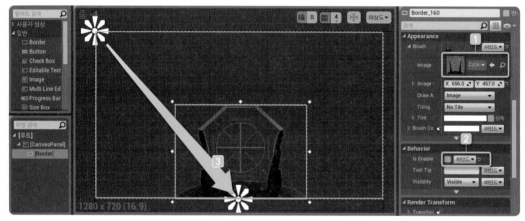

그림 11-79 **CanvasPanel에 Border를 추가하고 조종석 이미지를 할당한다**

11.8.3 조종석 표시

위젯 블루프린트를 변수로 만든 후 화면에 표시한다. Apache 블루프린트에서 작업한다.

1 위젯 블루프린트를 변수로 만들기

앞에서 만들어 둔 CreateUI 함수에서 변수로 만든다. 시퀀스 노드에 핀을 하나 추가하고 3번 핀에 연결한다.

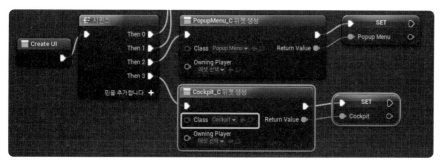

그림 11-80 위젯 블루프린트를 변수로 만든다

2 이벤트 그래프 작성

이벤트 키를 누를 때마다 1인칭/3인칭을 상호 전환해야 하므로 FlipFlop을 이용한다. FlipFlop은 호출할 때마다 A/B 핀이 교대로 실행된다. 화면을 1인칭으로 전환할 때는 스프링 암의 길이를 -250으로 설정해서 카메라를 아파치 헬기의 앞으로 이동하고 조종석 이미지를 표시한다. 3인칭 화면에서는 스프링 암을 원래 길이인 600으로 설정하고 조종석 이미지를 제거한다.

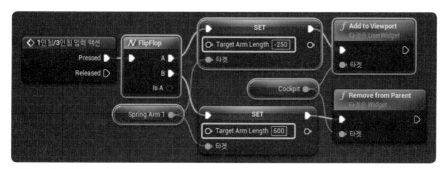

그림 11-81 게임 화면의 1인칭/3인칭을 전환하는 이벤트 그래프

이제 게임을 실행하고 X키를 누르면 게임 화면이 1인칭과 3인칭 시점으로 상호 전환되는 것을 확인할 수 있다. 모바일 기기에서는 핀치 줌으로 1인칭/3인칭을 전환한다.

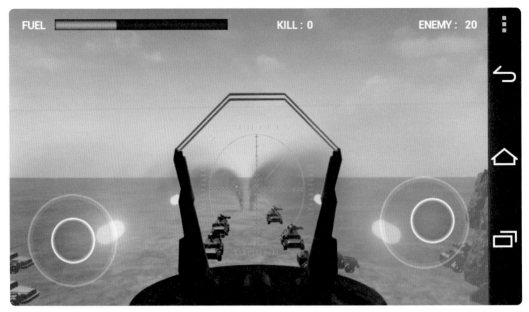

그림 11-82 **모바일 기기의 3인칭 화면**

3 게임오버 처리

게임오버가 되면 조종석 이미지가 사라져야 한다. 따라서 게임오버 처리를 하는 SetDestroy 함수의 처음이나 끝에 다음 노드를 추가한다.

그림 11-83 **게임오버가 되면 조종석 이미지를 화면에서 제거한다**

4 Mission Complete의 처리

조종석이 표시된 상태에서 미션 완료가 되고, Replay로 게임을 다시 시작하면 씬이 로딩되면서 변수가 초기화되는데, 위젯 블루프린트는 초기화되지 않으므로 조종석과 아파치 헬기가 동시에 나타난다.

FUEL   KILL : 0   ENEMY : 5

그림 11-84 **조종석과 아파치 헬기가 동시에 나타난 화면**

이 문제는 메뉴의 **[Replay]** 버튼 이벤트에서 씬을 로딩하기 전에 Cockpit 블루프린트를 제거하면 되는데, 변수 Cockpit은 Apache 블루프린트에 있으므로 먼저 이것을 편집 가능으로 설정해서 MainMenu에서 참조할 수 있도록 한다. MainMenu의 ButtonReplay 클릭 이벤트에 다음과 같이 Cockpit을 제거하는 부분을 추가해서 처리한다.

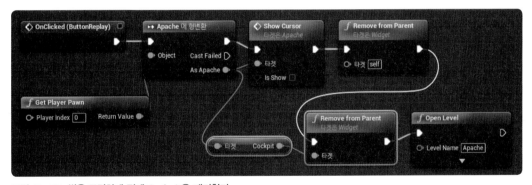

그림 11-85 **씬을 로딩하게 전에 Cockpit을 제거한다**

이것으로 게임의 UI를 만드는 부분이 모두 끝났다. 지금까지 작업한 내용은 다음 사이트에서 동영상으로 볼 수 있다.

 ▶ http://youtu.be/5D4Whb7Q0qQ

제 12 장

Pickup 만들기

이 장의 개요 – **Pickup**은 게임에서 주인공이 가질 수 있는 아이템으로, 체력이나 연료, 실탄 등을 보충할 때 사용한다. 이 장은 야파치 헬기의 연료를 보충하는 **Pickup**을 만들고, 그것을 화면에 랜덤하게 배치하는 과정이다.

12.1 Pickup 만들기

게임에서 Pickup을 사용하려면 다음과 같은 절차가 필요하다.

❶ Pickup 만들기

Pickup으로 사용할 스태틱 메시를 추가하고 블루프린트로 만든다.

❷ Pickup의 충돌 처리

Pickup을 획득할 때의 처리를 추가한다.

❸ Pickup 배치

Pickup은 일정한 장소에 배치할 수도 있고 랜덤하게 배치할 수도 있다. 일정한 장소에 배치할 경우에는 대공포처럼 씬에 직접 설치한다. 고르지 않은 지형에 배치할 경우에는 직접 설치해야 한다. 지형과 관계없이 공중에 배치할 경우에는 랜덤하게 배치하면 비교적 간단한 블루프린트로 처리할 수 있으므로 직접 설치하는 수고가 줄어든다.

12.1.1 Resource Import

Pickup으로 사용할 리소스를 임포트한다. 리소스 파일은 다음 사이트에서 다운로드할 수 있다.

[리소스 다운로드 URL]   http://afterglow.co.kr   [자료실 ➡ Unreal Engine Resource]

다운로드한 파일의 압축을 풀면 FBX 파일과 WAV 파일이 각각 하나씩 있으므로 각각 [Meshes] 폴더와 [Audio] 폴더로 임포트한다.

이름	유형	크기
HP_Pickup.FBX	FBX 파일	20KB
PickupSound.wav	웨이브 사운드	56KB

그림 12-1 **Pickup용 리소스**

그림 12-2 **Pickup 스태틱 메시**

12.1.2 Pickup용 머티리얼 만들기

콘텐츠 브라우저에서 [**생성 ➡ 머티리얼**] 메뉴를 실행해서 새로운 머티리얼을 만들고 이름을 PickupHP로 작성한다.

1 머티리얼 속성 설정

PickupHP를 더블클릭해서 머티리얼 에디터를 열고 머티리얼의 속성을 Blend Mode Translucent, Shading Model Unlit로 설정한다.

2 머티리얼 만들기

Constant3 Vector 노드를 하나 추가한 후 적당한
색을 설정하고 5를 곱해서 밝게 만든다. 이것을
이미시브 컬러에 연결한다. 오파시티는 픽업이 조
금 투명하게 나타나도록 0.8 정도로 설정한다.

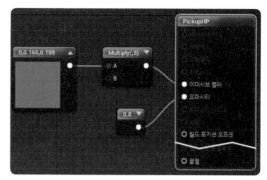

그림 12-3 **Pickup용 머티리얼**

12.1.3 Pickup 매핑

[Mashes] 폴더의 스태틱 메시 HP_Pickup을 더블클릭해서 메시 에디터를 열고 앞에
서 만든 머티리얼을 적용한다. Pickup은 그림자가 필요하지 않으므로 그림자 드리우기
옵션을 해제한다. 현재 26면체 단순화 콜리전이 적용되어 있으므로 이 콜리전을 사
용할 것이다.

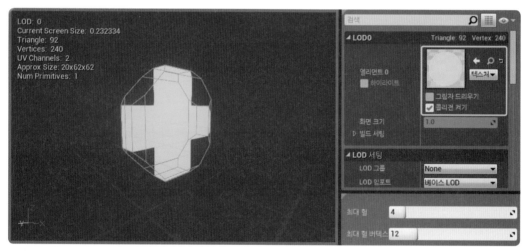

그림 12-4 **HP_Pickup의 머티리얼 설정**

12.2 Pickup 블루프린트 만들기

[블루프린트➡새 클래스 블루프린트➡액터] 메뉴를 실행해서 새로운 블루프린트 액터
를 만든다. 블루프린트 이름은 Pickup이다.

12.2.1 컴포넌트 만들기

먼저 Pickup의 컴포넌트를 만든다.

1️⃣ Root 추가

컴포넌트 탭에서 Utility/Scene을 추가하고 이름을 Root로 바꾼다.

2️⃣ 스태틱 메시 추가

앞에서 매핑해 둔 스태틱 메시 HP_Pickup을 추가하고 이름을 Pickup으로 바꾼다.
이 픽업을 화면에 배치하면 너무 작게 나타나므로 픽업의 스케일을 (1.5, 1.5, 1.5)로
키운다.

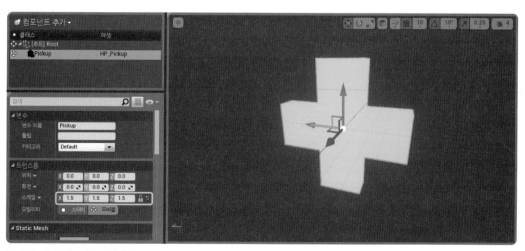

그림 12-5 **Pickup의 크기 설정**

3 이벤트 추가

픽업의 콜리전 프리셋을 OverlapAll로 바꾼 다음 OnComponentBeginOverlap 이벤트를 추가한다. 나머지 속성은 기본값을 사용할 것이다.

12.2.2 Pickup 회전

픽업을 화면에 배치했을 때 픽업이 천천히 회전하는 기능을 추가한다. 타임라인을 이용하면 간단하게 만들 수 있다. Pickup의 그래프 탭에서 작업한다.

1 타임라인 추가

타임라인 노드를 하나 추가하고 이름을 Pickup 회전으로 바꾼다.

2 그래프 트랙 만들기

타임라인을 더블클릭해서 그래프 에디터를 열고 float 트랙을 하나 만든다. 트랙 이름은 회전 각도로 입력한다. Shift키를 누르고 타임라인을 클릭해서 키 프레임을 두개 만든다. 키 프레임의 값은 각각 (0, 0), (3, 360)으로 설정한다. 짐작하겠지만, 3초 후에 360°를 회전하겠다는 의미이다. 그래프 트랙의 길이를 3으로 설정하고 자동재생과 루프 옵션을 켠다.

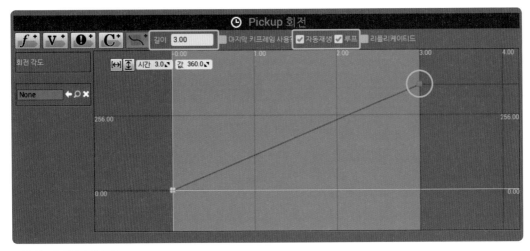

그림 12-6 **타임라인 트랙**

3 이벤트 그래프 작성

Pickup을 회전시키는 이벤트 그래프는 다음과 같이 작성할 수 있다. 픽업은 z축을 기준으로 회전해야 하므로 회전 각도를 Yaw에 연결한다.

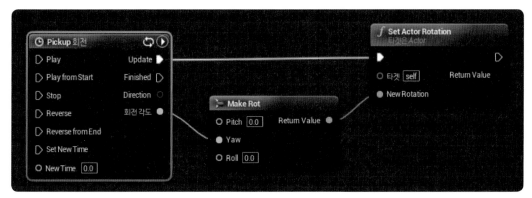

그림 12-7 **Pickup을 회전시키는 그래프**

씬에 Pickup 블루프린트를 하나 설치하고 [Alt]+[S]키로 시뮬레이트시켰을 때 Pickup이 천천히 회전하는지 확인한다. 확인이 끝나면 설치한 Pickup은 삭제한다.

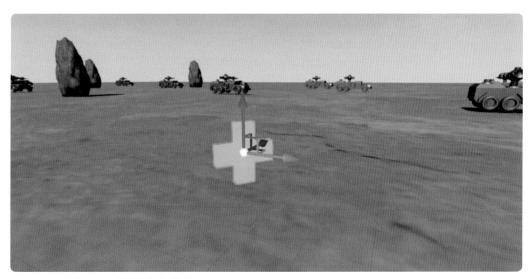

그림 12-8 **씬의 Pickup이 천천히 회전한다**

12.3 Pickup 충돌 처리

아파치 헬기가 Pickup과 충돌하면 연료를 증가시키는 부분을 추가한다. 현재 연료의
최댓값이 5000이므로 Pickup을 한 개 획득할 때마다 200 정도 늘어나는 것이 좋을
것 같다. Pickup 블루프린트에 함수를 만들어서 처리한다.

1️⃣ Pickup 블루프린트에 함수 추가

Pickup 블루프린트에 새로운 함수를 하나 만들고 함수명을 AddFuel로 작성한다. 이
함수는 Apache 블루프린트의 변수 Fuel에 200을 더한 후, FuelMax를 초과하지 않도
록 Clamp로 값을 제한하고 다시 변수 Fuel에 값을 써 넣는다. 그래프의 논리는 단순
하지만 Apache 블루프린트의 값을 참조해야 하므로 흐름선이 조금 복잡하다.

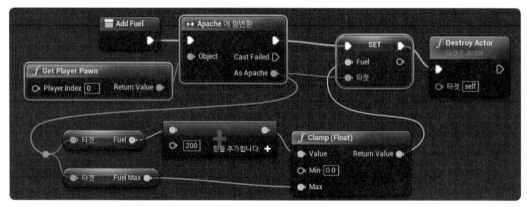

그림 12-9 **연료를 200 추가하는 함수**

2 Pickup 충돌 처리

Pickup은 로켓이나 바위의 파편 등의 다른 물체와도 충돌할 수 있으므로 먼저 충돌한 물체가 아파치 헬기인지 판정해야 한다. 충돌하는 물체를 판정하는 방법은 여러 가지가 있지만, 여기에서는 액터의 이름으로 판정하는 것으로 한다.

게임을 실행하고 씬 아웃라이너를 살펴보면 아파치 헬기는 Apache_C6 등과 같은 이름으로 등록되어 있는 것을 볼 수 있다. C6는 언리얼 엔진의 버퍼에 만들어지는 오브젝트 번호로, 게임을 실행할 때마다 하나씩 증가한다. Pickup의 충돌 이벤트에서는 충돌하는 액터의 이름에 'Apache'라는 글자가 포함되어 있으면 아파치 헬기와 충돌하는 것으로 처리하면 될 것이다. 앞에서 추가해 둔 ComponentOverlap 이벤트에 작성한다.

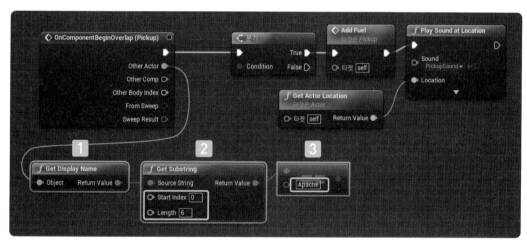

그림 12-10 **Pickup의 Overlap 이벤트**

1 Pickup과 충돌하는 액터의 이름을 구한다.

2 액터 이름의 처음부터 여섯 문자를 잘라낸다.

3 잘라낸 문자가 'Apache'인지 비교한다.

12.4 Pickup 배치

이제 씬에 픽업을 배치한다. 픽업은 20개 정도 랜덤하게 배치할 것이다. 픽업은 레벨 (씬)에 배치해야 하므로 레벨 블루프린트에서 작업한다.

1 레벨 블루프린트 편집

언리얼 에디터에서 [블루프린트 ➡ 레벨 블루프린트 열기] 메뉴를 실행해서 레벨 블루프 린트 에디터를 연다.

2 함수 추가

씬에 Pickup을 배치하는 함수를 만든다. 함수 이름은 MakePickup이다. 만들 Pickup 의 수를 매개변수 Count로 받아서 For 등의 루프로 반복 처리하면 될 것이다. 픽업 의 위치는 Random 함수를 이용해서 처리한다.

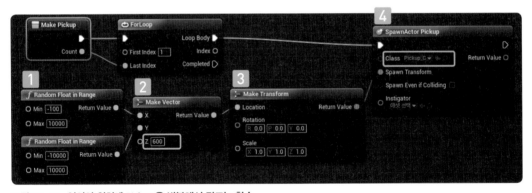

그림 12-11 임의의 위치에 Pickup을 반복해서 만드는 함수

① 난수를 만든다. 난수의 범위는 Min과 Max로 지정한다.

② 난수를 Vector로 변환한다. Pickup은 모두 높이 600에 설치할 것이다.

③ Vector를 Transform으로 변환한다.

④ 현재의 위치에 Pickup을 만든다.

3 Pickup 만들기

Pickup은 게임이 시작될 때 만들어야 하므로 BeginPlay 이벤트를 이용한다. Pickup을 배치하는 함수를 만들어 두었으므로 픽업의 수만 지정한다. 이벤트 그래프에서 작성한다.

그림 12-12 **Pickup 만들기**

이제 게임을 실행하면 화면의 여기저기에 배치된 Pickup을 볼 수 있을 것이다.

그림 12-13 **화면에 Pickup이 랜덤하게 배치되어 있다**

지금까지 작업한 내용은 다음 사이트에서 동영상으로 볼 수 있다.

 ▶ http://youtu.be/Bg54qxXNUo8

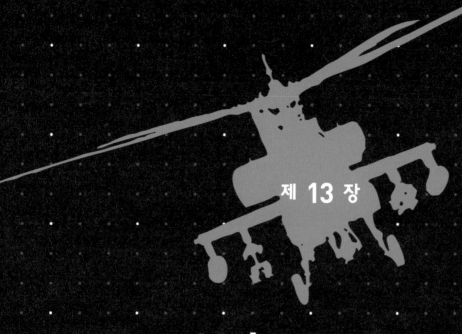

제 13 장

Volume, Tag,
게임의 원경

이 장의 개요 ─볼륨Volume은 게임에서 특정한 처리를 하기 위해 씬에 설치한 눈에 보이지 않는 영역이다. 이 장에서는 프로젝트에 필요한 볼륨, 액터의 Tag, 게임의 원경을 만드는 방법에 대해 알아본다.

씬에 스태틱 메시나 라이트를 추가한 후 라이트를 빌드하면 종종 다음과 같은 메시지 로그가 나타난다. 씬에 Lightmass Importance Volume이 없어서 퍼포먼스가 떨어질 수 있다는 내용이다.

그림 13-1 라이팅 빌드 후의 메시지 로그

이제 위의 퍼포먼스 경고 메시지가 나타나지 않도록 씬에 Lightmass Importance Volume을 설치할 것이다.

13.1.1 Lightmass Importance Volume의 목적

빛이 어떤 물체에 부딪치면 물체의 재질에 따라 표면 반사[Specular], 내부 확산[Diffuse], 굴절[Refraction], 산란[Scattering] 등 다양한 형태의 물리적 변화가 발생하고 물체의 반대편에 그림자를 만든다. 라이트매스[Lightmass]는 이러한 빛의 반사, 색깔의 전이[혼합], 그림자 등을 처리하기 위한 라이팅 시스템으로, 씬에 라이트를 설치하면 자동으로 라이트매스가 적용된다.

언리얼 엔진은 라이트의 영향을 받는 물체의 상호작용을 미리 계산해서 라이트맵 Lightmap을 만든 후 이것을 이용해서 물체를 렌더링한다. 물체를 렌더링할 때에는 멀리 떨어져 있는 물체는 디테일을 표현할 필요가 없으므로 LOD Level Of Detail라는 개념을 이용해서 거리에 따라 디테일을 달리한다.

위와 같은 개념으로, 고품질의 라이팅을 필요로 하지 않는 영역은 광원이 발산하는 광자의 수를 줄이도록 설정하면 고품질의 라이팅이 필요한 부분에 자원을 집중할 수 있어서 게임의 퍼포먼스가 좋아질 뿐만 아니라 라이트맵을 만드는 시간을 줄일 수 있다. Lightmass Importance Volume은 고품질의 라이팅이 필요한 영역을 설정하는 용도로 사용한다.

13.1.2 Lightmass Importance Volume 설치

[모드 ➡ 볼륨 ➡ Lightmass Importance Volume]을 씬에 드래그해서 추가한 후 볼륨이 씬 전체를 덮을 수 있도록 충분히 키운다. 브러시의 크기를 (50000, 50000, 10000) 정도로 설정하면 무난할 것이다.

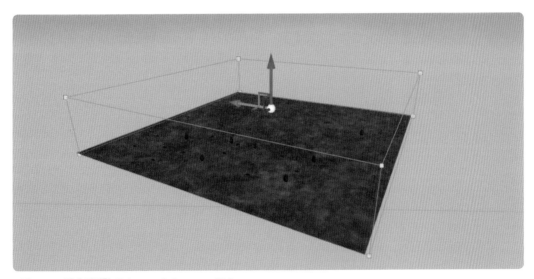

그림 13-2 씬에 설치한 Lightmass Importance Volume

Lightmass Importance Volume은 씬에 하나만 설치하면 되므로 설치가 끝나면 라이트를 빌드한다.

13.2 PostProcess Volume

PostProcess Volume은 카메라에 특수한 효과를 추가하기 위해 사용한다. 특수 효과
는 씬의 전체에 적용할 수도 있고, 카메라가 PostProcess Volume 안에 있을 때만 작
동하게 할 수도 있다. 다음은 PostProcess Volume으로 사용할 수 있는 특수 효과의
예이다.

그림 13-3 **PostProcess Volume의 이펙트**

출처: 언리얼 에디터 매뉴얼

이 프로젝트에서는 PostProcess Volume을 아파치 헬기가 전투지역^씬을 이탈하면
플레이어에게 경고하기 위한 용도로 사용할 것이다.

1 PostProcess Volume 설치

[모드 ➡ 볼륨 ➡ PostProcess Volume]을 씬에 드래그한 후 브러시의 크기를 (7000, 50000, 10000) 정도로 설정한다. 크기가 정해지면 설치한 볼륨을 씬 바닥의 가장자리로 이동한다. 가장자리 네 군데 모두 설치할 것이므로 아무 가장자리나 상관없다. 뷰포트를 분할해서 작업하면 볼륨의 위치를 맞추기 쉬울 것이다.

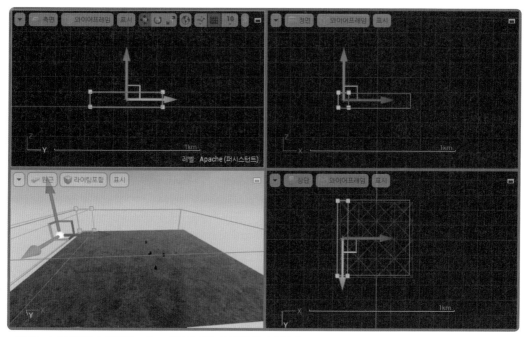

그림 13-4 **뷰포트를 분할하면 Volume처럼 큰 액터를 설치하기 편하다**

2 PostProcess Volume의 속성 설정

아파치 헬기가 PostProcess Volume에 들어오면 화면이 빨간색으로 뿌옇게 흐려지는 효과를 추가한다. 화면을 빨갛게 만드는 것은 Tint 컬러로 설정하고, 뿌옇게 흐려지는 것은 Depth Of Field 이펙트를 이용한다. Depth Of Field는 피사체의 거리에 따라 카메라의 초점을 흐리게 하는 아웃 포커싱Out of Focus 이펙트이다.

PostProcess Volume을 선택하고 Tint 컬러와 Depth Of Field Method를 Gaussian으로 설정한다. PostProcess Volume은 이벤트가 필요하지 않고, 카메라가 볼륨 안으로 들어오면 자동으로 이펙트가 발생한다.

하나의 PostProcess Volume으로 씬의 모든 영역에 포스트 프로세스 이펙트 효과를
줄 경우에는 Unbound 옵션을 켠다. 여기에서는 아파치 헬기가 씬의 가장자리로 들
어갈 때만 효과를 줄 것이므로 Unbound 옵션은 사용하지 않는다.

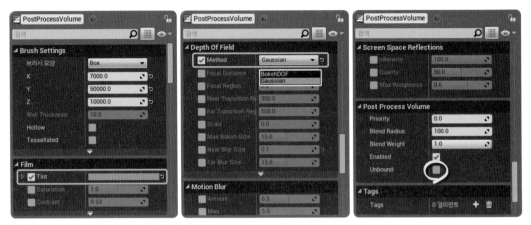

그림 13-5 PostProcess Volume의 속성

3 PostProcess Volume의 배치

설치한 PostProcess Volume을 복사해서 씬의 가장자리에 모두 배치한다. 설치한 볼
륨의 Unbound 옵션을 설정하면 포스트 프로세싱의 효과를 미리 볼 수 있다. 효과
를 확인한 후에는 이 옵션을 해제한다.

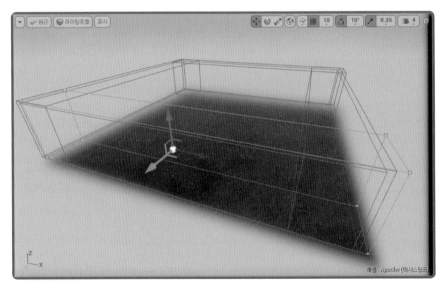

그림 13-6 씬의 가장자리에 모두 설치한 PostProcess Volume

이제 게임을 실행하면 아파치 헬기가 PostProcess Volume 영역에 들어오면 화면이 빨간색으로 뿌옇게 흐려진다.

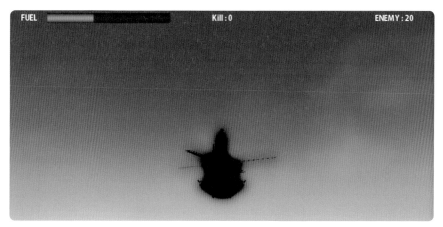

그림 13-7 **PostProcess Volume 영역에 들어오면 화면이 빨간색으로 흐려진다**

카메라의 초점이 너무 흐려져서 아파치 헬기가 뭉개져 보이므로 흐려지는 정도를 조절할 필요가 있다. 여러 방법이 있지만, PostProcess Volume의 Focal Distance^{초점 거리}의 기본값이 1000이고 스프링 암의 길이가 600이므로 초점 거리 이내에 있는 물체의 번짐 정도(Near Blur Size)를 0.1 정도의 작은 값으로 설정하면, 아파치 헬기는 거의 번지지 않으면서 씬은 번진 상태로 나타날 것이다.

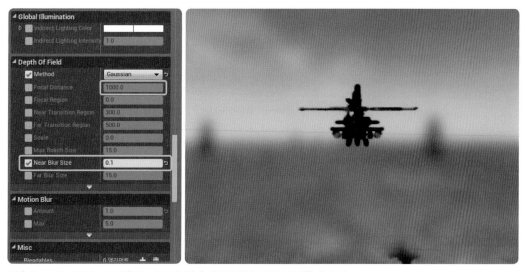

그림 13-8 **Focal Distance와 Blur Size 등의 속성으로 번짐 정도를 조절할 수 있다**

아파치 헬기가 하늘로 무작정 높이 날아오르지 못하도록 씬의 높은 곳에도 PostProcess Volume을 설치할 필요가 있는데, 이 과정은 여러분이 스스로 해 보기 바란다.

PostProcess Volume은 모바일 플랫폼에서는 Tint와 일부 기능만 작동한다. 다음은 모바일 기기에서 게임을 실행한 화면인데, Depth of Field의 Near Blur Size 속성이 적용되지 않고 있다.

그림 13-9 모바일 플랫폼에서는 Depth of Field의 대부분의 속성은 적용되지 않는다

13.3 Blocking Volume

블로킹 볼륨은 보이지 않는 벽으로, 액터가 특정한 영역을 침범하지 못하게 하는 용도로 사용한다. 현재 PostProcess Volume은 물리적인 속성이 없으므로 아파치 헬기가 자유롭게 드나들 수 있지만, 블로킹 볼륨은 물리적인 속성이 있으므로 액터가 블로킹 블록과 충돌하면 콜리전의 설정에 따라 Hit 이벤트나 Overlap 이벤트가 발생한다. 이 프로젝트의 경우에는 Hit 이벤트가 발생할 것이다.

1 Blocking Volume 설치

씬의 모서리에 설치된 PostProcess Volume의 바깥쪽에 Blocking Volume을 설치하고 크기를 키운다. 네 군데 모두 설치해야 한다.

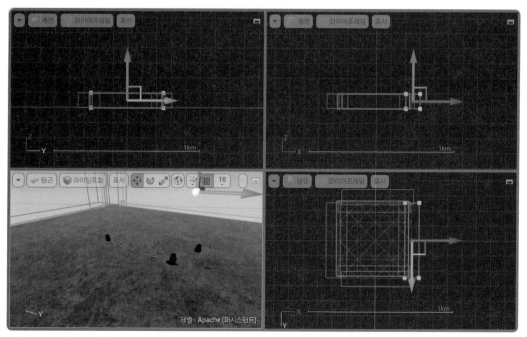

그림 13-10 **뷰포트 분할**

현재 아파치 헬기는 Hit 이벤트가 발생하면 스스로 아파치 헬기를 폭파하고 게임오
버가 되도록 설정되어 있다.

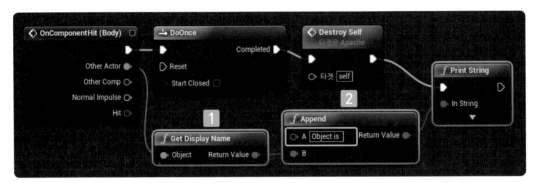

그림 13-11 **Apache 블루프린트의 Hit 이벤트**

아파치 헬기가 블로킹 볼륨과 충돌하기 전에 PostProcess Volume 영역을 지나게 되
므로 플레이어가 씬의 끝에 다다른 것을 알고 있을 것이다. 따라서 블로킹 볼륨과
충돌해서 게임오버가 되는 것이 그다지 문제될 것은 없을 것 같다. 이 게임에서는 아
파치 헬기가 블로킹 볼륨과 충돌하는 경우 Hit 이벤트를 무시하도록 할 것이다.

② Blocking Volume에 Tag 달기

태그는 액터의 종류를 구분하기 위해 액터에 별도의 명칭을 달아
둔 것이다. 씬에 있는 모든 액터에 태그를 달 수 있다. 태그는 디
테일 탭에서 설정한다. 언리얼 엔진은 태그를 배열로 취급하므로
하나의 액터에 여러 개의 태그를 달 수 있다. 씬에 설치한 블로킹
볼륨을 모두 선택하고 태그를 추가한다. 태그는 VOLUME으로 하
였다.

그림 13-12 **Volume에 Tag 달기**

3 Hit 이벤트 수정

Apache 블루프린트의 Hit 이벤트에 Tag를 판정하는 부분을 추가한다. 태그는 다음과 같이 찾는다.

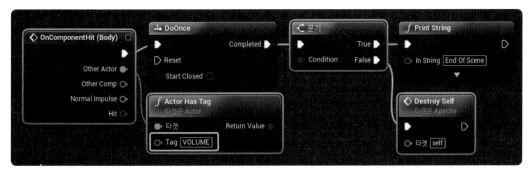

그림 13-13 **충돌한 액터의 Tag 판정**

위의 이벤트는 블로킹 볼륨과 충돌할 때 End Of Scene을 디버그 출력하고 있는데, 분기가 DoOnce 뒤에 있으므로 아파치 헬기가 블로킹 볼륨과 최초 충돌할 때 한 번 출력될 것이다. DoOnce는 동일한 이벤트가 발생할 때 최초의 이벤트는 받아들이고 이 이후의 같은 이벤트는 모두 무시하기 때문이다.

게임을 실행하고 아파치 헬기를 계속 후진시키면 아파치 헬기가 블로킹 볼륨과 충돌할 때 화면이 깨지는 현상이 발생한다. 이것은 카메라가 블로킹 볼륨에 막혀 더 이상 후진할 수 없는 상황에서 Pawn을 계속 후진시키므로, 결국 Pawn과 카메라가 겹치게 되어 Pawn의 내부가 보이는 상태이다.

이 같은 문제는 블로킹 볼륨이 카메라를 블록하지 않도록 처리해서 해결한다. 블로킹 볼륨의 콜리전 프리셋을 Custom으로 바꾸고 콜리전 반응 목록의 Camera를 무시로 설정한다. 씬에 설치한 블로킹 볼륨 네 개를 모두 수정해야 한다.

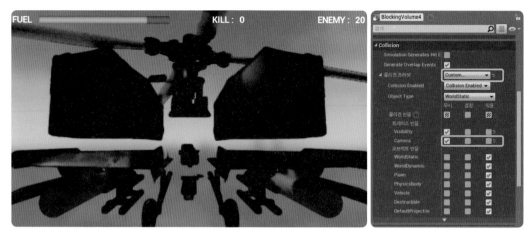

그림 13-14 카메라와 Pawn이 겹치는 현상과 블로킹 볼륨의 콜리전 반응

카메라가 블로킹 볼륨을 통과할 때 PostProcess Volume 영역을 벗어날 수 있으므로, 블로킹 볼륨을 PostProcess Volume과 어느 정도 겹치게 배치해서 Pawn이 블로킹 블록에 도달할 때에도 카메라는 여전히 PostProcess Volume 안에 있도록 한다.

13.4 게임의 원경 만들기

이제 마지막 작업이다. 우리는 지형Landscape을 만들지 않았으므로 게임의 무대가 너무 밋밋하다. 지형을 만드는 툴은 언리얼 에디터에도 있고, 테라젠Terragen이나 월드 머신 World Machine 등의 지형 제작 툴을 사용하면 현실 세계와 유사한 지형도 만들 수 있지만, 테라젠이나 월드 머신의 사용 방법에 대한 설명이 있어야 하므로 이 책의 범주를 넘어선다. 따라서 지형 제작에 대한 부분은 인터넷의 동영상 등을 참조해서 직접 시도해 보기 바란다.

대신 게임의 원경을 앰비언트 큐브맵으로 감싸서 밋밋함을 줄이는 수준까지만 처리한다. 언리얼 엔진의 템플릿이 제공하는 앰비언트 큐브맵 블루프린트를 이용하면 되므로 작업 방법도 아주 쉽다.

1 HDR 이미지 다운로드

앰비언트 큐브맵에 사용할 HDR 이미지가 필요하다. 게임의 바닥이 초원이므로 먼 곳에 숲이 보이는 이미지가 있으면 좋을 것이다.

(HDR 이미지 다운로드 URL)　http://afterglow.co.kr　[자료실 ➡ Unreal Engine Resource]

다운로드한 파일의 압축을 풀고 [StarterContent/HDRI] 폴더에 저장해 둔다.

그림 13-15 앰비언트 큐브맵에 사용할 HDR 이미지

앰비언트 큐브맵은 HDR 이미지의 상하좌우를 이어서 3차원 공간을 감싼 형태로 원경을 만든다. 따라서 위의 이미지는 상하좌우가 이어진 형태가 될 것이다. 다음은 위의 이미지로 만든 앰비언트 큐브맵을 배치한 게임 화면이다.

그림 13-16 앰비언트 큐브맵을 배치한 게임 화면

2 씬의 BP_Sky_Sphere 제거

씬에 기본으로 설치된 BP_Sky_Sphere를 삭제한다. 이것을 삭제하면 하늘의 구름이 사라질 것이다.

3 앰비언트 큐브맵 설치

StarterContent/Blueprint에 수록된 BP_LightStudio를 씬에 끌고 와서 앰비언트 큐브맵을 설치하고 다음과 같이 속성을 설정한다. 여기에서 지정하지 않는 옵션은 기본값을 사용한다.

- **Use HDRI**   On
- **HDRI Cubemap**   설치한 이미지 파일
- **Sun Brightness**   0.2

앰비언트 큐브맵은 사방에서 고르게 빛이 나오는데, 빛에 HDR 이미지가 묻어 나오므로 반짝이는 표면의 물체는 풍경을 반사하는 효과를 주지만, 대공포나 아파치 헬기가 지나치게 밝게 보이므로 Sun Brightness를 조금 줄여준다. BP_LightStudio에 여러 가지 옵션이 있으므로 On/Off시켜 가면서 최적의 값을 찾으면 될 것이다.

4 HDR 이미지의 해상도

게임을 실행하면 HDR 이미지가 아웃 포커싱된 것처럼 뿌옇게 나타나는데, 이것은 이미지에 Mipmap이 적용된 결과이다.

그림 13-17 **HDR 이미지에 Mipmap이 적용되면 이미지가 뿌옇게 흐려진다**

HDR 이미지를 더블클릭해서 텍스처 에디터를 열고 Mipgen Settings를 NoMipmaps로 설정하면 이미지가 좀 더 선명해질 것이다. 원본 이미지는 3000×1500이지만, 게임 내 최대 크기는 512×512이므로 이미지가 압축되어 어느 정도 픽셀이 뭉개지는 현상은 자연스러운 것이며, 원본 사진처럼 원경이 선명하면 오히려 그것이 더 이상할 것이다.

그림 13-18 **Mipgen Settings를 NoMipmaps로 설정해서 배경의 선명도를 높인다**

앰비언트 큐브맵은 모바일 플랫폼을 지원하지 않으므로 위의 기능은 모바일 기기에
서는 사용할 수 없다.

제 14 장

모바일 게임 개발의
참고 사항

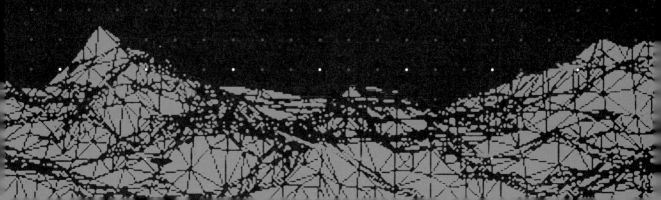

이 장의 개요 ─ 모바일 디바이스는 PC에 비해 CPU와 메모리의 제약이 있으므로 엔진의 기능 중 일부분은
사용할 수 없거나, 사용할 경우 퍼포먼스 저하를 감수해야 하는 경우가 많다. 이 장에서는
모바일 플랫폼용 게임을 개발할 때 고려할 사항에 대해 알아본다.

14.1 모바일 디바이스의 퍼포먼스

게임에서 품질과 퍼포먼스는 동전의 양면과 같아서 그래픽 품질을 높이면 게임의 퍼포먼스가 떨어지는 것은 당연하다. 따라서 모바일 플랫폼에서는 품질과 퍼포먼스를 적절히 조율해서 그래픽 품질이 떨어지지 않는 범위 이내에서 퍼포먼스가 최대가 되도록 세심한 주의를 할 필요가 있다.

14.1.1 게임 모니터링

실행 중인 게임을 모니터링하려면 게임을 실행한 후 ⌐키를 누르고 콘솔 창에 stat를 입력한다. stat는 옵션이 여러 가지 있는데, 입력한 명령은 토글되므로 같은 명령을 두 번 입력해서 기능을 Off시킬 수 있다. 다음 그림은 d3d11rhi, fps, particles 옵션을 각각 실행한 화면이다. d3d11rhi(모바일 기기는 openglrhi)는 게임의 전반적인 성능 조사, fps는 게임의 FPS, particles는 파티클의 시간을 측정하는 용도로 사용했다.

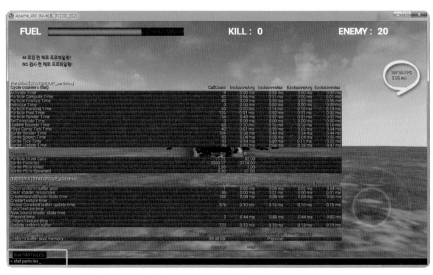

그림 14-1 **stat** 명령으로 게임의 실행 상태를 모니터링한다

모바일 기기에서는 네 손가락으로 화면을 터치하면 콘솔 창이 나타나므로 여기에서
입력한다. 모바일 기기의 콘솔 창을 사용하려면 프로젝트 세팅/입력/Mobile의 Show
Consol on Four Finger Tap 옵션을 켜 두어야 한다.

그림 14-2 모바일 단말기의 콘솔 창과 콘솔 창 표시 옵션

14.1.2 모바일 플랫폼의 HDR

DR^{동적 범위, Dynamic Range}은 그래픽 디스플레이에서 표현할 수 있는 가장 밝은 빛^{휘도}과 가
장 어두운 빛의 범위이다. RGB는 각각의 채널을 8비트로 표시하므로 0~255(0~1.0으
로 표시) 단계의 밝기를 표현할 수 있다. 이처럼 이미지의 밝기를 0~1.0의 범위로 고
정해서 사용하는 방식을 LDR^{Low Dynamic Range}이라고 한다. 현재 사용하고 있는 거의 대
부분의 디스플레이는 LDR 장치이다.

LDR은 빛을 0~1.0의 범위로 표현하므로 태양이든 촛불이든 이미지의 가장 밝은 부
분은 1.0이 된다. 가장 밝은 곳을 기준으로 밝기를 정하다 보면 그보다 어두운 물체
는 상대적으로 0에 가까운 값이 되어 실제의 사물보다 훨씬 어둡게 표현될 수밖에
없다. 역광 사진의 인물이 훨씬 어둡게 나타나는 것도 태양 빛을 기준으로 밝기를
정하기 때문이다.

HDR^{High Dynamic Range}은 0~255보다 훨씬 넓은 범위를 표현하기 위한 기술로, RGB의 각
채널을 16비트 부동소수점 방식으로 표현한다. HDR은 표현 범위가 아주 넓으므로
가장 밝은 빛을 기준으로 처리하더라도 상대적으로 어두워지는 현상이 없어진다.
HDR을 사용하면 다음과 같은 이점이 있다.

- 묻혀 있는 낮은 반사율의 음영을 표현할 수 있으므로 계조가 고른 영상을 만들 수 있다. 즉, 현실 세계와 유사한 장면을 만들 수 있게 된다.

- 눈부심의 표현이 가능하다. 밝은 빛을 보면 빛이 속눈썹에 반사해서 빛이 번져 보이는데, 이와 같은 처리를 할 수 있다. 따라서 호수에 비치는 태양처럼 빛이 방사선으로 퍼져나가는 등의 구현이 가능하다.

- 매우 어두운 곳과 밝은 곳의 평균 노출을 구해서 그 값을 중심으로 톤 매핑을 하면 노출 시뮬레이션을 할 수 있다. 예를 들어, 밝은 곳으로 갑자기 이동하면 순간적인 눈부심에 주변 사물이 잘 보이지 않다가 시간이 지남에 따라 주변의 사물이 눈에 들어온다. 톤 매핑을 할 때 약간의 시간을 지연해 주면 게임 화면을 사람의 눈으로 보는 것과 같은 눈부심과 눈 순응 단계를 구현할 수 있다.

- 다양한 러프니스가 지원되어 표면에 사실적인 스페큘러 반사가 가능하다.

- 물체 표면의 노멀맵이 완벽하게 지원되어 메시에 다수의 폴리곤을 추가하지 않고도 표면의 디테일을 표현할 수 있다.

그림 14-3 **HDR로 만든 이미지. 어두운 곳의 음영도 뚜렷하게 보인다**

언리얼 엔진은 구체를 가로/세로로 펼친 포맷의 .hdr 이미지를 사용해서 스카이 박스나 앰비언트 큐브맵^{Ambient Cubemap}을 만든다.

그림 14-4 **구체를 가로/세로로 펼친 HDR 이미지**

HDR 이미지는 LDR 디스플레이에서는 볼 수 없으므로 렌더링 과정을 거친 후 각각의 픽셀을 0~1.0 범위로 변환하는 과정^{톤 매핑}이 필요하다. 이 과정에서 HDR 이미지의 픽셀 값을 조절하는데, 필요에 따라 톤 매핑 함수를 변형해서 최적의 결과물이 나오도록 처리한다. 다음 그림은 HDR 이미지의 픽셀을 톤 매핑으로 변환한 결과이다. 왼쪽 그래프와 같이 직선 형태로 처리하면 1.0을 초과하는 부분은 모두 똑같은 흰색이 되어버리지만, 오른쪽 그래프와 같이 처리하면 밝은 색과 어두운 색도 모두 표현할 수 있다.

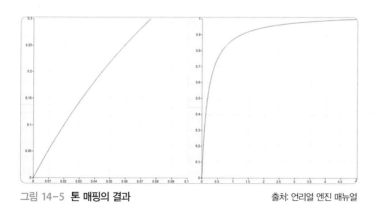

그림 14-5 **톤 매핑의 결과**　　　　　　　　출처: 언리얼 엔진 매뉴얼

HDR을 사용하면 그래픽 품질이 좋아진다. 그 대가로 모바일 플랫폼에서는 퍼포먼스의 하락을 감수해야 한다. HDR은 모바일에서 아직 완벽하게 지원하지 않으므로 모바일 플랫폼에서 HDR을 사용할 때에는 품질과 퍼포먼스의 대비라는 측면에서 고민해 볼 필요가 있다.

다음 표는 일반적인 GPU 군 목록입니다.

디바이스	LDR	기본 라이팅	최대 HDR	태양 포함 최대 HDR
Tegra4	◐ 예정	◐ 예정	● 미지원	● 미지원
Adreno 320	◐ 지원	◐ 지원	◐ 예정	● 미지원
Adreno 330	◐ 지원	◐ 지원	◐ 지원	◐ 지원
Mali 400	◐ 예정	◐ 예정	◐ 예정	◐ 예정

다음 표는 테스트를 거친 개별 디바이스 목록입니다:

디바이스	LDR	기본 라이팅	최대 HDR	태양 포함 최대 HDR
Galaxy S4 (NA, Adreno 320)	◐ 지원	◐ 지원	◐ 예정	● 미지원
Nexus 5 (Adreno 330)	◐ 지원	◐ 지원	◐ 지원 [1]	◐ 지원 [1]
Kindle Fire HDX (Adreno 330)	◐ 예정	◐ 예정	◐ 예정 [2]	◐ 예정 [2]

그림 14-6 안드로이드 플랫폼의 HDR 지원   출처: 언리얼 엔진 매뉴얼

디바이스	LDR	기본 라이팅	풀 HDR	태양 포함 풀 HDR
아이폰4	◐ 논-레티나	● 미지원	● 미지원	● 미지원
아이폰4S	◐ 레티나	◐ 논-레티나	● 미지원	● 미지원
아이폰5	◐ 레티나	◐ 레티나	◐ 논-레티나	● 미지원
아이폰5S	◐ 레티나	◐ 레티나	◐ 레티나	◐ 레티나
아이패드2	◐ 논-레티나	● 미지원	● 미지원	● 미지원
아이패드 미니	◐ 논-레티나	● 미지원	● 미지원	● 미지원
아이패드3	◐ 논-레티나	◐ 논-레티나	● 미지원	● 미지원
아이패드4	◐ 레티나	◐ 레티나	◐ 논-레티나	◐ 논-레티나
아이패드 에어	◐ 레티나	◐ 레티나	◐ 논-레티나	◐ 논-레티나
아이패드 미니 (레티나)	◐ 레티나	◐ 레티나	◐ 논-레티나	◐ 논-레티나

그림 14-7 IOS의 HDR 지원   출처: 언리얼 엔진 매뉴얼

모바일 플랫폼의 HDR 옵션은 프로젝트 세팅 ➡ 렌더링 ➡ Mobile HDR로 설정하는데, 이 옵션을 해제하면 HDR의 장점을 모두 사용할 수 없으며, PostProcess 볼륨이 무시된다.

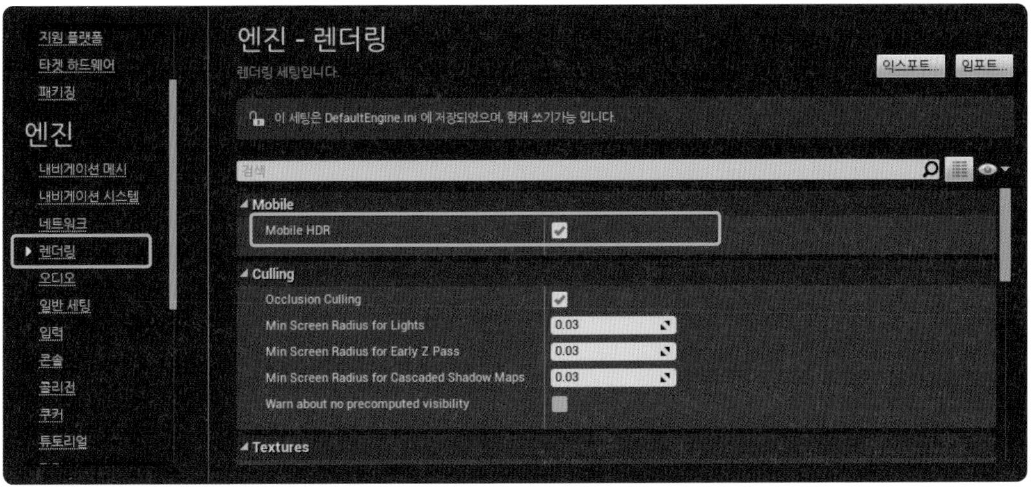

그림 14-8 **모바일 플랫폼의 HDR 옵션**

14.1.3 모바일 플랫폼의 Post Process Effect

포스트 프로세스 이펙트는 카메라에 특수 효과를 주는 기능으로서 PostProcess Volume으로 구현된다. 포스트 프로세스 이펙트는 모바일 플랫폼에서는 사용할 수 없거나 일부분의 기능이 제한된다.

❶ Film

화면에 특정한 색을 입히는 효과로서 그림자에 색깔을 입힐 수도 있다. Film은 모바일에서도 사용할 수 있지만, 퍼포먼스 향상을 위해 Tint Shadow(그림자 색)를 사용하지 않는 것이 좋다.

❷ Scene Color

화면의 가장자리가 어두워지는 비네트Vignette 효과를 주는 기능으로서 모바일 플랫폼에서는 다음 필터는 사용할 수 없으며, 퍼포먼스 향상을 위해 Grain(화면의 노이즈)은 사용하지 않는 것이 좋다.

- **Fringe**   화면의 중심을 벗어난 물체는 초점이 흐리게 하는 효과
- **Color Grading** 텍스처나 머티리얼로 화면을 오버랩하는 효과

그림 14-9 원래의 화면과 Fringe, Vignette, Grain 필터를 사용한 결과

❸ Bloom

블룸은 어두운 곳에 있는 매우 밝은 물체의 주변이 뿌옇게 흐려 보이는 현상으로 모바일 플랫폼은 다음 기능이 지원되지 않는다.

- Size
- Dirt Mask Intensity
- Dirt Mask
- Dirt Mask Tint

❹ Depth Of Field

피사체의 앞이나 뒤에 있는 물체의 초점을 흐리게 만드는 효과로, 모바일 플랫폼은 다음 기능을 지원하지 않는다.

- Near Transition Region
- Far Transition Region
- Max Bokeh Size
- Near Blur Size
- Far Blur Size

14.1.4 모바일 디바이스의 머티리얼

모바일 디바이스의 머티리얼은 PC와 비슷하지만, 몇 가지 제한적인 요소가 있다.

* Default와 Unlit(라이팅 제외) 모델만 사용할 수 있다.
* 파티클에 사용하는 머티리얼은 Unlit 모델만 사용할 수 있다.
* 텍스처는 최대 다섯 개까지만 사용할 수 있다.
* 텍스처의 UV는 Customized UVs를 사용하는 것이 좋다.
* 반투명 및 마스크드 머티리얼은 퍼포먼스에 심각한 영향을 미친다.

다음 기능은 모바일 디바이스에 지원되지 않는다.

* Scene Color
* Refraction굴절
* Tessellation테셀레이션
* Subsurface Scattering서브서피스 스캐터링

다음은 모바일 디바이스의 퍼포먼스에 영향을 주는 요소이다. 퍼포먼스와 품질은 역비례 관계이므로 선택적으로 사용해야 한다.

* Fully Rough 옵션을 설정하면 오브젝트의 표면을 완전히 거친 상태로 만든다. 셰이더의 연산을 줄여주지만, 스페큘러에 의한 표면 반사가 없어진다.
* Use Lightmap Directionality 옵션을 끄면 라이트맵의 방향성을 사용하지 않으므로 퍼포먼스를 높일 수 있지만, 라이트맵의 깊이가 없어진다.

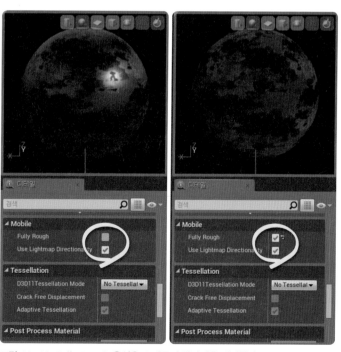

그림 14-10 **Fully Rough 옵션은 스페큘러 반사광을 제거한다**

14.1.5 모바일 플랫폼의 텍스처

모바일 플랫폼은 OpenGL ES2를 사용하므로 텍스처의 제약이 있다.

- 텍스처의 최대 크기는 2048로 제한된다.
- 텍스처의 양변은 모두 2의 제곱수(2, 4, 8, 16, …, 2048)이어야 한다.
- 되도록 정사각형 텍스처를 사용하는 것이 좋다.
- 텍스처의 압축 세팅은 TC_Default 또는 TC_NormalMap만 사용된다.
- 기본적인 컬러를 사용하는 텍스처는 sRGB^{감마 보정} 속성을 켜야 한다.
- 알파 채널에 중요한 정보가 없는 경우 Compress Without Alpha 속성을 켜면 알파 채널을 버리므로 텍스처 메모리가 절약된다.

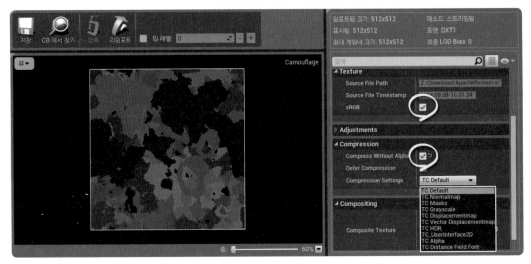

그림 14-11 텍스처 에디터의 텍스처 압축 방식

iOS는 텍스처의 압축 포맷에 PVRTC를 사용하는데, RGBA 픽셀당 4비트를 할당하므로 32비트 원본 대비 1/8의 압축률이며, 대체로 품질도 좋지만 반드시 정사각형 텍스처를 사용해야 한다.

14.1.6 모바일 플랫폼의 라이팅

PC에서는 라이트를 스테이셔너리로 설정하면 전체 씬에 그림자가 그려지지만, 모바일 디바이스에서는 그림자를 그리지 않는다. 라이트를 무버블로 설정하면 모바일 디바이스에도 실시간 그림자가 그려지지만, 퍼포먼스가 많이 떨어지므로 무버블 라이트는 제한된 공간에서 한정적으로 사용해야 한다. 그림자의 디테일이 중요하지 않는 경우에는 대부분 액터 아래에 이미지를 붙이는 방법으로 그림자를 구현한다.

14.1.7 모바일 플랫폼을 지원하지 않는 기능

다음은 모바일 플랫폼에 지원되지 않는 기능이다.

- • Light Propagation Volume
- • Ambient Cubemap앰비언트 큐브맵
- • Ambient Occlusion앰비언트 오클루전
- • Automatic Exposure자동 노출. 눈순응
- • Motion blur모션 블러
- • Screenspace Reflection스크린 스페이스 리플렉션

14.2 안드로이드 SDK 설치

게임을 안드로이드 플랫폼으로 빌드하려면 PC에 Java 개발자 도구[JDK]와 안드로이드 개발자 도구[SDK]가 설치되어 있어야 한다. 사용자가 각각의 도구를 개발사의 홈페이지에서 다운로드해서 설치할 수도 있지만, 언리얼 엔진은 NVIDIA에서 제공하는 안드로이드 설치 도구인 TADP를 제공하므로 이것을 이용하는 것이 편리하다.

▶ TADP 실행

TADP는 언리얼 엔진 설치 폴더의 [Engine/Extra/Android]에 tadp-2.0r8-windows.exe로 수록되어 있다. 이 파일을 실행하면 필요한 설치 파일을 다운로드한 후 자동으로 설치된다.

그림 14-12 **tadp-2.0r8-windows.exe 실행 화면**

설치 파일이 실행되면 설치 옵션을 설정할 수 있다.

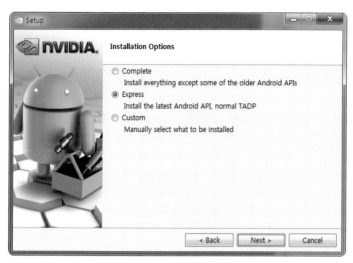

그림 14-13 **tadp-2.0r8-windows.exe의 설치 옵션**

- **Complete** 모든 버전의 안드로이드 API를 설치한다. 시간이 가장 많이 걸린다.
- **Express** 최신 버전의 안드로이드 API만 설치하므로 구형의 단말기는 지원하지 않는다.
- **Custom** 안드로이드 API를 선택적으로 설치한다.

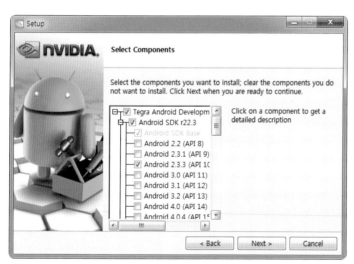

그림 14-14 **Custom은 목록에서 설치할 안드로이드 API를 지정한다**

[Next] 버튼을 누르면 필요한 파일을 다운로드한 후 설치하기 시작한다. 설치 도중에 다음과 같은 설치 실패 메시지가 나타나는 경우가 있는데, [확인] 버튼을 누르면 오류가 있는 파일은 무시하고 그 다음 파일부터 설치가 계속된다.

그림 14-15 **Nsight Tegra 설치 오류**

Nsight Tegra는 NVIDIA가 개발한 모바일 프로세서인데, 샤오미^{Xiaomi}에서 테그라 K1
을 장착한 첫 디바이스를 출시한 바 있다. 오류를 일으키는 파일은 테그라 프로세서
용 Visual Studio 디버깅 툴로, PC에 비주얼 스튜디오가 설치되지 않은 경우에 위의
에러가 발생할 것이다. 이 패키지는 설치하지 않아도 문제가 되지 않는다.

TADP가 설치되면 Android와 Java의 설치 경로에 대한 Windows의 환경 변수가 생
성된다. 환경 변수는 [제어판➡ 시스템➡ 고급 시스템 설정] 창에서 확인할 수 있다.

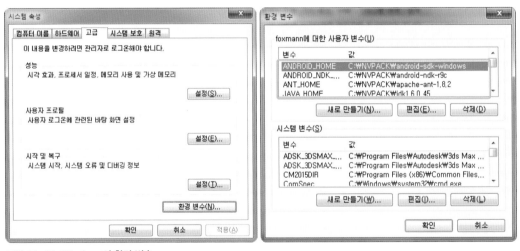

그림 14-16 **Windows의 환경 변수**

14.3 안드로이드 단말기의 개발자 설정

안드로이드 단말기에 개발자 옵션을 설정하면 PC에 단말기를 연결해서 직접 게임을
실행할 수 있다.

1 USB 드라이버 설치

안드로이드 단말기를 PC에 연결해서 작업하려면 PC에 단말기의 USB 드라이버가 설
치되어 있어야 한다. USB 드라이버는 단말기 제조사 홈페이지에서 다운로드하여 설
치한다.

2 개발자 옵션 설정

안드로이드 단말기의 [설정➡휴대전화 정보] 메뉴에서 빌드 번호를 계속해서 일곱 번
터치하면 중간에 '몇 번 남았습니다'라는 메시지가 나타난 후 휴대전화 정보에 [개발
자 옵션] 메뉴가 추가된다. 개발자 옵션 페이지에서 USB 디버깅과 모의 위치 허용 항
목을 설정한다.

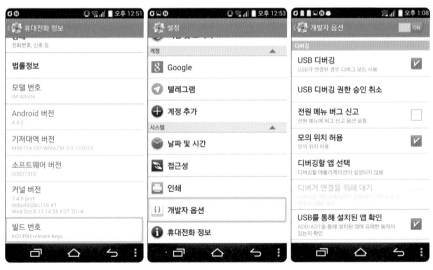

그림 14-17 안드로이드 디바이스의 개발자 옵션

14.4 안드로이드 빌드

1️⃣ 안드로이드 단말기에서 실행

언리얼 엔진을 실행하고 개발자 옵션이 설정되어 있는 안드로이드 단말기를 PC에 연결하면, [실행] 메뉴에 연결된 단말기 이름이 표시되므로 그것을 선택하면 게임을 안드로이드용으로 빌드한 후 단말기에서 실행한다.

그림 14-18 PC에 연결된 안드로이드 단말기

2 디바이스 매니저

[실행➡ 디바이스 매니저] 메뉴를 실행하면 연결된 단말기의 텍스처 포맷을 설정할 수 있다. 이 포맷은 프로젝트를 연결된 단말기에 빌드하기 위한 옵션으로, 최종적인 배포판^{패키징} 제작과는 관계가 없는 것이다.

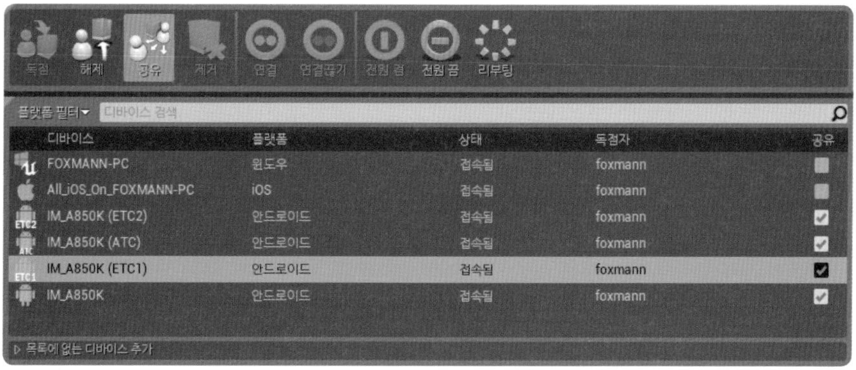

그림 14-19 안드로이드 텍스처 포맷

단말기에서 게임을 실행한 후 네 손가락으로 화면을 터치하면 나타나는 콘솔 창에 사용 가능한 텍스처 포맷이 표시되어 있으므로 이것을 참조해서 위의 텍스처 포맷을 설정한다. 이것 역시 현재 연결된 단말기에만 적용된다.

그림 14-20 안드로이드 단말기의 콘솔 입력창

▣ 안드로이드용 환경설정

안드로이드용으로 빌드할 경우에는 프로젝트 세팅 창에서 안드로이드 플랫폼 환경설
정을 한다. 여기에서 단말기의 방향, 앱의 아이콘 등을 설정할 수 있다. 최종 빌드한
프로젝트를 구글 플레이에 등록할 경우에는 Google Play Services를 활성화시키고 개
발자 코드를 입력한다.

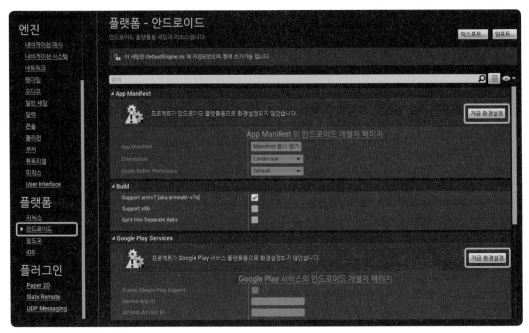

그림 14-21 안드로이드 플랫폼의 환경설정

▣ 안드로이드 빌드

게임을 배포용으로 빌드할 경우에는 [**파일➡패키지 프로젝트**] 메뉴에서 빌드하려는
디바이스에 적합한 텍스처 포맷을 지정한다.

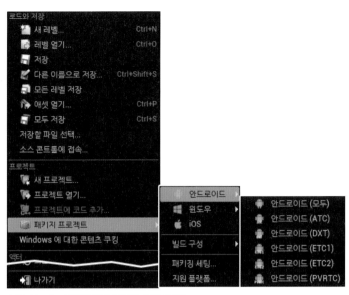

그림 14-22 **안드로이드 플랫폼의 환경설정**

표 14-1 **안드로이드 디바이스의 텍스처 포맷**

포 맷	설 명
모두	아래 포맷을 모두 포함하므로 게임의 크기가 가장 크다.
ATC	Qualcomm Snapdragon 기반 디바이스에 사용된다.
DXT	DirectX의 텍스처 압축 포맷으로 PC와 Tegra 기반 디바이스에서 사용한다.
ETC1	OpenGL ES 2.0을 사용하는 안드로이드의 2.2(프로요) 이후 버전의 모든 디바이스에서 사용할 수 있지만, 알파 채널을 지원하지 않으며, 알파 채널을 사용하는 텍스처는 압축되지 않아 게임의 크기가 커지고 메모리를 많이 사용한다.
ETC2	MALI 기반 디바이스 등에 사용된다.
PVRTC	iOS, ImgTec PowerVR 기반 디바이스에 사용된다.

게임이나 영상 등의 분야에서는 많은 용량을 차지하는 이미지의 사이즈를 줄이기 위해 이미지를 압축하는 다양한 방법이 연구되어 왔으며, 그중 표준으로 사용하는 압축 포맷이 여러 가지가 있다.

대부분의 이미지는 인접한 픽셀 간에 급격한 색상의 변화가 없는 특징이 있으므로 텍스처를 4×4픽셀 단위로 나누어서 다수의 블록을 만들고, 각 블록의 RGB(A)에 각각 4비트를 할당한다. 이렇게 하면 모든 픽셀에 8비트를 할당하는 원본에 비해 최대 1/16 크기로 텍스처를 압축할 수 있다. 원본에 비해 제한된 비트를 사용하지만, 컬러

팔레트를 적절히 구성하면 원본과 유사한 품질을 유지할 수 있으므로 텍스처의 압축은 필수적이다.

ATC, DXT, ETC, PVRTC는 텍스처의 압축 방식이며, 텍스처를 압축할 때 구성하는 컬러 팔레트의 수, 알파 채널을 지원하는지의 여부, 텍스처를 반드시 정방형으로 구성해야 하는지의 여부, 압축하고 복원하는 알고리즘 등이 서로 다르므로 압축된 텍스처의 크기는 서로 다를 수밖에 없다.

참고로, 이 책에서 사용한 프로젝트의 경우 텍스처 포맷에 따른 패키지의 크기는 다음과 같은 순서이다. 사용하는 텍스처의 크기에 따라 다르겠지만, 일반적으로 ETC1은 ETC2에 비해 2.5배 이상, ATC에 비해 2배 이상 게임 사이즈가 커진다.

PVRTC ＜ ETC2 ＜ DXT ＜ ATC ＜ ETC1 ＜ 모두

게임을 패키징하면 다음과 같은 세 개의 파일이 만들어진다. apk와 obb는 안드로이드 패키지 파일이고, bat은 패키지 파일을 안드로이드에 설치하는 Windows 배치 파일이다. 안드로이드 단말기를 PC에 연결하고 bat 파일을 실행하면 패키지 파일이 단말기에 설치된 후 게임이 실행된다.

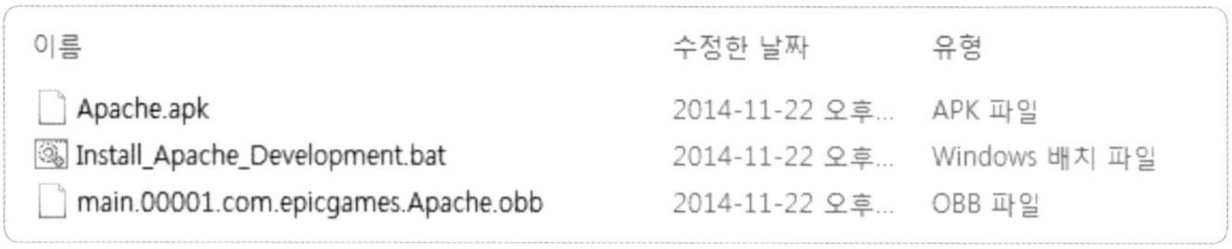

이름	수정한 날짜	유형
Apache.apk	2014-11-22 오후...	APK 파일
Install_Apache_Development.bat	2014-11-22 오후...	Windows 배치 파일
main.00001.com.epicgames.Apache.obb	2014-11-22 오후...	OBB 파일

그림 14-23 **패키징된 프로젝트**

찾아보기